# La verdadera historia
## de la Pasión

**Editores**

Antonio Piñero
Eugenio Gómez Segura

# La verdadera historia
## de la Pasión

Según la investigación y el estudio histórico

**edaf**

**www.edaf.net**

MADRID - MÉXICO - BUENOS AIRES - SANTIAGO

**2024**

© 2007, 2024. Antonio Piñero y Eugenio Gómez Segura
© 2024. De esta edición, Editorial EDAF, S. L. U.

Diseño de cubierta: Marta Elza
Maquetación y diseño de interior: Diseño y Control Gráfico, S.L.

Editorial Edaf, S.L.U.
Jorge Juan, 68
28009 Madrid, España
Teléf.: (34) 91 435 82 60
www.edaf.net edaf@edaf.net

Ediciones Algaba, S.A. de C.V.
Calle 21, Poniente 3323 - Entre la 33 sur y la 35 sur
Colonia Belisario Domínguez
Puebla 72180, México
Telf.: 52 22 22 11 13 87
jaime.breton@edaf.com.mx

Edaf del Plata, S.A.
Chile 2222
Buenos Aires – Argentina
edafdelplata@gmail.com
fernando.barredo@edaf.com.mx
Teléf.: +54 11 4308-5222 / +54 9 11 6784-9516

Edaf Chile S.A.
Huérfanos 1179 – Oficina 501
Santiago – Chile
comercialedafchile@edafchile.cl
Teléf.: +56 9 4468 0539/+56 9 4468 0537

Febrero 2024

ISBN: 978-84-414-4283-2
Depósito legal: M-549-2024

PRINTED IN SPAIN        IMPRESO EN ESPAÑA

COFÁS

**Papel 100 % procedente de bosques gestionados de acuerdo con criterios de sostenibilidad.**

# Índice

# Prólogo

La primera idea para realizar este libro surgió de Eugenio Gómez Segura, que nos reunió a las cinco personas que lo hemos escrito para celebrar un curso de fin de semana que había preparado para la Universidad Popular de Logroño. En aquella primera cita se expuso, en poco más de una hora seguida de diálogo, el tema que a cada conferenciante había consignado el organizador. Más tarde, tras oír las ponencias de los colegas en la Semana Santa de 2007, cada uno de los coautores redactó su capítulo en la soledad de su despacho.

La obra así concluida ha respetado con escrupulosidad el pensamiento de los autores, mejorado, eso sí, por los detalles escuchados a los demás, de modo que la tarea de edición ha consistido más en la reunificación de criterios para la imprenta que en cualquier labor de retoque de fondo. Así pues, cada autor que firma alguno o algunos de los diferentes capítulos es el único responsable de las ideas que contiene.

Sin embargo, este libro tiene una profunda unidad gracias a una idea directriz muy clara y valiosa, idea que tiene una doble faz: por un lado, el convencimiento de la importancia de la historia de la Pasión de Jesús para la comprensión del desarrollo de los Evangelios y de la constitución de la teología cristiana. Por ello parecía muy conveniente ofrecer al público un estudio sencillo y completo de ella que la abordara desde todos los ángulos posibles, incluso alguno impensado. Y segunda: la certidumbre de que no es posible entender a fondo la historia de la Pasión de Jesús si no se la sitúa en su contexto adecuado, tanto amplio, las culturas religiosas del entorno —las religiones de Egipto y de Grecia—, como inmediato, el mundo judío del siglo I de nuestra era.

Estas dos ideas han conformado la estructura del libro presente, a la que se añadió en el Curso de Logroño —y en el presente volumen— una interesantísima conferencia complementaria sobre la reinterpretación y reelaboración de la Pasión de Jesús en el cine, que ilumina muy poderosamente la mentalidad de los hombres de hoy, y también de los antiguos, a la hora de asimilar el relato y el mensaje de lo que se narra en la Pasión.

El contexto remoto, la posible influencia del pensamiento religioso egipcio y grecorromano en la conformación del relato de la Pasión y en la interpretación paulina de los últimos momentos de la vida de Jesús, es absolutamente fascinante. Ahí tiene el lector materia para deleitarse con notables y, a veces, desconocidos paralelos, y para pensar sobre ellos. Cierto es que esos posibles paralelos son constante objeto de discusión (¿en qué sentido y en qué grado influyeron realmente en la conformación del relato de la Pasión de Jesús?) en la investigación contemporánea, pero con el tiempo se han convertido en una línea de trabajo que no ha cesado de producir frutos desde finales del siglo XIX. El lector se convencerá también de que conocer el contexto próximo, el mundo judío del momento con su religiosidad, ritos y costumbres, es absolutamente imprescindible. Y esperamos, y esperamos que, al leer las páginas dedicadas a este entorno, el público comprenderá mucho mejor no solo la pasión de Jesús, sino también el sentido de las narraciones evangélicas. Estoy seguro de ello.

Por último, el estudio del relato cristiano de la Pasión, desde el punto de vista de estos contextos y con la aplicación de los métodos de la Filología y de la Historia Antigua, descubre tantas perspectivas novedosas para el lector acostumbrado a otra impostación del tema —puramente confesional o con hincapié en la piedad personal— que quizá resulte escandalizado por la cantidad de nuevos ángulos de visión y por las consecuencias que de esas perspectivas puede obtener.

Por tanto, la obra presente es, por una parte, un esfuerzo de alta divulgación científica en el sentido de presentar al lector, ordenado y digerido, con espíritu didáctico, el material comparativo que se ha ido acumulando durante decenios en los libros de investigación. Pero, por otra, es una obra de tesis, ya que propone un enfoque general y una lectura, una interpretación de los hechos y del relato de la Pasión, que es en gran medida novedosa en el panorama español: es el fruto de una decantación de años dedicados al estudio del tema, que luego se destila en pocas páginas. En este sentido, la obra presenta muchos elementos de interpretación del relato de la Pasión que son originales y, esperamos los autores, convincentes.

—Antonio Piñero
Universidad Complutense

# PRIMERA PARTE

# EL MARCO MEDITERRÁNEO DE LA PASIÓN DE JESÚS

# 1

# Comer y ser comido

## LA MUERTE DEL DIOS EN EL EGIPTO ANTIGUO

—José-R. Pérez-Accino
Birkbeck College, Universidad de Londres

La cultura egipcia antigua parece muy alejada en el tiempo y en el contenido de los aspectos que se tratan en los trabajos reunidos en el presente volumen. Con todo, un simple vistazo a un mapa de la zona geográfica en la que se desarrollan los acontecimientos que rodean a la narración tradicional sobre la muerte de Jesús de Nazaret nos revela que la distancia entre los escenarios es realmente pequeña. Una noche de automóvil separa Jerusalén de El Cairo, la antigua Menfis. Otra vertiente de este distanciamiento es la mayor antigüedad de la cultura egipcia en relación con los eventos tratados. La distancia cronológica que nos separa hoy de la muerte de Jesús de Nazaret es aproximadamente la misma que separó a este de los tiempos de las pirámides. Sin embargo, los nexos entre ambas historias, la que se desarrolla a orillas el Nilo y a la sombra de las pirámides y aquella otra cuya acción se ubica tradicionalmente un viernes de primavera sobre una colina pelada a extramuros de Jerusalén dos mil años después, son profundos y superan las meras formas externas de manifestación religiosa.

El sacrificio cruento del cuerpo del hijo de Dios, Jesús de Nazaret, y los elementos simbólicos y dogmáticos anejos a la narración que de la misma ha hecho la tradición posterior, su resurrección y ascensión a un plano de realidad diferente en el cual se une con su Padre y la conmemoración posterior de este hecho que los fieles realizan en forma de consumición del cuerpo de ese hijo (la eucaristía) a fin de participar de su santidad y materializar la esperanza de salvación tras la muerte, es la fuente y culminación de la vida religiosa del cristiano[1].

Esta noción de ingesta física del cuerpo del dios para poder así participar de su esencia divina, unida a la esperanza de resurrección y victoria sobre la muerte por parte del adepto que la espera para sí, por extraña y primitiva que parezca a quienes no se les ha inculcado desde su infancia en la educación religiosa como algo natural y lógico, es una de las bases de la espiritualidad de una parte muy numerosa de la humanidad hoy día. Ahora bien, el origen de esta idea puede en parte rastrearse hasta las orillas del Nilo, porque el prestigio de la cultura egipcia y sus manifestaciones en la Antigüedad era muy grande, y no es extraño observar sus efectos en las culturas vecinas. Con todo, no se trataba de una cultura monolítica, a pesar de que sus manifestaciones culturales más perdurables así lo parezcan, sino una cultura en diálogo con su propio entorno. La cultura egipcia era en la Antigüedad tan atractiva como lo es hoy, y no debiera, a la vista de lo exitoso de sus manifestaciones mediáticas en nuestro mundo, sorprendernos que nuestros antepasados cayeran también ante la fascinación de lo nilótico.

## El medio físico como explicación de una ideología

Egipto es un caso muy particular de adaptación a un medio físico dado y no repetido en el transcurso de la experiencia humana sobre el planeta. Los pueblos y las naciones se extienden sobre la superficie de

---

[1] Para la Iglesia católica, por ejemplo, esta conmemoración «es signo de unidad, vínculo de caridad y banquete pascual en el que se recibe a Cristo, el alma se llena de gracia y se nos da prenda de la vida eterna (véase *Compendio del Catecismo de Doctrina Católica*, n. 271).

la tierra como una mancha en dos dimensiones, en todas direcciones hasta topar con elementos que limitan o detienen su desarrollo, como los accidentes geográficos u otros grupos de hombres. La experiencia humana a orillas del Nilo es radicalmente diferente, no en cuanto al proceso de limitación por parte de los hitos geográficos, sino porque es la propia geografía la que ha determinado que estas comunidades habiten un mundo que solo muestra una dimensión, una línea, sin apenas extensión.

Esa línea es el río Nilo, que únicamente fluye en una dirección, de sur a norte, de modo que en un paisaje esencialmente estático, el curso de agua se presenta de un modo estrictamente móvil. La direccionalidad aporta un antes y un después que contribuye a la creación de la idea de tiempo mediante la de secuencia. La inundación periódica, presente con una precisión casi matemática, aporta, de nuevo, la idea de ritmo y de ciclo. Es evidente, con todo, que la noción temporal se materializa de un modo más inmediato con la contemplación del curso del sol. En una tierra enclavada en el hemisferio norte, como es el valle del Nilo, la contemplación del curso del sol solo tiene lugar cuando el individuo se sitúa mirando al sur, que en Egipto se relaciona con el origen debido a la dirección de la corriente del río.

La unidad básica de habitación del ser humano a orillas del valle del Nilo es, pues, ese marco constituido por las montañas, las orillas del río y la corriente del río mismo. Por otra parte, la secuencia y el ritmo que caracterizan el curso del sol y la corriente de agua acaban por ser correlatos intelectuales relacionados con el ritmo y, eventualmente, con el concepto de tiempo, que aúna en su naturaleza tanto la idea de linealidad temporal como la de repetición cíclica.

La presencia de este segundo trayecto, el curso solar, ante los ojos del egipcio antiguo se cruza en ángulo recto con el anteriormente descrito, esto es, el del río. La movilidad de los dos elementos, de Este a Oeste uno, de Sur a Norte el otro, genera un eje geométrico cuya resultante es un espacio cuadrangular.

En Egipto, los espacios habitables por las comunidades primitivas se articulan en el espacio y en el paisaje de acuerdo con unidades

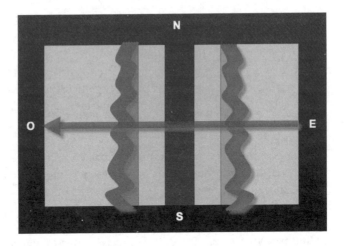

idealmente cuadrangulares, limitadas por las montañas al este y a oeste y por las comunidades vecinas al norte y sur. Los espacios intersticiales situados entre las comunidades primitivas egipcias debieron configurarse como tierras de nadie, tierras de frontera, en las que ni se habitaba ni se cultivaba, llenas de plantas y de aves salvajes. Esto ayudaría a construir la idea de que el habitante del otro lado de esas marañas de plantas y animales salvajes, ajeno a las zonas ordenadas «cuadrangulares» de la comunidad, era también un ser ajeno al orden y, por lo tanto, enemigo. Esta fue la concepción mental del espacio y el tiempo durante los miles de años de habitación humana a orillas del Nilo previos a la unificación de unidades de habitación y de estructuras políticas. Pero, además, la estructura de la comunidad humana primitiva egipcia conservó elementos de este ancestral escenario mucho más enraizado en la mentalidad que lo que la popularidad de la cultura faraónica parece indicar.

En efecto. Las consideraciones geométricas de análisis espacial del hábitat de las antiguas comunidades egipcias prehistóricas expuesto anteriormente pueden ser rastreadas mediante la arqueología. En el Egipto de la cultura de Naqada II, unos 4.000 años antes de nuestra era y 1.000 años antes del origen del Estado faraónico, se produjo una cerámica cuyas imágenes nos presentan el entorno natural de las comunidades humanas. Especialmente notable es un vaso en el cual la decoración reproduce una escena esquematizada que se corresponde con el escenario geométrico espacial anteriormente propuesto. En él pueden observarse una corriente de agua, el Nilo sin duda, una cadena de montañas, y a ambos lados de esta la imagen del sol, probablemente la representación de los puntos del horizonte por los cuales el astro aparece y se pone, en definitiva, la condensación de los elementos básicos ya descritos con anterioridad. Quizá lo más significativo de este tipo de cerámica prehistórica egipcia es el hecho de que estas representaciones nos hablan de los límites de la comunidad humana, algo especialmente relevante si consideramos que su procedencia es funeraria, siendo la muerte el límite más claro de la actividad del ser humano. Aunque este aspecto liminal de la cerámica prehistórica egipcia no se reduce a la cerámica.

Las paletas de esquisto son objetos tallados en una lámina de este mineral pizarroso. Las que están decoradas presentan típicamente forma de animales salvajes, lo que se ha querido interpretar como una indicación de su relación con la caza. En los ejemplos que parecen más modernos comenzamos a ver conjuntos de animales

que luchan entre sí, posteriormente se incluye la figura humana, en lo que ya es claramente una escena de caza propiamente dicha, y, finalmente, estas representaciones eclosionan en escenas de combate con comunidades extrañas y, con toda probabilidad, vecinas. En esta secuencia tipológica puede entenderse que el animal salvaje, extraño por definición a la comunidad humana, denota el mundo externo y amenazador que lo rodea mediante la lucha entre estos seres, contraria a la esencia de una comunidad humana basada en la sociedad; las imágenes más tardías muestran la lucha de esa sociedad con el vecino, al que categoriza por medio de esta interpretación como un ser ajeno, contrario y opuesto a esa realidad, y también simboliza el límite. El vecino es, por tanto, enemigo y asimilable a la categoría de lo incivilizado y ajeno.

Se ha querido ver en las paletas y otros monumentos el gradual control de las comunidades prehistóricas egipcias sobre su entorno inmediato, el sometimiento de un medioambiente hostil y la adaptación a un medio que había que dominar[2]; en concreto, se piensa que la progresiva clarificación de las riberas del río permitió a las comunidades en lucha por su medio entrar en contacto como vecinas y como enemigas en un momento dado, lo que explicaría el hecho de que el proceso histórico de gradual control y conquista del territorio ganado a orillas del río para cada comunidad se representase como algo relacionado con animales salvajes primero, caza después y finalmente por la guerra.

En estos monumentos, que nos permiten vislumbrar una dinámica tan esencial para el establecimiento de las relaciones humanas con su marco espacial, existe un subtipo de paletas caracterizado de modo particular: las llamadas paletas de los cánidos, que son las que muestran figuras de chacales o licaones. Los cánidos parecen jugar como traspasadores permanentes de los límites que separan el mundo civilizado del salvaje; la incursión en ese territorio hostil

---

[2] Véase J. Baines, «Symbolic role of canine figures on early monuments», *Archèo-Nil* 3, 1993.

para cazar se hace con la ayuda del perro; este animal pertenece al mundo del hombre, vive con él y el hombre no espera daño de su conducta; por el contrario, sus habilidades le permiten adentrarse en el terreno de aquellos otros animales de los que sí espera daño y de los que confía obtener provecho.

Si regresamos al esquema geométrico espacial al que nos hemos referido con anterioridad, encontraremos que el perro de caza es quien permite al habitante de la ribera cultivada del río franquear los límites marcados por la montañas que lo separan del desierto. Parecido, pero no igual, es el comportamiento de otro grupo de cánidos, esta vez salvajes. Los chacales no habitan con el hombre sino en el desierto o sabana en vías de desertización, y esa es la zona en la cual los animales que la habitan son potencialmente dañinos y no pueden convivir con las comunidades de seres humanos. Pero los chacales también traspasan los límites, al igual que lo hacen sus primos civilizados, los perros. La diferencia es que los chacales lo hacen en el sentido contrario: cruzan las barreras montañosas y se adentran en el mundo de los humanos y los animales domestica-dos para alimentarse, mientras que el perro cruza el límite desde la civilización a lo salvaje. Ambos movimientos típicos les permiten, a su vez, trasladar a otros animales a través de esos mismos límites: el perro trae la caza a la comunidad, lo cual es beneficioso; el chacal se lleva a los animales domesticados desde la comunidad civilizada al espacio no civilizado. Ambas versiones, el perro y el chacal, no son sino las dos caras de una misma moneda que simboliza y refleja la división del mundo en dos realidades, una habitable por los hombres y otra que no lo es.

Dado que la vida de la comunidad transcurre en las orillas del río, en ese mundo ordenado antes mencionado, la muerte como imposibilidad de la vida debe tener lugar en otro lugar. Si la vida es lo que ocurre en el aquí y el ahora, la muerte, de cualquier manera que se la pueda concebir, habrá de ubicarse en otro espacio y en otro tiempo distintos. La muerte en Egipto se sitúa en el límite del mundo ordenado, en el punto espacial en el cual la zona habitable entra en contacto con el desierto. Por lo tanto, la ubicación tradicional de los cementerios en Egipto es la linde del desierto occidental. Este es un lugar especialmente apropiado, porque no se inunda, no toca la tierra fértil llena de aluviones orgánicos en los que crece el sustento arrancado a la tierra y su posición está relacionada con el punto cardinal en el que el sol se pone, es decir, muere. De ahí que el egipcio crea que los difuntos se situaban en un lugar del occidente.

La colocación del difunto en un lugar exento de la humedad y de la materia orgánica necesaria para la vida tuvo una consecuencia natural interesante y que no pasó desapercibida para los propios egipcios de la prehistoria: los cuerpos depositados en este tipo de terreno, expuestos a una desecación rápida, se momificaban de un modo natural. El anhelo humano de eternidad y de victoria sobre la muerte quedaba así reforzado por una circunstancia quizá fortuita, pero que el desarrollo histórico y cultural posterior elevó a la categoría de referente esencial: el difunto dejaba al morir una huella en lo creado y, sin la existencia de esa huella, la persona se disolvía en el tiempo y en el espacio. Esa disolución es la verdadera muerte, la conducente a la aniquilación y a la que se necesita vencer y derrotar.

Un factor añadido al escenario funerario aquí descrito es el relativo a los cánidos salvajes. La ubicación antes mencionada de los cementerios conlleva que los cuerpos de los difuntos allí depositados sean presa fácil para la acción de estos animales carroñeros, y hemos de recordar que cruzan los límites y se alimentan de animales vivos que pertenecen a la vida, pequeñas aves o ganado de poca edad, y también, y con menor riesgo para su propia seguridad, se alimentarían sin duda de los cadáveres de los difuntos, aunque para ello tuvieran que excavar en la tierra recién removida de las tumbas sencillas. El animal que procede del mundo de la muerte y la desolación entra en el de la vida para arrebatarle a esta una presa, ya sea un pequeño ganso o el cuerpo muerto de un ser humano al que se pretende dotar de eternidad.

Pero ese animal que viene de occidente regresa a ese lugar con su presa. Siendo occidente el lugar de destino de los difuntos, no es de extrañar que pronto se considerara al chacal no un enemigo de la eternidad del muerto, sino un verdadero aliado divino que le permite realizar el viaje físico y la transición espiritual desde un mundo a otro. El chacal carroñero, que ingiere el cadáver y lo transporta a otro lugar, también transforma cualitativamente al difunto. La operatividad del chacal en este ámbito se configura como el factor necesario para que el egipcio muerto pueda alcanzar su destino en el más allá, derrotar a la muerte y salvarse así de la aniquilación total al no dejar huella visible en lo creado[3].

Pero para que todo ello tenga lugar debe darse primero un hecho biológico algo desagradable, y no es otro que el de la ingestión por parte del chacal de la carne del difunto. Una vez que esto ha ocurrido, es la operatividad del propio chacal la que prevalece en la mente del egipcio, porque la transición de un mundo a otro, del mundo de los vivos al mundo del más allá, requiere que el viaje del difunto entre ambos se haga como parte del cuerpo de quien lo transporta. Al ingerir al difunto, este se incorpora en quien lo ha comido, es decir, el chacal. Si el chacal es quien propicia este cambio de estado y, además, habita el occidente al que los difuntos están destinados, en este caso el carroñero no es un enemigo, sino un poderoso aliado, y divino además. La incorporación del difunto al chacal supone que ambos comparten una esencia divina, en cuanto que no pertenece al mundo de los vivos y sí al mundo del más allá, ese otro lugar y diferente tiempo antes mencionado.

La posición preeminente de los chacales en la religión egipcia antigua, que conocemos por testimonios posteriores, hunde sus raíces en esta peculiar configuración de la conducta del animal a los ojos de los habitantes de las riberas del río durante milenios. Como se ha mencionado anteriormente, la idea principal es que la prehistoria egipcia es un larguísimo periodo en el cual algunos conceptos básicos consiguen cristalizar y fosilizarse en elementos culturales que

---

[3] Para el papel de los cánidos en la cultura egipcia véase J. Brixhe, «Contribution à l'étude des canidés dans l'Égypte ancienne», *BiOr* 57, 2000, págs. 5-16.

solo somos capaces de percibir, ya desvirtuados y desdibujados de sus líneas originales, en las manifestaciones artísticas y culturales de la cultura de los faraones.

## Un mundo poblado de dioses

Así podríamos entender, quizá, la relevancia de los dioses chacales en la religión egipcia clásica. Este sería el caso de Anubis, una divinidad antiquísima que hace su aparición en la iconografía egipcia desde los momentos más tempranos y perdurará hasta el final de la misma, prolongando su existencia en el seno de religiones posteriores.

El nombre «Anubis» no tiene una traducción clara y eso dificulta su comprensión. Por el contrario, otras divinidades chacales del panteón egipcio, como Upuaut o Khentamentyu, sí pueden ser traducidas. El primero de ellos se lee como «el que abre los caminos» y el segundo «el que está al frente de los occidentales». En ambos casos puede verse claramente cómo la personalidad de estas figuras se trasluce en el nombre que han recibido. Ambos hablan de viajes, caminos y la presencia en el occidente, el punto de destino al que se dirige todo egipcio muerto a habitar entre aquellos que le han precedido (los «occidentales») en ese viaje para habitar y existir eternamente. Los chacales ocuparon durante la larguísima historia clásica egipcia el papel de custodios y guías de los difuntos en lo que parece ser un reflejo de esa situación prehistórica ya descrita. Sobre todo Anubis, quien en el panteón egipcio clásico asume un papel preponderante en los rituales funerarios, especialmente los relativos al embalsamamiento y momificación. Es clásica la representación de Anubis, o mejor, la de un sacerdote vistiendo una máscara con el rostro de un chacal, inclinado sobre el cuerpo del difunto y realizando los rituales necesarios para, mediante el embalsamamiento y la momificación, lograr que el cuerpo del muerto se encuentre en las mejores condiciones de preservación en el seno del sarcófago y de la tumba, especialmente si concebimos esta como el medio para alcanzar el más allá. La manipulación del cuerpo tras la muerte parece ser el elemento común a ambos aspectos, el biológico en la prehistoria y el ritualizado en plena época histórica.

Con todo, el papel de Anubis en la morfología de la religión egipcia parece quedar relegado a un segundo plano en relación con la divinidad que ha ostentado la posición más preponderante entre los muertos egipcios en la época histórica, aunque sea en la retina de un observador no especializado. Se trata de Osiris, quien, sorprendentemente, no parece ostentar la misma acentuada antigüedad que el chacal divinizado.

La entrada en la historia de Osiris se produce, fundamentalmente, con su aparición en el corpus de textos religiosos conocidos como *Textos de las pirámides,* por estar situados en la cámara sepulcral y corredores de las pirámides reales de finales del Reino Antiguo, en torno al 2250 a. de C.[4]. Para cuando ello tiene lugar, el Estado unificado egipcio ya tiene una larga existencia de más de medio milenio. Las estructuras estatales están desarrolladas y no se distinguen de las religiosas, y la figura de Osiris aparece en esos textos religiosos de un modo neto y definido. El nombre de la divinidad sí parece que pueda leerse y traducirse, y se han propuesto varias hipótesis, a menudo excluyentes. La configuración jeroglífica de la palabra está relacionada con el verbo «hacer» (*ir*, en egipcio) y el logograma que representa un trono, de manera que una traducción tentativa podría ser «el que hace el trono». En este nombre vemos un claro reflejo del papel que la monarquía egipcia desempeña en los comienzos y en el desarrollo del Estado unificado como elemento aglutinante de las aspiraciones no solo políticas sino también espirituales de los egipcios.

Pero los *Textos de las pirámides* no son una historia de la figura de Osiris, ni siquiera nos hablan de su vida. Estos textos están compuestos a base de recitaciones que se pronunciaban en determinadas

---

[4] Los *Textos de las pirámides* están estudiados en nuestra lengua por M. A. Molinero Polo, *Realeza y concepción del universo en los «Textos de las pirámides»,* Madrid, Universidad Complutense, Servicio de Publicaciones, 2003.

zonas del sepulcro real, muy probablemente aquellas en las que han aparecido los ejemplos que nos han llegado. Se hace muy difícil obtener una imagen coherente de la figura divina de Osiris a partir de estos textos. Una de las razones es que los *Textos de las pirámides* no son un tratado religioso, sino una serie de afirmaciones referidas al monarca difunto y al proceso que le lleva a otra realidad diferente de la que deja atrás. Las menciones a Osiris en estos textos, así como las de cualquier otra divinidad egipcia, se justifican por su coherencia con la finalidad del texto.

Por otra parte, la religión egipcia no se expresa tanto como un discurso narrativo cuanto con una serie de escenas descritas y señaladas con textos explicativos en los cuales la dimensión temporal, esencial para una narración, no existe o, al menos, está desdibujada y ocupa un lugar muy secundario. Pero esta dimensión temporal, el transcurrir del tiempo, es necesaria para poder concebir una biografía de un dios y, de hecho, en nuestra concepción de la divinidad, heredera de la tradición judía y griega, la identificación de una divinidad con la humanidad, el hecho de ser el hombre «imagen y semejanza» del dios, supone que el ser divino debe tener una biografía, su existencia debe anclarse en el tiempo. Para comprender la esencia y el mensaje de una divinidad debe comprenderse bien el sentido de su vida. En el mundo egipcio, por el contrario, no ocurre así. Los dioses egipcios carecen de biografía, y esta es una de las razones que con frecuencia nos impiden percibir claramente su sentido, dado que los estudiosos modernos tienen una acusada tendencia a asumir un concepto de divinidad más cercano al origen judío y griego.

Este aspecto se pone de manifiesto de un modo especialmente claro cuando consideramos cuál es la fuente principal para el conocimiento de Osiris, la divinidad a la que hemos hecho referencia. Su importancia como divinidad funeraria no escapa hoy a nadie, y no lo hizo en la Antigüedad a nadie que visitara las riberas del Nilo. No es de extrañar que un griego del siglo II d. de C., Plutarco de Queronea, se impusiese el empeño de escribir un relato sobre este dios y su esposa que reuniera de un modo coherente y articulado para una mentalidad griega las diferentes informaciones que, procedentes de diversas fuentes y épocas, habían llegado hasta ese momento[5]. Brevemente, el texto de Plutarco dice lo siguiente:

> Osiris reinaba benévolamente sobre Egipto, pero su hermano Set tramó contra él, por envidia y maldad, una intriga asesina. Hizo Set un banquete y en él mostró una artística caja prometiendo regalársela al que cupiera en ella con exactitud. Osiris cayó en la trampa. Set cerró la caja y la arrojó al Nilo con Osiris dentro, que se ahogó. Isis, su esposa, inició entonces una búsqueda y encontró a Osiris río abajo en la ciudad de Heliópolis.
>
> Tras unas cuantas vicisitudes, Set se apoderó del cadáver que tenía Isis y lo troceó en catorce partes que esparció por Egipto. Isis las buscó de nuevo desesperadamente y logró encontrarlas todas, menos los genitales. Entonces se le ocurrió colocar a su marido una sustitución de ellos en oro puro. Osiris «revivió» después de esta recomposición, y llegó a ser rey del mundo subterráneo, es decir, se trata de una vida, pero a medias, ya que no sube a la superficie. Aunque el estado de Osiris es estar en el reino de los muertos, tiene algunas actividades de los vivos, porque en esta tesitura Isis se queda embarazada de su marido y da a luz al hijo de ambos, Horus.
>
> Su hijo, Horus, con Isis, su madre, se vengó de Set. Como Osiris quedó para siempre como rey en el mundo subterráneo, los ritos funerarios de Egipto preparan a todos los difuntos para ir allí junto al dios y gozar de la inmortalidad posible en ese ámbito.

El principal problema que tenemos al leer a Plutarco es la muy diversa procedencia de su información. En su narración hay elementos muy antiguos sin duda, pero también los hay tardíos. Algunos aspectos muy resaltados sobre la figura de Osiris parecen haber sido realmente anecdóticos cuando los cotejamos con testimonios egipcios. Da la sensación de que las fuentes de información de Plutarco

---

[5] Una reciente traducción y estudio en nuestra lengua en Plutarco, *Isis y Osiris*; nota introductoria y traducción de Francesc Gutiérrez, Palma de Mallorca, Olañeta, 2007.

tenían un conocimiento disperso y tardío de la personalidad del dios. Esto es probablemente esperable, dado que sus fuentes debieron de ser de habla griega o latina. En ningún lugar de la obra se afirma (ni parece lógico pensar) que Plutarco tuvo acceso a fuentes egipcias directas de ningún tipo. Pero, de cualquier modo, Plutarco elabora variados mimbres para formar con ellos un cesto que le permitiera a él y al público al que iba destinado percibir un discurso narrativo sobre Osiris del que la idea original de ese dios carecía. Plutarco «crea» una biografía, una novela sobre la vida del dios[6].

Con todo, la información que poseemos de las propias fuentes egipcias sobre Osiris no es limitada. Si la cotejamos con otros testimonios a lo largo de los miles de años de existencia de la cultura egipcia, obtenemos una imagen del dios trazada a base de unos rasgos bien definidos. Osiris es un rey, el que introduce las leyes y la agricultura, es decir, el que convierte al hombre en social y civilizado. Reina justa y beneficiosamente, pero es engañado por su hermano Set, violento y movido por impulsos primarios, como corresponde a una situación de precivilización. De hecho, en la religión egipcia posterior, Set es relacionado con el desierto, y de ahí que el color que lo caracteriza es el rojo, el mismo que el del desierto. Puede verse aquí la contraposición de ambas figuras si las relacionamos con el esquema de análisis espacial propuesto anteriormente. La agricultura es Osiris, lo que crece junto al rey, donde tiene lugar la civilización, mientras que Set representa los impulsos desordenados (*dirigido por su falo,* se dice de él) y presto a la violencia, fundamentalmente primario, salvaje y asocial. Osiris se representa como una figura humana de color verde, asociado a la agricultura, Set como un animal indefinible de color rojo, asociado a lo yermo. Envidioso de su hermano, Set causa su muerte y lo despedaza, repartiendo las diferentes partes de su cuerpo por todo el país. El desmembramiento de Osiris no deja

---

6 Sobre el papel de Plutarco en la invención del género biográfico en la literatura, véase A. Pérez Jiménez, *La biografía griega como género literario: Plutarco y la biografía antigua,* Universidad de Barcelona, Centre de Publicacions, 1980.

COMER Y SER COMIDO

de estar relacionado con el desmembramiento de los cuerpos sometidos a la acción de los chacales, de los que hemos hablado antes. Pero
los muchos pedazos de Osiris son reunidos por Isis, su esposa, quien
además de mostrar esta habilidad recolectora, también aparece como
restauradora, al conseguir quedar embarazada de Osiris estando él ya
en el reino de los muertos.

Cualquier otra consideración sobre Osiris es secundaria a esta. Su
papel es el de estar en el reino de los muertos. El Osiris que presenta
la tradición egipcia está siempre «muerto» y, como veremos más adelante, su significado radica en esta circunstancia. Porque con Osiris
«muerto» (luego veremos que reina en ese ámbito) el papel principal
se centra en su hijo, concebido ya desde la muerte. Horus, que es su
nombre, al nacer está desvalido, con un padre muerto y un tío, Set,
que ansía suplantarlo en el trono. Por lo tanto, y ante esta situación
de peligro inminente sobre él y sobre la monarquía del bien que
representa Horus, Isis toma la decisión de ocultarlo hasta que se haga
fuerte y destrone a Set, vengando así a Osiris. Una vez en el trono de
su padre, reina como rey de los vivos, mientras que su padre, quien,
no lo olvidemos, sigue en el ámbito de los difuntos, continúa ejercien-
do la monarquía en el más allá occidental sobre quienes son como él,
es decir, muertos. Osiris los juzga y los recibe, y los difuntos quedan
en la misma situación de vasallaje en que estaban anteriormente con
su hijo Horus en vida, sumisos y devotos servidores de un rey.

## La Enéada primordial

La sinopsis anterior todavía muestra reflejos de la influencia
narrativa del mito de Osiris según Plutarco. Para entender el mito
de un modo algo más cercano a la mentalidad egipcia antigua deberíamos hacer el esfuerzo de imaginarnos el proceso abstrayendo en
lo posible la dimensión temporal, el decurso de los acontecimientos.
Los *Textos de las pirámides* nos permiten entender este proceso.

El gráfico siguiente representa lo que los antiguos egipcios denominaron la Enéada o los Nueve Dioses (excluyendo a Horus). Se

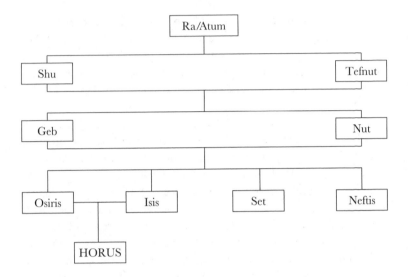

debe tener en cuenta que para ellos el número nueve era la marca de la multiplicidad, al representar tres veces el número tres que, en sí, es la representación de lo plural. El nueve sería, pues, la pluralidad de lo plural. Sería muy conveniente que concibiéramos la Enéada más como una secuencia lógica que como una narración mitológica, y así nos acercaríamos más a una mejor comprensión del mensaje egipcio. La Enéada es una explicación del comienzo de lo que existe y de cómo lo que existe se articula en torno a la monarquía. La cultura egipcia tiene como característica, a menudo pasada por alto, el expresar ideas abstractas con rasgos personales. Los dioses, pues, son la materialización de esas ideas, y las relaciones entre las ideas se expresan con la metáfora de las relaciones entre las personas. De tal manera que si un concepto o idea proviene del desarrollo de otro, podríamos decir que es su hijo. «La virtud es hija de la moderación» sería un buen ejemplo de este tipo de discurso, especialmente si en nuestra cultura tuviésemos a la Virtud y a la Moderación por diosas.

Otro aspecto esencial para adentrarnos en el discurso religioso oficial egipcio es el concepto de «coincidencia de opuestos». Para el egipcio antiguo, solo de la combinación y a menudo oposición de dos conceptos opuestos puede nacer un tercero que los aúne y produzca un avance respecto a aquellos de quienes procede. A su vez, este nuevo concepto encontrará sin duda otra idea a la que contraponerse. Es un método de operar sorprendentemente moderno que podríamos denominar «protodialéctico».

El discurso representado en la Enéada se puede articular como sigue. A partir de un principio indeterminado llamado Atum, cuya raíz tiene relación con la noción de «no existir» y que posteriormente se identificará con el creador Ra, cuya manifestación es el disco solar, surgen dos entidades (vamos a llamarlas conceptos) que son Shu y Tefnut. Estas dos nociones son opuestas; la primera es masculina, relacionada con el aire seco. Además, preserva las cosas de la corrupción. La segunda es femenina y húmeda, y corrompe.

Ambos conceptos son opuestos, pero de su coincidencia protodialéctica surge otro dúo de nociones: Geb es masculino también, inactivo y representado como un hombre tendido bocarriba en el suelo con su falo en erección; Nut es una mujer cuyo cuerpo forma la bóveda celeste que recorren los astros. Se halla arqueada sobre el cuerpo de Geb. En la posición relativa de ambas figuras, la parte pasiva, curiosamente, es la de Geb, que yace en la tierra, mientras que la posición superior de Nut y el propio movimiento de los planetas que recorren su cuerpo hacen de ella la parte activa de la pareja. De la unión de ambas ideas, y es preciso enfatizar que se trata de ideas y no de las personas con las que se representan, surgen cuatro nociones representadas por dos parejas, de un lado Osiris e Isis y del otro Set y Neftis.

Conviene olvidar por un momento la narración del mito de Osiris expuesta anteriormente, que, como hemos visto, le debe un mucho a la narración biográfica de Plutarco, y centrarnos en la esencia del significado aportado por cada una de las ideas-personaje. Osiris es la monarquía fundacional que aporta a la sociedad las herramientas para su establecimiento y continuidad, las leyes y la agricultura, pero comparte con su padre Geb, de quien evidentemente procede, un elemento que se puede comprender como imperfecto, en el sentido de «aún no perfecto», la pasividad. Recordemos que la esencia de Osiris es estar muerto y yaciente. Aun así consigue embarazar a Isis, sobre quien recae la responsabilidad y la iniciativa de reunir las partes de su cuerpo dispersas y, sobre todo, la de hacer cuanto se requiere en las difíciles circunstancias para que Osiris la insemine. De todo ello se deduce que los papeles respectivos de Osiris e Isis están intercambiados, él es masculino pero pasivo, y ella es femenina pero activa, al contrario que la tradicional identificación de los géneros en la cultura del Egipto antiguo.

La otra pareja de hermanos la forman Set y Neftis. Todo lo que en Osiris es civilización es salvaje en Set. No se puede decir que no sea activo, pero está en el polo opuesto de Osiris. Tiene un problema que aparecerá en narraciones tardías: no puede tener descendencia porque al luchar con su sobrino Horus este le arrancó los genitales. Su esposa y hermana Neftis es pasiva como le corresponde a su género, y su papel es bastante limitado. Pero de ella queda bien establecido que no puede concebir un hijo porque no tiene matriz.

Así, las cuatro ideas que emanan de Geb y Nut cubren las cuatro posibilidades en relación con las oposiciones activo-pasivo y masculino-femenino. Pero la continuidad es solo posible por medio de la astucia y habilidad de Isis. A todos los personajes-idea de esta generación les falta algo, no están completos, y la idea de completar un proceso es, básicamente, el modo como se concibe el concepto de creación del mundo en el Egipto antiguo.

Del embarazo de Isis nace Horus. Encarna la monarquía perfecta, pues el orden predecible y civilizador es activo y masculino, pero también engloba aspectos femeninos, como el de fertilidad. En épocas históricas posteriores, tales como la dinastía XVIII, el aspecto femenino del monarca será explotado con éxito en reinados como los de Hatshepsut y Akhenatón. Horus estará en peligro durante su infancia, de manera que su madre debe ocultarlo de su tío, quien quiere deshacerse de él, porque la herencia del padre muerto Osiris le corresponde y él la ha usurpado. Horus supone el final del proceso.

Según el diagrama incluido en la página 32 la llegada de Horus supone el final del proceso de creación en cuanto proceso evolutivo que se detiene con él al completarse. La realidad en la que los seres humanos viven, el mundo que los rodea, ha sido creada previamente como combinación protodialéctica de las ideas representadas por la Enéada, de la que significativamente Horus no forma parte.

Si la realidad que rodea al ser humano es el tiempo y el espacio de Horus, y un egipcio lo definiría como el «aquí» y el «ahora», entonces el tiempo y el espacio de la Enéada debe ser «otro», en «otro» espacio y en «otro» lugar, es decir, un ámbito en el que los parámetros espaciales y temporales que rigen en la realidad perceptible por el ser humano dejan de ser válidos. Llamémoslo el espacio de los dioses, el cielo o cualquier otro nombre que nos venga a la mente, pero se trata de algo que no pertenece al mundo que los hombres habitamos.

La realidad creada es, en el diagrama propuesto, el recuadro que rodea a Horus. A partir de la llegada de Horus, su nombre será el destinado a medir el tiempo. Los egipcios no tenían un cómputo de tiempo absoluto como lo tenemos nosotros, que contamos los años desde un evento concreto en el pasado. Para ellos las fechas eran siempre relativas, de manera que un año cualquiera era el año x del reinado del Horus (faraón) tal y tal. La metáfora del nacimiento de Horus expresa, así, la llegada de la monarquía, y aunque el Horus concreto (cada monarca específico) cambie, siempre hay un Horus. Sus nombres dividen el tiempo y permiten medirlo, y su poder actúa sobre un espacio territorial que constituye la realidad de la creación y que coincide con el concepto de Egipto. Por lo tanto, la realidad circundante al ser humano está definida espacial y temporalmente por la presencia constante del Horus vivo, aunque la persona del monarca que lo encarna muera.

Cuando el Horus específico encarnado por el monarca muere, se convierte en otro personaje y habita en otro tiempo y en otro lugar. Dado que su esencia en ese momento es estar muerto, se convierte en Osiris, de tal manera que la metáfora continúa con su reinado en otro ámbito. Las personas que ocupan los papeles de Horus y Osiris cambian, pero los conceptos a los que ellos hacen referencia son inmutables.

Así, puesto que Horus es la civilización y el orden encarnados en la monarquía, Osiris es la raíz de la monarquía, la legitimidad necesaria del padre muerto que, aunque ausente en la realidad creada para dejar lugar a que su hijo reine, sin embargo vive y reina en un plano diferente a esa misma realidad sobre aquellos que han servido a su hijo en el seno de la creación. Así se convierte Osiris en el gran dios funerario. Fundamentalmente, porque recibe, juzga y reina sobre los difuntos que a él llegan.

Pero es necesario notar que solo le llegan aquellos a quienes su hijo ha salvado de la aniquilación proporcionándoles el regalo de una tumba y de un ajuar necesario para evitar la disolución de su persona, su nombre y su memoria en la creación, en la historia egipcia. Solo ese regalo que el hijo (Horus) hace al ser humano es el medio de que el difunto llegue al padre (Osiris), para así salvarlo de la aniquilación y de la muerte absoluta. Por tanto, Osiris como divinidad funeraria es un producto de la monarquía establecida y un elemento que potencia la idea de la legitimidad del estado de cosas y, con ello, afianza la perpetuación del poder. La idea de que el rey muerto colabora desde más allá de la muerte con la acción del rey vivo, recibiendo a los privilegiados a quienes envía, es algo que, además, refuerza la lealtad hacia el monarca vivo debido a que el rey vivo, el hijo, y el rey muerto, el padre, son dos personas distintas aunque hayan sido una única en algún momento.

El mundo egipcio presentaba los grupos de dioses con frecuencia en tríadas. Estos grupos de tres divinidades (o ideas) permiten establecer la relación que existe entre ellas como una manera de explicitar su esencia. En lo que a nuestro propósito interesa, la tríada básica que se establece en la tradición religiosa egipcia desde los *Textos de las pirámides* está establecida por los siguientes elementos:

- Horus: es el hijo que reina sobre el tiempo y el espacio de la creación. Tiene el poder de salvar a los hombres de la muerte al concederles el equipamiento necesario para perpetuar su huella en la creación. Envía a los difuntos a su padre Osiris y así los salva de la muerte absoluta.

- Osiris es el padre. Está muerto en el mundo que rige Horus, pero sin embargo habita un plano diferente en el que recibe a los difuntos salvados por su hijo, a quienes juzga y sobre los que reina en occidente. Su nombre tiene relación con la expresión «hacer el trono» y presta legitimidad a su hijo y heredero.

- Isis es la madre. Su nombre es «el trono» y sobre su regazo se representa al hijo Horus a menudo. Lo protege y oculta cuando, al morir su padre, la vida, el orden y la esperanza de salvación que él encarna corren peligro por ser un niño indefenso.

## La comida como elemento central en el culto de Osiris

El culto de Osiris tiene como centro la comida, y en Egipto eso es decir el pan[7]. La ofrenda básica a Osiris se forma a partir de panes y de cerveza, que es una forma de pan líquido al proceder ambos del grano, fundamentalmente de la cebada. La representación de la comida de Osiris es prácticamente ubicua en el arte egipcio de toda época. Junto a la ofrenda de pan y cerveza, con frecuencia aparecen otros elementos, pero la base de la ofrenda son estos dos artículos, de manera que la palabra jeroglífica para «ofrenda» se escribe con una hogaza de pan y una jarra de cerveza.

La relación de Osiris con el grano parece una consecuencia de su identificación con las nociones de mundo ordenado y agrícola, en contraposición al salvaje y cazador. Pero la explotación del grano para su consumo humano tiene un mecanismo operativo que no escapa a la atención detallada del egipcio antiguo. Para que el grano se

---

[7] Un estudio pormenorizado de la relación entre Osiris y el alimento en W. J. Darby, P. Ghalioungui y L. Grivetti, *Food: the Gift of Osiris*, 2 vols., Londres-Nueva York-San Francisco, Academic Press, 1977.

convierta en pan primero hay que despedazarlo, molerlo y reducirlo a harina. Posteriormente se manipula para que forme otra sustancia que, sin dejar de ser grano, ya es otra cosa y sirve para alimentar a la humanidad y salvarla de la muerte por inanición.

Existe una clara semejanza entre este proceso de producción del pan y la personalidad de Osiris, que para salvar de la muerte a los difuntos tiene que morir y ser despedazado: para que pueda convertirse en pan, en alimento, debe ser manipulado y amasado. Esta es una justificación suficiente para explicar la presencia de mujeres amasando en las tumbas egipcias de toda época. De la misma forma en que la mujer manipula el pan en forma de harina para volver a reunir en una masa algo que ha sido despedazado y molido, Isis reúne los fragmentos del cuerpo de Osiris que han sido diseminados. El producto resultante de amasar es fértil porque fermenta, y el resultado de la reunificación del cuerpo de Osiris es la posibilidad de la fertilización de Isis misma. La posibilitación de la fertilidad, pues, es algo que hace entrar a la mujer, Isis, en el esquema general de este proceso.

La muerte de Osiris, por tanto, permite su conversión en comida. El cuerpo del dios se convierte en grano, de lo que hay numerosas representaciones, y a través de la ingestión de su cuerpo se sustentan tanto los vivos como los muertos. Su culto se basa en la ofrenda de comida ante la tumba del difunto, basada en el grano, como ya se ha dicho, y en la peregrinación anual a Abidos para conmemorar la pasión, muerte y resurrección del dios.

Osiris contó con varios centros de culto, pero los principales estaban situados uno en el delta occidental en un lugar denominado Djedu, que los visitantes griegos posteriores denominaron Busiris o «lugar de Osiris», y otro en el sur, en el valle alto del Nilo. Este segundo lugar, cuyo nombre egipcio es Abdju, recibió de los griegos el nombre de Abidos por su similitud fonética con una ciudad griega en el Helesponto. La ciudad egipcia es un lugar de gran importancia en la religión.

En Abidos tenía lugar una vez al año la gran festividad de Osiris, en la cual se celebraba su pasión, es decir, la muerte y despedazamiento a manos de su enemigo, la reunificación de su cuerpo y su posterior revivificación tras una noche de vigilia. Las festividades reunían anualmente a miembros de la clase dirigente egipcia, aquellos con libertad personal de movimientos como para desplazarse a su voluntad por el país.

El templo principal de Osiris se encontraba cerca de la zona cultivada a orillas del río. De la terraza frente al templo partían dos procesiones en días consecutivos, la primera de ellas, denominada la «Procesión Perfecta», salía en el primer día de la fiesta. Era presidida por Upuaut, una de las divinidades chacales que ya hemos mencionado. La traducción del nombre de Upuaut es «el que abre los caminos», y eso es exactamente lo que hace el cánido en este caso. Upuaut parte desde el templo hacia el occidente, concretamente hacia una zona de las montañas del horizonte en la cual se puede observar la apertura de un valle que se dirige hacia el ocaso, la tierra de los difuntos donde el sol se pone. Durante la procesión probablemente se simulaba un ataque por parte de los enemigos contra la procesión de Upuaut, en la cual, como es esperable, el dios vencía y con su victoria dejaba el camino libre.

El segundo día tenía lugar la «Gran Procesión», en la cual Osiris recorría el camino que Upuaut había abierto el día anterior hasta una zona alejada del templo, casi en la boca del valle que se abre al occidente. Allí, en un determinado lugar que se ha identificado posteriormente con una de las tumbas reales de los monarcas egipcios más antiguos, probablemente ya en ruinas, pasaba la noche, aunque carecemos de suficiente información sobre cuanto ocurría esa noche, en la que el dios probablemente experimentaba los procesos tendentes a su resurrección. A la mañana siguiente, el tercer día, regresaba al templo ya resucitado entre la alegría de los asistentes a la fiesta.

La asistencia a la festividad de Osiris en Abidos era sin duda un hito importante en el calendario de una determinada clase social egipcia. Este culto estaba ligado a las personas a las que el monarca vivo (Horus encarnado) habría de salvar de la muerte absoluta por medio de la concesión de una tumba con su equipamiento y con el permiso para el establecimiento de un culto de ofrendas. En definitiva, el culto de Osiris estaba ligado al grupo de ciudadanos egipcios más cercano a las estructuras de poder, y la necesidad de dejar una huella visible de su asistencia a las festividades también nos habla de un sistema de cohesión social reforzado por el hecho de que tan importante en estas festividades es participar como ser visto participando en ellas.

A pesar de que Osiris está presente en la religión egipcia desde su aparición en el Reino Antiguo hasta el final de la cultura faraónica, lo cierto es que su momento de eclosión y esplendor se alcanza con el Reino Medio (2000-1800 a. de C.). Durante el periodo inmediatamente anterior, el Reino Antiguo (2800-2100 a. de C.), la popularidad de Osiris no es tan omnímoda como será posteriormente, y quizá podemos ver cómo esa popularidad entre los miembros de la clase dirigente egipcia se la arrebató precisamente a Anubis, el chacal que hundía sus raíces en la prehistoria. En general, en los cementerios egipcios del Reino Antiguo son mucho más numerosas las dedicatorias a Anubis que a Osiris, e incluso cuando en una misma inscripción coinciden ambas, lo que no es extraño, es el chacal el que aparece primero. Esta precedencia sugiere una primacía que debe tenerse en cuenta.

Las razones del ascenso de Osiris son varias, y las más relevantes pueden ponerse de manifiesto si se tiene en mente la evolución histórica y social del Estado egipcio en los momentos en los que nos estamos centrando. En síntesis, Anubis se relaciona con los animales salvajes y el mundo prehistórico de la caza, mientras que Osiris se centra en el orden social nacido de la agricultura y la organización del territorio para proveer de sustento, cuyos excedentes, al cabo, permitirán la creación de las instituciones que darían lugar al Estado faraónico.

Anubis es activo. Entra y sale al mundo civilizado desde el desierto y busca su sustento entre los pequeños animales y la carroña. Su ofrenda la constituye la tumba misma como receptáculo del cuerpo del difunto, de la misma manera que el cuerpo de Anubis recibe la carne del difunto al ingerirla. También le son propios los elementos muebles de la tumba, especialmente el sarcófago, cuya traducción literal del griego significa «comedor de carne». La ofrenda de Anubis no es renovable. Una vez que se ha producido y los bienes están dispuestos en su lugar, los recursos económicos invertidos, o más bien gastados en ella, no vuelven a ponerse en circulación: se entrega al desierto algo que no vuelve nunca a incidir en la vida de los que habitan a la orilla del río.

Por el contrario, la ofrenda dedicada a Osiris refleja un carácter marcadamente distinto. Osiris es pasivo, como lo fue Geb, a quien no en vano la tradición presenta como su padre. Yace en la tierra, y debe ser manipulado (por Isis en el mito) para que produzca fruto. Los componentes de su ofrenda son productos de esta manipulación. Se trata fundamentalmente de comida en forma de pan y cerveza, por la ya mencionada relación con el grano, pero también aves, piezas de carne y piezas de lino. La ofrenda es renovable y repetible, de manera que para mantener un culto funerario se hace necesario haber establecido una renta en especie que sostenga ese gasto.

En condiciones normales, el hijo mayor del difunto oficiaría como sacerdote del culto funerario de su padre muerto, lo que reforzaría la estructura del mito en cuanto que es el hijo y sucesor el que vela por la memoria de su padre que ya no está en este mundo. Más corrientemente, y de un modo progresivo a medida que avanzaba la complejidad de la estructura del Estado egipcio, el culto lo mantendrá un sacerdote funerario nombrado para ello o enviado desde un templo.

La oposición entre el carácter activo y pasivo de las dos figuras se dirime, además, en otro ámbito[8]. Anubis come e incorpora al difunto de un modo activo. En el interior del chacal el difunto se diviniza porque comparte con el dios su misma esencia, su carne y su sangre. La divinización del chacal carroñero es un método intelectual elaborado que tiene por finalidad conceptualizar el cambio de estado del

---

[8] Un comentario sobre el carácter pasivo y activo de los dioses de la Enéada en G. Englund, «Gods as a Frame of Reference. On Thinking and Concepts of Thought in Ancient Egypt», en G. Englund (ed.), *The Religion of the Ancient Egyptians. Cognitive Structures and Popular Expressions.* Proceedings of Symposia in Uppsala and Bergen, 7-28. Uppsala, Academiae Ubsaliensis. Acta Universitatis Upsaliensis, Boreas, 1989.

difunto y su paso a un plano de la realidad diferente del de los vivos en el que cohabita con la divinidad. Si el chacal es dios y el difunto es carne y sangre del dios, entonces el difunto comparte esa misma naturaleza divina.

## La resurrección de Osiris

El fundamento teórico de Osiris es el mismo, pero la praxis es opuesta. Osiris es pasivo, por lo tanto no come, sino que es comido. Su identificación con la agricultura y el grano hace de él una figura apta para ser consumida por los vivos. Osiris es divino, y su ingestión diviniza a quienes lo incorporan a su carne y su sangre.

La «resurrección» de Osiris en Abidos tras su despedazamiento y muerte se expresa magníficamente en la metáfora del proceso de elaboración del pan. Manipulación del grano, molienda y amasado dan lugar a algo nuevo, que ya no es lo que era, pero que sigue siendo lo mismo en esencia. Ese nuevo producto es el Osiris resucitado, y la germinación del propio cuerpo de Osiris manifestando esta identidad con el grano no es rara en papiros funerarios como el papiro Jumilhac. También explica la existencia de los exvotos llamados «ladrillos osirianos»: un ladrillo rectangular que representa el lecho mortuorio ostenta en bajorrelieve la silueta del dios como si yaciera en él, silueta que es rellenada con tierra y semillas de grano para que germine, reproduciendo así el proceso de muerte y resurrección.

Anubis existirá siempre en el panteón egipcio. Permanece en él hasta el final como encargado de la manipulación y embalsamamiento del cadáver y guía del difunto al juicio al que se le va a someter en presencia de Osiris. Ambas funciones son consecuencia de su carácter originario relacionado con el chacal. En otras ocasiones, como ocurre en Abidos, Osiris simplemente incorpora la esencia de algún chacal sagrado, como ocurre con Khentamentyu. Esta divinidad se incorpora como epíteto al nombre de Osiris, de manera que sigue existiendo pero subsumido en la expresión «Osiris, el que preside sobre los occidentales».

Esta última expresión tiene una interesante consecuencia para la concepción egipcia del mundo y de la ubicación espacial del individuo en él. Lejos de la creencia popular, el sarcófago egipcio por excelencia no es el antropomórfico, sino el ortogonal, un gran ladrillo. El cuerpo del difunto, asimilado con Osiris como ya se ha mencionado, se ubica en un receptáculo de madera ortogonal decorado en su exterior y en su interior. La posición del cuerpo es importante: se sitúa con la cabeza hacia el norte, y la parte posterior de la cabeza (la nuca) tiene un nombre egipcio que la relaciona con las selvas de papiros que pueblan el delta. La cabeza del difunto está sostenida por Isis. Los pies están sostenidos por Neftis. En esta postura, el costado izquierdo del difunto queda orientado hacia oriente, de manera que las palabras egipcias izquierda y oriente son la misma *(iAbt)*. Las palabras para la derecha y occidente, el lugar donde habita Osiris, son también la misma *(imnt)*. Si tenemos en cuenta que Osiris es el padre en la estructura del discurso que estamos comentando, y que su ámbito y medio de culto es la comida, probablemente encontremos más sentido a frases del contexto cristiano como «estar sentado en la mesa a la derecha del padre».

Así pues, la muerte de Osiris expresa la esperanza de la resurrección en ese plano diferente de la realidad para todos aquellos que contemplan las procesiones y participan en la medida de sus posibilidades en las festividades y ritos, tanto en Abidos como en otros lugares donde se rinde culto a Osiris. La victoria sobre la muerte que experimenta el dios es una promesa para todos los seres humanos. La clave para lograrla es el servicio leal al hijo del dios (Horus), quien tiene en su mano el poder para lograr que el ser humano al final de sus días en la tierra pueda llegar a su padre (Osiris), cuya resurrección es la esperanza de victoria sobre la muerte.

Sinteticemos lo dicho en una reflexión sobre las figuras básicas de la tríada antes mencionada:

1. La divinidad principal es Osiris, y es la que presta la legitimidad por medio de su muerte. Es el padre por antonomasia, pero está muerto, lo que debe interpretarse en el sentido de

que habita en un plano de la realidad diferente al que habita el hijo. Reina sobre aquellos que han alcanzado ese plano, es decir, los difuntos que han vencido a la verdadera muerte (la aniquilación absoluta) por medio de la intercesión del hijo. Su muerte fue violenta y causada traicioneramente por alguien muy cercano (su hermano). Su cuerpo muerto es despedazado, pero es reunido de nuevo para resucitar de algún modo. Una vez resucitado, metafóricamente su cuerpo es pan y es consumido, para que quienes así lo hicieren compartan su divinidad. Autores clásicos como Diodoro de Sicilia y Heródoto[9] mencionan que en el rito de embalsamamiento el cuerpo del difunto que se identifica con Osiris recibe un primer corte en el costado por el cual se le habrán de extraer las vísceras, el costado derecho, el occidental. El sacerdote especializado en esta acción la lleva a cabo con un cuchillo de piedra especial. Sus compañeros lo expulsan ritualmente de la sala donde se lleva a cabo el acto. El daño ritual producido por este primer corte debe ser castigado, aunque sea necesario, de la misma manera que para obtener el pan el grano debe ser machacado y en análoga referencia al hecho de que para que se produzca la salvación/vida en otro plano el cuerpo del dios debe morir.

2. El hijo, Horus, lo es por la existencia obvia y previa de un padre. La traición que el padre sufrió es vengada por el hijo, que reivindica su reino. Su esfera de actuación es la realidad circundante a los humanos, no el plano diferente en el que Osiris actúa. Como vive en esta esfera, es él quien salva a los humanos por medio de su acción. En su mano, por medio de la concesión de cultos de ofrendas y equipamientos funerarios, está que un ser humano venza a la muerte o no. Solo por su intercesión se llega al padre. Pero su esencia básica es la de ser el rey. Se celebra su nacimiento el 25 de diciembre.

---

[9] Véase Diodoro de Sicilia, *Bibliotheca historica,* I, 91f, Madrid, Gredos, 2001, y Heródoto, *Historias,* libro II, 84, Madrid, Gredos, 2000.

3. Isis es la madre que concibe al hijo en condiciones inusuales y difíciles. Al morir Osiris, ella sostiene su cuerpo muerto. Al nacer el hijo, desvalido, debe ser protegido por la madre, que lo esconde de quienes quieren acabar con él. Con frecuencia se la representa con el hijo en su regazo o dándole el pecho en la figura conocida como *Isis lactans*.

Esta estructura de pensamiento tuvo una larguísima vida en el seno de la religión egipcia. Representaciones de los actores principales abundan hasta momentos muy tardíos de la iconografía egipcia e incluso son aceptados en otras culturas cercanas como la romana. Existen representaciones de Osiris, Isis, Horus y Anubis en las cuales se ha efectuado una perfecta enculturación de formas externas, pero, sin embargo, manteniendo la esencia de sus elementos básicos. Osiris embalsamado, Anubis con cabeza de chacal, Horus con cara de halcón o Isis sentada con el hijo en el regazo.

La metáfora de una vida en otro plano expresada por estos elementos era perfectamente conocida en el siglo I de nuestra era y su viaje desde las orillas del Nilo hasta las colinas desiertas de Judea o los puertos bulliciosos de Asia Menor no supone ningún salto en el vacío. Las historias se narran una y otra vez y se adaptan al presente de quien las escucha. Como los niños, los seres humanos deseamos que nos cuenten la historia que ya conocemos y no otra, porque nos conforta ante la perspectiva de una larga noche oscura por delante de nosotros[10].

En ocasiones, cuando leemos u observamos alguna información sobre los dinosaurios, uno se sorprende preguntándose el porqué de la desaparición de formas de vida tan magníficas e impresionantes.

---

[10] El culto de Isis tiene una pervivencia incluso mayor que el de Osiris en época romana. La figura de Osiris se subsume en el culto de Isis y este se hace muy popular en zonas romanizadas, incluso en la península ibérica, donde fue introducido por comerciantes y militares. Véase J. Alvar, «El culto a Isis en Hispania», *La religión romana en Hispania*, Madrid, C.S.I.C., 1981.

Uno se maravilla de que algo tan sustancial y evolucionado haya desaparecido de nuestro planeta sin dejar rastro. Es tal la sensación de diferencia y pérdida, que nada a nuestro alrededor nos conecta con unos seres que bien podrían haber sido habitantes de otro planeta, por lo distintos y ajenos a nosotros mismos y a nuestro mundo.

Sin embargo, los biólogos nos dicen que los dinosaurios aún viven entre nosotros, aunque no lo supiésemos hasta que se nos ha aclarado. Sus descendientes más directos son las aves que, cargadas de gracia y simbolismo, configuran gran parte del significado de nuestra experiencia vital. Pequeños, ligeros y libres para moverse como nosotros no somos capaces de hacerlo, cuando observamos a los pájaros en un parque estamos mirando directamente a los dinosaurios que nos maravillan en reconstrucciones más o menos acertadas, aunque la diferencia entre ambos haga casi increíble la idea. El Egipto antiguo es un dinosaurio, magnífico y elaborado, extraño y desaparecido aparentemente sin dejar rastro en el mundo moderno que nos rodea. Quienes pertenecemos a culturas marcadas por el cristianismo y sus prácticas y ritos quizá hemos estado mirando al dinosaurio sin saberlo y sin darnos cuenta del papel central que desempeña en un conjunto de ideas tan cercanas a la identidad cultural y religiosa de nuestro mundo.

# 2

# Pasiones paganas

## GRECIA Y LOS MISTERIOS

—Eugenio Gómez Segura
IES Duques de Nájera

Los primeros años de expansión de la secta judía llamada cristianismo por la civilización grecorromana constituyen un fenómeno apasionante, si atendemos a cuanto hemos podido aprender en el primer capítulo sobre el posible trasfondo egipcio de nociones tan cristianas como la resurrección y la ingestión de la divinidad. Y si nos hemos sorprendido al leer detalles que acaban por ser no ya asombrosos, sino trascendentales, hemos de preguntarnos qué sabría un griego, un romano, un hispano, del contexto judío de la Pasión —que ocupará el capítulo siguiente— y cuánto pudo adaptar a su propia cultura el personaje que se le predicó con la intención de dar significado a lo que le resultaba inverosímil sobre él.

En definitiva, en el presente capítulo daremos a conocer la pasión, muerte y resurrección de otros hombres y otros héroes, de dioses incluso, con el objetivo de plantear que quizá algún elemento de esa época acabó por formar parte de lo que los creyentes conocen como el personaje religioso Jesucristo. Tras este repaso a lo que fue, como se dice ahora, la espiritualidad de aquellos años, hemos de encontrarnos en mejores condiciones para entender los textos sobre la Pasión con toda la objetividad e imparcialidad posibles. Veamos, entonces, qué nos depara la Antigüedad clásica.

## Cronología y contexto histórico del suceso. La mixtura helenística y romana

La distribución geográfica de las primeras comunidades que con el tiempo serán denominadas cristianas no puede ser estudiada sin atender antes a la peculiar diáspora que los judíos habían conocido ya desde antiguo y que en época romana continuaba. Dicha dispersión abarcaba de manera notoria ciertas áreas de la zona oriental del Imperio: a partir de Judea, provincia gobernada desde Siria y que comprendía Jerusalén, Galilea y Samaria, es decir, una zona esencial pero no exclusivamente judía, alcanzó Egipto y Libia, especialmente las ciudades de Alejandría y Cirene; la ya mencionada Siria junto a Fenicia y Chipre; además, Asia Menor, la actual Turquía, y Grecia y Macedonia, así como la propia capital, Roma, donde el barrio del Trastévere albergaba muchos miles de judíos.

La diáspora era fruto de cientos de años de historia, de modo que no ha de resultar extraño que la duración del fenómeno abriera algunas brechas entre las comunidades. De hecho, para el judaísmo más ortodoxo de Jerusalén, pese a las variantes que en sí mismo contenía, muchas comunidades alejadas de él presentaban algunas notas discordantes, en algunos casos tolerables. Algunas comunidades, en general bastante integradas entre los gentiles, eran mucho menos intransigentes que lo que habría gustado a los contagiados del ambiente de excesivo fervor religioso reinante en Judea, pues era lógico que la vida entre gentiles llevara a aceptar, de mejor o peor grado, costumbres tanto alimenticias como sociales diferentes a las preconizadas por unas leyes divinas promulgadas en los estertores de la Edad del Hierro. También la distancia entre la metrópolis religiosa y estas comunidades hacía ver con otros ojos algunas cuestiones tenidas como fundamentales, aunque existían numerosos lazos entre la diáspora e Israel, ya que la favorable legislación que Roma dispensaba al judaísmo permitía contribuir con un impuesto particular a la prosperidad del Templo, y es cierto que muchas familias enviaban a sus hijos a estudiar a la ciudad de David.

Así pues, consideremos un mundo que había llevado a los hebreos a adaptarse a él. Piénsese, sin ir más lejos, en lo que supondría para

un ortodoxo judío no solo ver estatuas de humanos desnudos, algo
prohibido en su religión, sino el hecho mismo de que los dioses
aparecieran esculpidos o pintados en cualquier lugar monumental
de una ciudad o santuario de la época. Y, junto a esto, téngase también en cuenta que la tradición mitológica e histórica de todos los
pueblos que los acogían habría de resultar fuente al menos de comentarios, cuando no se convirtiera en materia de crítica habitual por
las increíbles hazañas de sus dioses y héroes frente a una mitología
propia plagada de héroes entregados a Yahvé protagonistas de sucesos
tan rocambolescos como los de los gentiles pero considerados como
historia real del pueblo elegido.

Con todo, la rigidez que comporta esta actitud no debe ocultar
la innegable inserción que alcanzó la diáspora judía en el Mediterráneo oriental de la época. Sin ir más lejos, una de las más fértiles
corrientes de pensamiento, el gnosticismo, que afloró a principios
del siglo I de nuestra era en Egipto y se extendió paulatinamente por
el Imperio, es una pujante mezcolanza de ideas religiosas y filosóficas
tanto gentiles como egipcias y judías. Añadamos a esto el caso de los
libros conocidos como *Oráculos sibilinos*, un apócrifo del Antiguo
Testamento que, dentro de la línea más estricta de ortodoxia judía
en cuanto a la tierra de Israel y el papel de Yahvé y su Mesías en la
liberación de los judíos de la opresión extranjera, se presentaba en
forma de oráculos al estilo de los de tantos santuarios grecorromanos
de la época. Baste, a modo de ejemplo, un pasaje del libro III en que
son engarzados los temas de la Torre de Babel, el diluvio y el mito de
la sucesión de tres dioses griegos, Crono, Titán y Jápeto:

> Mas cuando del gran Dios se cumplan las amenazas que una
> vez profirió contra los mortales, cuando una torre levantaron
> en la tierra de Asiria: todos hablaban la misma lengua y que-
> rían subir hasta el cielo estrellado; mas al punto, el Inmortal les
> envió gran calamidad con sus soplos y a su vez luego los vientos
> derribaron la gran torre y entre sí los mortales levantaron mutua
> disputa; por esto los hombres pusieron a la ciudad el nombre de
> Babilón; y después que la torre cayó y las lenguas de los hombres
> con toda clase de sonidos se distorsionaron y a su vez toda la

tierra se pobló de mortales que se repartían los reinos, entonces es cuando existió la décima generación de seres humanos, desde que el diluvio cayó sobre los primeros hombres. Y se hicieron con el poder Crono, Titán y Jápeto, hijos excelentes de la tierra y el cielo (a los que los hombres habían llamado tierra y cielo al ponerles nombre porque ellos fueron los más destacados de los seres humanos). A suertes habían echado para cada uno la tercera parte de la tierra...[11].

El pasaje, presumiblemente escrito en Judea hacia el año 150 antes de nuestra era, nos ofrece una magnífica muestra de lo que ocurría con frecuencia en el mundo que Alejandro Magno primero y Roma después habían globalizado en su escala mediterránea: la mezcla de culturas, por lo tanto de religiones, y la convivencia entre ellas produjeron una amalgama de creencias, sincretismo en lenguaje técnico, que enriqueció algunas doctrinas, relegó otras y sirvió como abono para el nacimiento de algunas más.

Este es el contexto general de la recepción de la historia que sobre Jesús de Nazaret hijo de José contaban algunos judíos llegados de la Judea dominada por Roma. Y si hemos de suponer que el primer relato de los hechos y dichos del Nazareno en la diáspora tuvo lugar entre hebreos, pronto el afán proselitista de muchos de ellos acabó por intentar implantar su figura entre los gentiles. Pero esta tendencia hubo de resultar ya en parte sincrética o, al menos, apartada del fariseísmo que el de Nazaret propugnaba, porque entre los más antiguos seguidores de Jesús hubo fuerte resistencia a algunos detalles de esta predicación inicial a los gentiles. No cabe duda al respecto si atendemos a los datos que los propios textos cristianos nos ofrecen, principalmente la llamada Carta a los Gálatas de Pablo de Tarso, en la que el apóstol explica cómo emisarios de Jerusalén, concretamente enviados por Santiago (Jacobo), el hermano de Jesús

---

[11] Versos 97 a 114. Traducción de E. Suárez de la Torre, en *Apócrifos del Antiguo Testamento, III*, editado por A. Díez Macho y A. Piñero Sáenz, Ediciones Cristiandad, ²2002, págs. 476-477.

y al parecer autoridad principal entre sus seguidores[12], salieron a recorrer comunidades con la intención de controlar esos grupúsculos que se desmarcaban de la más pura continuidad judía[13].

Por último, tengamos en cuenta dos hechos: primero, que esa facción más integrista de los seguidores originarios de Jesús murió con la guerra judía iniciada en el 66 y terminada con la toma de Jerusalén y la destrucción del Templo en el 70, es decir, tuvo el mismo final dramático que otros movimientos similares que pretendían restaurar el reino de Yahvé en el mítico Israel bíblico; segundo, que la enérgica proximidad de ese grupo a los lugares y tiempos del Nazareno, es decir, aquello que sin duda confería más autoridad a esa generación primera para comprender lo ocurrido, desapareció con ella. Desde ese momento, que coincide en el tiempo con la aparición del considerado primer Evangelio, el de Marcos, ya ni habrá manera de contrastar con testigos cuanto se proclamase sobre el Nazareno ni podremos evitar encuadrar el cristianismo en la cultura grecorromana.

Vistos los precedentes, es el momento de acercarnos a esos gentiles, a sus ansias religiosas específicamente, para entender la recepción entre los habitantes del mundo grecorromano de entonces del mensaje de la secta judía que basaba su fuerza en Jesús de Nazaret.

---

[12] «Después de tres años, subí a Jerusalén para conocer a Cefas y permanecí con él quince días, y a otro apóstol no vi salvo a Santiago, el hermano del Señor» (Gál 1, 18 y s. Trad. del autor).

[13] «Pero ni siquiera Tito, que estaba conmigo, siendo griego, fue forzado a circuncidarse; a pesar de los falsos hermanos, que habían llegado para acechar nuestra libertad, la que tenemos mediante Cristo, con el fin de someternos, a esos en ningún momento concedimos pretensión alguna, siendo nuestra finalidad que la verdad de la buena noticia permanezca entre vosotros» (Gál 2, 3-5. Traducción del autor).

«Pero, cuando Cefas llegó a Antioquía, me enfrenté a él cara a cara, porque él había sido reprendido. Pues antes de llegar unos enviados de Santiago, comía juntamente con los gentiles; pero, cuando llegaron, se retraía y apartaba por miedo a los de la circuncisión» (Gál, 2, 11 y s. Traducción del autor).

## Ambiente general de la religiosidad grecorromana

En este apartado, el primer aspecto a destacar es la mezcolanza de ideas y creencias que florecieron tanto en el Imperio de Alejandro y sus sucesores como en el más universal de Roma. Así, religiones y filosofías que, en vibrante y fecunda coexistencia, pretendían explicar mejor o peor las cuestiones que el género humano parece haberse planteado a lo largo de toda su historia sobre sí mismo y su engarce en la naturaleza y la sociedad, convivieron y se prestaron unas a otras argumentos y personajes propios de aquel mundo denominado Antigüedad clásica. Y si en el mundo helenístico había una libertad casi absoluta a la hora de decidirse por una u otra religión, por una u otra filosofía o ética, y así lo atestigua la infinidad de cultos y escuelas que proliferaron en aquellos años, en Roma había obligación de atender el culto estatal, pero no había prohibición de compaginar este con otros cultos y filosofías. No obstante esta libertad, la historia de la Roma republicana ofrece ejemplos de persecución basada en la idea de que el culto debido a los dioses de la ciudad eterna como propiciadores de la continua prosperidad romana se veía en peligro. Así pues, como primera característica del Mediterráneo de aquellos años, nada más lejano a una falta de piedad o de religiosidad, nada más ajeno a una falta de preocupación por los considerados aspectos más profundos de la vida, sino todo lo contrario.

En ese contexto, pues, los antiguos mitos ilustraban ilusiones y anhelos muy humanos, tan humanos como los de los propios judíos, y lo hacían no mediante textos sagrados en exclusiva, sino con el apoyo de las artes más variadas: pintura, escultura, teatro, poesía, oratoria, etc. La mitología, encarnada en semejante abanico artístico, se presentaba en la mayor parte de las actividades públicas ofreciendo la posibilidad de recordar a cada momento las preocupaciones de la vida y la solución dada a las mismas. El hecho de nacer, por ejemplo, con sus incógnitas, por sí solo ofrecía a la mirada y el oído suficientes ejemplos en todas las artes como para que el habitante del Imperio creyera historias sorprendentes, plenas de matices imposibles pero portadoras de remedios para la incomprensible lógica de la vida. Veamos algunos ejemplos.

El caso de Perseo nos servirá como modelo de lo mucho que podía atesorar un mito. Su madre, la mortal Dánae, fue amada milagrosamente por el dios Zeus pese a los impedimentos físicos que había establecido su padre al encerrarla bajo tierra en un cofre de bronce. Zeus, dios de la lluvia entre otras atribuciones, se filtra en forma de lluvia de oro y fecunda a Dánae, la cual dará a luz un niño, Perseo, que tras diversos avatares acabará reinando en lugar de su abuelo. Este mito se convierte en una metáfora de la agricultura si entendemos a Dánae como semilla fecundada por la lluvia y a Perseo como fruto de esa fecundación, aunque podemos atender también al hecho de que concebir exitosamente es difícil y asimismo lo es nacer, el trabajoso cruce del primer límite de la vida, la llegada al mundo. Resulta natural entonces que un futuro rey sea ejemplo de la aventura del nacer.

Otro nacimiento penoso es el de Heracles, cuyo padre, también Zeus, se unió a otra mortal, Alcmena. En este caso, la dificultad no consistió en concebir, sino en llegar a nacer, pues la esposa de Zeus, Hera, prohibió que su rival amorosa diera a luz y retardó el parto un mes, logrando así que Heracles perdiera el trono al que legítimamente tenía derecho.

Pero el nacimiento difícil no es cosa exclusivamente humana. También a Apolo y Artemisa entre los dioses se les aplica el cuento: su madre Leto, diosa amada por Zeus, ve cómo Hera de nuevo prohíbe que ninguna región de la Tierra la reciba como parturienta, y es obligada, de esta manera, a iniciar un peregrinaje que la lleva hasta una isla olvidada y estéril, inútil en sí misma, que la acoge. Ese lugar remoto, humilde, hasta entonces miserable, se convertirá en lugar de peregrinación y alabanza, pues en él nacieron dos de los dioses más importantes del Olimpo.

Hay incluso ejemplos de humanos considerados literalmente históricos, destinados a ser reyes, que sufrieron los accidentes del nacimiento, caso de Rómulo y Remo, abandonados a su suerte en el Tíber por su madre, Rea Silvia, que, curiosamente, también fue amada por un dios, Marte. Pero esta anécdota mitológica no solo aparece en Grecia y Roma. El historiador griego Heródoto nos detalla que el rey Ciro fue abandonado en el monte tras nacer porque su abuelo, el rey Astiages, determinó eliminar al futuro sucesor de su trono por miedo a un sueño que le aseguraba perder el poder a manos de su nieto. Abandonado este entre unos pastores, cuando alcanzó los diez años despuntó entre los niños de su edad y deslumbró a los mayores anticipando las virtudes de un buen gobernante, del buen gobernante que acabaría por ser a ojos de todos sus compatriotas[14]. Y reparemos, al hilo de todos estos ejemplos, que el caso de este último es especialmente interesante para nosotros porque se trata de un personaje sin duda histórico a quien se atribuyen peripecias propias de los héroes mitológicos y cuya biografía conocemos por un griego.

No es difícil, pues, a la vista de estos casos, a la vista de su extensión geográfica (Grecia, Persia, Roma), pensar que este modelo narrativo pueda aparecer en textos que han sido elaborados dentro de la historia de la literatura griega como son los Evangelios. Y, en efecto, mucho de todo ello hay en el nacimiento difícil de Jesús de Nazaret en Belén y la historia del erróneo censo de Cirino, el obstáculo que obliga a llegar al mundo superando un tránsito penoso, la humildad del lugar de nacimiento del futuro rey de Israel, la malvada persecución fruto de la profecía que asusta a Herodes, y cómo asombró a sus propios padres cuando, a los doce años, daba lecciones a los maestros del Templo de Jerusalén. Añadamos a todo esto que en la tradición judía ningún rey sufre vicisitudes similares: solo en contacto con el mundo grecorromano aparece este repertorio anecdótico en un texto parcialmente anclado en el judaísmo.

Parece lícito, entonces, a la vista de lo expuesto sobre ciertas noticias de Jesús de Nazaret, preguntarse si los sucesos que nos han sido transmitidos como su pasión y muerte recibieron también un barniz grecorromano. Y la pregunta es sencillamente trascendental a tenor de algunos datos: está claro que los relatos sobre la concepción y el nacimiento de Jesús son secundarios tanto por fechas como por relevancia en la primera predicación cristiana (Pablo de Tarso ni una sola vez

---

[14] Heródoto, *Historias*, I, 114-115.

alude a estos temas); y es evidente que la fuerza del cristianismo reside en la aceptación de la resurrección de Jesús y de su muerte vicaria, es decir, que murió para que los demás vivieran (Pablo de Tarso insiste sobre el particular y le imprime la trascendencia de que hablamos). Por lo tanto, hemos de reconocer que la primera predicación entre gentiles no trataba sobre la biografía de Jesús de manera principal, aunque por lógica se tratarían algunos detalles; y también debemos, en consecuencia, estudiar qué doctrinas sobre la muerte y resurrección profesaba la gentilidad, eso sí, recordando que el tema ya lo habían tratado en Israel los fariseos ampliamente y que el mundo egipcio había anclado buena parte de su religiosidad en la muerte y sus rituales.

## Muertes y resurrecciones paganas

Ya hemos visto que la mitología convierte en límite nuestra primera dificultad, nuestra aparición en el mundo, y de igual manera trata nuestra desaparición, la muerte. Pero los matices no son exactamente los mismos, ya que si en el primer caso las vicisitudes de hombres, héroes y dioses parecían más bien aludir a la fisiología del parto pero este resultaba exitoso, en el caso de la muerte el concepto que preside las narraciones es la conciencia del final irremediable de la existencia. O, dicho de otra manera, dos límites jalonan la vida, nacer y morir: nacer tiene la ventaja de traernos a lo único que conocemos; morir conlleva la tragedia de abandonar lo único que conocemos. Esta es la piedra de toque de toda religión, solucionar lo irresoluble. Con todo, el imaginario mitológico ofrece tres posibilidades: morimos y se acabó; morimos pero volvemos a la vida, por supuesto transitoriamente, pues acabaremos por morir en su momento; morimos y revivimos para siempre.

A) El héroe mítico, aquel personaje que, según hemos visto ya, ejemplifica la superación del primer límite vital, es también el modelo con el que aprender alguna de las tres soluciones propuestas. Aquiles y Héctor, pongamos por caso, pueden ser modelo de la aceptación consciente y valiente del final. En el canto XVIII de la *Ilíada*[15], el primero desvela a su madre, la diosa Tetis, que está decidido a aceptar su muerte (vv. 88-92):

> Mas sucedió así para que sufrieras penas infinitas en el alma
> por el fallecimiento de tu hijo, a quien no volverás a dar
> la bienvenida de regreso a casa, pues mi ánimo me manda no
> vivir ni continuar entre los hombres, a menos que Héctor
> pierda antes la vida abatido bajo mi lanza...

Y poco después continúa (vv. 115-121):

> Mi parca yo la acogeré gustoso cuando Zeus
> quiera traérmela y también los demás dioses inmortales.
> Ni la pujanza de Hércules logró escapar de la parca,
> aunque fue el mortal más amado del soberano Zeus Cronión,
> sino que el destino lo doblegó y además la dura saña de Hera.
> Así también yo, si el destino dispuesto para mí es el mismo,
> quedaré tendido cuando muera.

En cuanto a nuestro segundo héroe, Héctor, el canto XXII nos ofrece su muerte frente a Aquiles. De todo este canto destacamos el pasaje en que finalmente reconoce que ha llegado su hora (vv. 297-305):

> ¡Ay! Sin duda los dioses ya me llaman a la muerte.
> Estaba seguro de que el héroe Deífobo se hallaba a mi lado;
> pero él está en la muralla, y Atenea me ha engañado.
> Ahora sí que tengo próxima la muerte cruel; ni está ya lejos
> ni es eludible. Eso es lo que hace tiempo fue del agrado
> de Zeus y del flechador hijo de Zeus, que hasta ahora me
> han protegido benévolos; mas ahora el destino me ha llegado.
> ¡Que al menos no perezca sin esfuerzo y sin gloria,
> sino tras una proeza cuya fama llegue a los hombres futuros!

---

[15] Todas las traducciones de la *Ilíada* que ofrecemos han sido realizadas por Emilio Crespo Güemes, de cuya edición en la Biblioteca Clásica Gredos, Madrid, 1991, nos servimos.

Observemos cómo ambos héroes arrostran el final con la misma entereza, si bien envueltos en una moral nobiliaria y guerrera que, con todo, no obsta para convertirlos en modelos a la hora de asumir la muerte como final de todo, una concepción expresada a propósito del destino de Héctor (vv. 361-363):

> Apenas hablar así, el cumplimiento de la muerte lo cubrió.
> El aliento vital voló de la boca y marchó a la morada de Hades,
> llorando su hado y abandonando la virilidad y la juventud.

B) No es esta, como decíamos, la única forma de buscar solución al límite último de la existencia. En la mitología hay ejemplos abundantes de primeras muertes, si se nos permite la expresión, de muertes que son seguidas de una resurrección o de una vuelta a la vida, aunque finalmente el sujeto habrá de morir. El hecho de visitar ese Hades donde no hay, ya lo hemos leído, juventud ni virilidad, y volver de él, es decir, superar al menos una vez el límite fatal, muestra hasta qué punto ese límite es una tragedia. Porque, en definitiva, todos pensamos en la muerte y ansiamos más que ninguna otra cosa alejarla de nuestras vidas. Con esa noción en la cabeza podemos hacernos buena idea de lo que supone encontrar un ejemplo de superación de nuestro fin.

Entre los casos más renombrados de quienes volvieron a la vida tras reposar junto a los muertos, se cuenta Alcestis, que dio su propia vida por la de su esposo y fue recompensada con la vuelta del Hades; o Glauco, el hijo de Minos, al que Poliido —un famoso adivino— volvió a la vida frotando su cadáver ya en la tumba con una hierba secreta[16]. Con todo, quizá sea

---

[16] Sobre Glauco y su resurrección sabemos que Sófocles y Eurípides escribieron sendas tragedias, hoy perdidas; de Alcestis conservamos una tragedia de Eurípides. Esto da idea de la importancia del tema en la época.

más interesante desde el punto de vista de las aspiraciones humanas la historia de Asclepio[17], hijo del dios Apolo y de una mortal, que aprendió tan bien la medicina que resucitó a muchos. Y el caso es interesante no solo por ser Asclepio capaz de resucitar a difuntos, sino porque tal proeza no podía ser consentida por Zeus, ya que, obviamente, dejaba sin valor la muerte, diferencia entre mortales e inmortales, de manera que acabó fulminando al médico.

Hay aún una variante de esta segunda vía, pues tenemos bastantes ejemplos mitológicos de héroes que visitaron en vida a los muertos y después volvieron entre los todavía mortales, una peripecia que, naturalmente, era considerada indicio, si no prueba, de un carácter especial entre los humanos. Por ejemplo, Heracles visitó el Hades cuando volvió a la vida a Alcestis; o el propio Orfeo, que bajó al reino de Perséfone para rescatar a su esposa Eurídice; o el héroe ateniense Teseo, también rescatado de allí por Heracles.

C) Sin embargo, la vía más reconfortante no es esta de morir para revivir hasta una muerte definitiva o la de bajar vivo al Hades y volver de él; sin duda, lo mejor era adquirir una vida comparable a la de los siempre felices e inmortales dioses, como los denominaba ya Homero. Y esa ventura se dio en la mitología tanto de Grecia como de Roma.

El caso más renombrado es el de Heracles. Su ejemplo es especialmente interesante para nosotros, pues, recordémoslo, había nacido de la unión de una mortal con Zeus, se había convertido en una suerte de santo bienhechor de la humanidad y, tras pagar su propia penitencia, fue considerado digno de reunirse con los dioses y vivir con ellos sempiternamente. Y Rómulo, fundador de Roma, también acabó reuniéndose

---

[17] Apolodoro, *Biblioteca mitológica*, III, X 3-4.

con los dioses tras desaparecer en una nube un día de tormenta[18].

Estas ideas sobre la vida tras la muerte son confirmadas por dos testimonios literarios de gran interés. El primero es un fragmento del idilio XV de Teócrito, autor siciliano del siglo III antes de nuestra era. El poema incluye en su segunda parte la descripción de las fiestas denominadas Adonias, celebradas en honor de Adonis, un pastor que ya aparece en el Antiguo Testamento bajo el nombre de Tammuz, derivación de su nombre mesopotámico, y que es citado por el profeta Ezequiel como ejemplo de que el Templo de Yahvé ha sido profanado por la idolatría (el libro de Ezequiel fue escrito entre los siglos VI y III). Este mito de origen antiquísimo, con variaciones interesantes a lo largo de dos mil años, llegó al mundo griego en la siguiente forma: Adonis, un pastor, había nacido de la corteza del árbol de la mirra, en realidad su madre, que había cometido incesto con su propio padre. El joven, de una belleza arrebatadora, enamoró a Afrodita, que para ocultar su amor a Ares, su amante, decidió enviar a Adonis al país de los muertos junto a Perséfone. Pero esta, también prendada del muchacho, no consintió devolverlo a Afrodita. Finalmente, las diosas decidieron que el joven pasara la mitad del año con cada una. También se decía que Adonis había muerto debido a la herida que un jabalí excitado por el celoso Ares le había producido en el muslo.

El mito de Adonis no quedó en simple mitología, sino que tuvo sus fiestas anuales. Una de las ceremonias de su culto era la confección de un tapiz floral con la narración en imágenes

---

18 No olvidemos que desde el Imperio de Augusto, inaugurado oficialmente el 27 antes de nuestra era, se tomó por costumbre considerar que los emperadores, comenzando por Julio César, gozaban de la apoteosis o reunión con los dioses tras la muerte, lo cual les acarreaba el adjetivo de *divus*, divino, no *deus*, dios.

de la historia del desgraciado muchacho y su posterior vuelta a la tierra. Pero lo más interesante para nuestro propósito es que el texto de Teócrito incluye, en la descripción de esta fiesta, una canción, una «saeta» podríamos decir, en honor de Adonis:

> Solo tú, caro Adonis, entre los semidioses, como es fama, vienes acá y vuelves al Aqueronte. No alcanzó Agamenón tal fortuna, ni el grande Ayante, el héroe de la cólera terrible, ni Héctor, el mayor de los veinte hijos de Hécuba; no la alcanzó Patroclo, no la alcanzó Pirro, cuando tornó de Troya, ni los lápitas y los hijos de Deucalión, que son aún más antiguos; no la alcanzaron los pelópidas ni los pelasgos, caudillos de Argos[19].

Observemos cómo el ejemplo de este pastor, cuya resurrección era celebrada cada año, en realidad un dios de la vegetación al que se debía propiciar para que las cosechas fueran abundantes, nos da la pista de la importancia del resucitar: la diferencia entre un héroe y los demás mortales, entre los grandes caudillos homéricos y este humilde pastor es, simplemente, que él había vuelto del Hades. Esa es la cualidad decisiva. Y esa cualidad era festejada en un ritual que incluía una primera jornada que celebraba que Adonis volvía del Hades y se reunía con Afrodita, un segundo día en que se lamentaba la muerte del héroe y un tercer día en que era exaltada la resurrección[20].

El segundo texto que anunciábamos hace un momento pertenece a la tradición cristiana. Se trata de un pasaje de la conocida como Primera Carta a los Tesalonicenses, considerada, de ahí su importancia, Primer texto cristiano que nos

---

[19] Teócrito, XV, 136-142. Traducción de M. García Teijeiro y T. Molinos Tejada, Madrid, Biblioteca Clásica Gredos, 1986.
[20] Sobre el significado del pasaje y referencias a las fiestas y ceremonias, J. G. Montes Cala, «Adonis y los semidioses», *Myrtia* 15, 2000, págs. 161-175.

ha llegado hasta el momento. Tanto su temprana datación, años 50-52 del siglo primero, como los destinatarios, una comunidad que residía en Tesalónica, al norte de Grecia, nos informan del rápido desarrollo que las noticias sobre Jesús de Nazaret alcanzaron. En este fragmento, Pablo de Tarso intenta calmar a los integrantes de ese grupo a propósito de las inquietudes que les despierta el hecho de que algunos de ellos han muerto antes de que el Nazareno reaparezca con un nuevo tiempo de felicidad para los creyentes. Y el caso es que temen que los difuntos no participen de la nueva era cósmica, es decir, que no resuciten. Veámoslo:

> No queremos, hermanos, que ignoréis lo tocante a la suerte de los muertos, para que no os aflijáis como los demás que carecen de esperanza. Pues si creemos que Jesús murió y resucitó, así también Dios por Jesús tomará consigo a los que murieron en él mediante. Esto os decimos como palabra del Señor: que nosotros, los vivos, los que quedamos para la venida del Señor, no nos anticiparemos a los que murieron; pues el mismo Señor, a una orden de la voz del arcángel, al sonido de la trompeta de Dios, descenderá del cielo, y los muertos, Cristo mediante, resucitarán primero; después, nosotros, los vivos, los que quedamos, junto con ellos, seremos arrebatados en las nubes al encuentro del Señor en los aires, y así estaremos siempre con el Señor. Consolaos, pues, unos a otros con estas palabras[21].

En resumen, unos griegos acostumbrados a escuchar historias sobre resucitados y ansiosos como muchos otros, lo vamos a ver a continuación, de mejorar su espiritualidad y encontrar una solución que conllevara una suerte de justicia a la ineludible amenaza del último límite, requerirían noticias claras a su predicador al respecto de la vida *post mortem*. Y la cuestión

---

[21] 1 Tes 4, 13-18. Traducción del autor.

de la verosimilitud de lo proclamado existía, pues el apóstol también escribió el siguiente texto:

> Pero si se predica de Cristo que fue resucitado de entre los muertos, ¿cómo algunos entre vosotros dicen que la resurrección de los muertos no existe? Si la resurrección de los muertos no existe, tampoco Cristo fue resucitado; y si Cristo no fue resucitado, nuestra prédica está vacía, y vacía es vuestra confianza; quedamos entonces también como falsos testigos de Dios, porque testificamos contra Dios que él resucitó a Cristo, al que no resucitó si es que los muertos no son resucitados. Pues si los muertos no son resucitados, tampoco Cristo fue resucitado; y si Cristo no fue resucitado, nuestra confianza es equivocada, todavía estáis en vuestros pecados, y los que murieron Cristo mediante perecieron. Si en esta vida hemos confiado en Cristo solamente, somos los más dignos de compasión de todos los hombres[22].

Y, curiosamente, el apóstol se dirige a corintios, otros griegos a los que ha amonestado a propósito de disensiones dentro de la comunidad porque parecen demasiado influidos por otras recetas religiosas dispensadas en la época.

## Cultos y movimientos religiosos

La propia Primera Carta a los Corintios nos sirve para presentar algunas de las respuestas que la Antigüedad clásica había dado al anhelo de sobrevivir a la muerte en un lugar más justo y feliz.

> Si hablo en las lenguas de los hombres y los ángeles, pero no tengo amor, me he convertido en un resonante bronce o un címbalo estruendoso. Y si tengo profecía y conozco todos los mis-

---

[22] 1 Cor 15, 12-19. Traducción del autor.

terios y todo el conocimiento, y si tengo confianza completa en
que las montañas se mueven pero no tengo amor, no soy nada[23].

Mediante estas palabras Pablo de Tarso pretendía responder a lo
que veía producirse alrededor de la comunidad corintia, que no era
otra cosa que lo habitual entre las gentes de su época: ceremonias llenas de algarabía y parafernalia, oráculos, cultos secretos, los llamados
misterios, tras los cuales se escondía la clave para entender la muerte,
y conocimientos filosóficos y éticos que también respondían a las preguntas sobre la manera de alcanzar la felicidad y ser buen ciudadano.
Centrémonos ahora en algunos de esos movimientos religiosos.

Los cultos de la ciudad de Eleusis, conocidos como Misterios
Eleusinos, pueden ser calificados sin ninguna duda como los más
célebres de estos movimientos religiosos. Esta pequeña población,
dependiente de Atenas pero relativamente próxima a Corinto, alber-
gó entre sus murallas un santuario dedicado a la diosa Deméter y a
su hija Perséfone. La mitología de los cultos relata cómo Perséfone
fue raptada por Hades, dios de los infiernos, y se la llevó consigo
bajo la superficie terrestre. Deméter, perdida en la desesperación,
buscó a su hija sin resultado hasta que, gracias a una información
del Sol, supo la verdad. Suplicó a Zeus, padre de la joven diosa, una
solución para el funesto e inapropiado matrimonio resultante del
rapto, y esta fue que Perséfone pasara una parte del año con Hades
y otra con su madre.

Sin embargo, como ya hemos anunciado, los ritos y mitos de
estos movimientos religiosos no se quedaban, caso de Adonis, en
unas ceremonias religiosas como de costumbre, pues también des-
pertaban fuertes experiencias espirituales y filosóficas. Un muy buen
ejemplo puede ser Cicerón, que en una de sus obras más importantes
escribe lo siguiente:

> Pues no solo me parece que tu Atenas produjo y aportó
> muchas cosas eximias y divinas a la vida de los hombres, sino

---

[23] 1 Cor 13, 1-2. Traducción del autor.

que nada me parece mejor que aquellos misterios mediante los
cuales hemos sido perfeccionados para la humanidad a partir de
un modo de vida salvaje y desmesurado y fuimos además apa-
ciguados, y conocimos las que llaman iniciaciones, en realidad
principios de vida; y no adquirimos sin más la razón de vivir con
alegría: también la de morir con la mejor esperanza[24].

Los rituales de Eleusis, los grandes Misterios, celebrados en nuestro mes de septiembre, son el festival al que Cicerón denomina en
el fragmento «iniciaciones». La iniciación era un concepto genérico
que designaba el proceso ceremonial y vivencial gracias al cual un
iniciando, *mystes* en griego, alcanzaba el grado de conocedor, de
iniciado en un secreto, *mysterion* en griego.

Los misterios o iniciaciones eran abundantes en el mundo antiguo. Pertenecían, como ya hemos dicho anteriormente, a movimientos religiosos, no exactamente religiones, que proponían en su
conjunto la clase de respuesta que también proponía el cristianismo,
de ahí que en Corinto Pablo encontrara problemas al respecto[25]. Y
eran similares porque las enseñanzas, ya lo hemos leído en Cicerón,
también incluían el concepto de mejora moral y permitían encarar
con otro talante la experiencia de morir, en la mayor parte de los
casos porque una representación incluida en un culto de varios días
simulaba la angustia de ver el final y, sin embargo, como Perséfone,
encontrar la alegría de la vuelta de la muerte. Por decirlo de otra
manera, el conjunto ceremonial tenía como intención última ilustrar
que el alma podía contemplar la verdad de la finitud en este mundo
para, aún en el cuerpo vivo, encontrar un bienestar correspondiente
al bienestar de esa misma alma al morir, porque la muerte para los

---

[24] *Las leyes*, II, 36. Traducción del autor.
[25] Eleusis no era el único santuario cercano a Corinto; el puerto oriental de
la ciudad, Cencreas, era sede de un importante templo de Isis; en Argos, a
unos 40 kilómetros al sur, estaba el santuario de Hera; en Delfos, al norte,
el culto principal de Apolo.

iniciados solo era un recolocarse en el lugar apropiado junto a otras almas piadosas de otros iniciados.

En el caso de Eleusis no cabe ninguna duda de que, entre las cosas secretas que allí se veían, figuraba en lugar relevante una (re)visión, algunos investigadores apuntan a una representación, de los desvelos y sufrimientos de Deméter mientras buscaba a su hija, figuración parcial de los hechos ayudada de luces, cánticos, sonidos como de ultratumba, etc. Esta representación de la subida de Perséfone al territorio de su madre no era otra cosa que un símbolo del camino que un alma recorría una vez muerto el cuerpo hacia un lugar divino en el que se encontraba con lo que de verdad es. El ritual, por tanto, se convertía en un aleccionador paso hacia otra forma de encarar la vida y la muerte, tal como nos decía Cicerón: «Y no adquirimos sin más la razón de vivir con alegría: también la de morir con la mejor esperanza».

Leamos ahora un texto escrito a comienzos del siglo II ya de nuestra era por Plutarco en el que observaremos el calado de estas características:

> Entonces (el alma a punto de morir) siente algo como lo que quienes participan en las grandes iniciaciones experimentan. De ahí que incluso la palabra morir *(teleutao)* sea como la palabra ser iniciado *(teleisthai)*, y que un hecho sea como el otro. Lo primero de todo están el de alguna forma agotador ir de acá para allá, ciertos viajes espantosos y sin fin a través de la oscuridad, y entonces, antes del fin mismo, todos los terrores: miedo, temblores, sudoración y estupefacción. Pero entonces uno encuentra una luz maravillosa y regiones puras y praderas ofrecen la bienvenida, con voces y bailes y el majestuoso esplendor de sonidos sagrados y visiones santas, entre las cuales el ya iniciado, liberado y suelto disfruta el ritual, ya coronado, y se reúne con hombres puros y santos...[26].

---

[26] *Sobre el alma*, fragmento 178 Sandbach. Trad. del autor a partir de la versión inglesa de K. Clinton en «Epiphany in the Eleusinian Mysteries», *Illinois Classical Studies,* 29, 2004, págs. 85-101.

Es muy importante destacar del texto que Plutarco, tras apuntar que ambos hechos, morir e iniciarse, tienen en griego una misma raíz, añade una sola descripción que ilustra ambos procesos. He aquí el punto determinante de todo el complejo eleusino: se trata de comprender el último límite, de ver que es un paso para quien ha llevado una vida determinada por lo que una vez comprendió al observar la iniciación y participar de ella; y esa comprensión, ese entender el modelo en que se convierte el sufrimiento de Deméter al ver que su divina hija ha muerto pero reaparecerá junto a ella, es una revelación tranquilizadora y feliz.

Apuntemos, por último, que de todas las regiones del Imperio, tanto personas libres como esclavas, mujeres u hombres, viajaban para iniciarse en los misterios, estructurados alrededor de la reunión anual que congregaba tanto a peregrinos ya iniciados como a quienes deseaban contemplar la verdad por primera vez. Y también ha de llamar nuestra atención que los fieles tuvieran a su disposición el relato de la peripecia de Perséfone y Deméter en un texto tan antiguo como el siglo VII antes de nuestra era, el llamado *Himno homérico a Deméter*. Porque a la ineludible obligación de ser iniciado en Eleusis se añadía, al leer el texto, la posibilidad de volver a experimentar mentalmente lo ocurrido.

El Mediterráneo de la época ofrecía otras iniciaciones y más ceremonias en las que se comunicaba con los muertos para comprender la vida, caso de los misterios de los Cabiros en Samotracia o los oráculos de los muertos de Lebadea y del Necromanteion de Efira. También había otras posibilidades de carácter menos ritual y más personal dentro de los movimientos religiosos griegos, y a una de ellas vamos a referirnos a continuación.

## La revelación órfica: un dios que muere y resucita

Si en los párrafos anteriores hablábamos de un culto muy estructurado, con ceremonias anuales y un texto que recogía tanto el argumento mitológico como el trasfondo religioso y moral, llega el momento de tratar un movimiento religioso que presenta nuevas e interesantísimas similitudes con el cristianismo que comenzaba a nacer en Grecia y Roma. Nos referiremos al orfismo, más complejo que los misterios eleusinos dado que carecía de lugar exclusivo de iniciación, lo cual llevó a la creación de comunidades órficas por todo el Mediterráneo en un proceso similar al del cristianismo primitivo, comunidades que, lejos de acabar aisladas y divergentes, eran muy estables debido a la existencia de textos sagrados y a la fe en la verdad exclusiva que atesoraban.

Los mitos órfico-báquicos estaban presididos por una mitología doble, con una parte vinculada al mortal Orfeo y otra al dios Baco-Dioniso. La referida a Orfeo contaba cómo este había bajado al Hades en vida para recoger a su esposa, Eurídice, cuya muerte prematura se debió a la mordedura de una serpiente. Tras convencer a Hades y Perséfone de que liberaran a su mujer, no pudo consumarse la liberación porque Orfeo desatendió la única recomendación de los dioses, no mirar hacia atrás durante la salida. Tras esta peripecia, Orfeo empleó su vida en cantar a los dioses, especialmente a Baco-Dioniso, y fue considerado por sus seguidores como una suerte de primer discípulo y predicador.

La aventura mitológica de Dioniso es distinta, pues Dioniso, un dios, había sufrido y muerto injustamente y había sido descuartizado y devorado por los Titanes. Un rayo de Zeus los fulminó, y de sus restos todavía humeantes surgió la generación humana. Esta circunstancia provocó que los humanos heredáramos de su naturaleza una parte funesta por el crimen, pero, al mismo tiempo, otra dotada de un elemento divino innegable cuyo origen está en la ingestión de los trozos de Dioniso. Así pues, la naturaleza humana era entendida como doble: por un lado estaría compuesta por un elemento impuro atado a la parte titánica, mayoritario y muy poderoso, mortal además, pero por otro tendríamos una *psique*, alma en su traducción más corriente, que nos capacita para estados divinos, inmortal, por supuesto. De hecho, se consideraba que los hombres nacíamos con una impureza originaria no imputable a nosotros mismos, aunque ineludible en sus nefastas consecuencias, pues el alma podía quedar fácilmente sepultada por la impureza. Este elemento divino debía purgar en el cuerpo mortal humano el antiguo crimen de los Titanes. De resultas de esta idea, el anhelo de los órficos era expiar la parte impura de nuestra naturaleza para liberar la divina, que nos había de proporcionar la inmortalidad de Dioniso, mediante dos estrategias: una, los misterios o secretos báquicos, la otra, una continua ascesis en la vida cotidiana.

En definitiva, el concepto de iniciación iba más allá, pues una de las ideas más importantes de dicha iniciación era que se había muerto para el mundo cotidiano y se había renacido en un estado mejor, aunque todavía terrenal. Esta vida mejor necesitaba un comportamiento acorde con la nueva situación lograda: los órficos asumían que era necesario sufrir y penar en este mundo como un modo de expiación, así como negarse a comer huevos, alubias, carne —pues los animales tendrían también alma—, ni beber vino; tampoco podían suicidarse, y debían entregarse a una penitencia que los librara de la impureza originaria de nuestra naturaleza. La muerte para ellos era, en realidad, el auténtico nacimiento, tal como demostraba la peripecia de Dioniso:

> Acabas de morir y acabas de nacer, tres veces venturoso, en este día. Di a Perséfone que el propio Baco te liberó[27].

Porque el orfismo pretendía ofrecer la comprensión de la muerte y la vida tras esta[28], dos aspectos que se pueden reconocer en este fragmento del poeta Píndaro, del siglo V antes de nuestra era:

---

[27] Inscripción hallada en una laminilla de oro en forma de hoja de hiedra de una tumba de Pelina, Tesalia, datada en el siglo IV antes de nuestra era. Traducción de A. Bernabé Pajares, *Hieros logos*, Madrid, 2003, número 485.

[28] No en vano recibía Dioniso la advocación de Salvador, *Soter* o *Saoter* en griego, como demuestran, por ejemplo, los numerosos altares con esta dedicación en la región de Argos.

Feliz aquel que tras haber visto aquellas cosas se encamina bajo tierra.

Pues conoce el final de la vida, conoce el principio dado por Zeus[29].

Y este pasaje nos presenta a su vez la característica que ya hemos podido reconocer en el citado anteriormente de Plutarco a propósito de Eleusis, a saber, que el conocimiento no solo es para este mundo, sino para el final de este mundo. Veamos otro testimonio de estos cultos órficos, esta vez una laminilla de oro grabada con un texto que describe el recorrido que el iniciado ha de llevar tras morir para alcanzar el paraíso que le está reservado. Procede de una tumba del siglo IV de la ciudad italiana de Vibo y está escrito en griego:

> Esto es obra de Mnemósine. Cuando esté en trance de morirse y de encaminarse hacia la bien construida morada de Hades, hay a la diestra una fuente y cerca de ella, erguido, un albo ciprés. Allí, al bajar, las ánimas de los muertos se refrescan. ¡A esa fuente no te allegues de cerca ni un poco! Pero más adelante hallarás agua que fluye fresca de la laguna de Mnemósine. Y a su orilla hay unos guardianes. Ellos te preguntarán, con sagaz discernimiento, por qué investigas las tinieblas del Hades sombrío. Di: «Hijo de la Tierra soy y del cielo estrellado; de sed estoy seco y me muero. Dadme, pues, enseguida, a beber agua fresca de la laguna de Mnemósine». Y de cierto que consultarán con la reina subterránea[30].

Entiéndase que la peregrina idea de reconocer el camino tras la muerte solo es símbolo de conocer qué es la muerte, de saberse en posesión de una verdad que escapaba al no iniciado y que satisfacía, por lo tanto, la necesidad de pertenecer al grupo verdadero y correcto, nuestra carencia social, y la tristeza de nuestro destino mortal, nuestra carencia individual.

---

[29] Traducción de A. Bernabé Pajares, fragmento 474 del *Hieros logos*, Madrid, 2003.

[30] Frag. 32 d-e de la edición de Kern de textos órficos. Traducción del autor.

Otra de las peculiaridades del orfismo era que desataba los fuertes lazos que las ciudades antiguas establecían con sus ciudadanos mediante la religión[31]. Así, para esas culturas las ceremonias religiosas eran un resorte más del mecanismo de colaboración indispensable para lograr que una comunidad prosperase o mantuviera su bienestar, de modo que, en general, alejarse de los rituales públicos era, como poco, mal visto. En este sentido, caso especial era Roma, ciudad que exigía la entrega total de las fuerzas individuales al éxito común, y que consideraba que la ciudad disfrutaría su acrecentamiento únicamente si los dioses eran adecuadamente respetados y propiciados. El mejor ejemplo de esta actitud podría ser lo ocurrido a comienzos del siglo II antes de nuestra era, cuando el movimiento órfico-báquico había alcanzado tal grado de desarrollo en Roma e Italia, es decir, tal peligrosidad para el bien común de la ciudad, que, pareciendo que el bienestar general mermaba, se achacó el problema a que los órficos habían abandonado el cumplimiento de la piedad debida a los dioses, y hubo una crudelísima persecución en la que, según algunas estimaciones, perecieron unas diez mil personas en poco más de cuatro años.

## Pasiones humanas

En todo caso, podríamos pensar que lo expuesto hasta ahora es cosa de mitología, o sea, de fábulas consideradas historia. Sin embargo, no es así. Salvando la peculiaridad de que, como para los judíos la historia del nacimiento milagroso de Isaac de una estéril era tan historia verdadera como cualquier nacimiento de los descritos páginas atrás para los grecorromanos[32], al menos en Grecia tenemos

---

[31] Compárese esta renuncia al mundo con la que pregona en un momento dado Pablo: «¿Se atreve alguno de vosotros, cuando tiene un problema con otro, a ser juzgado por los injustos y no por los santos? ¿No sabéis que los santos juzgan al mundo?»: 1 Cor 6, 1-2. Los santos son los cristianos.

[32] El nacimiento de Isaac simboliza el milagro de la designación del pueblo elegido en su totalidad futura, pues él es el primero de todos ellos, más que la dificultad de nacer en general, tal como veíamos al comienzo de este capítulo.

un interesantísimo caso de un mortal entero y verdadero cuya peripecia vital sufrió primero los avatares del arrepentimiento, después la veneración y, por último, la mistificación de su vida y mensaje[33]. Nos referimos, ya lo supondrá el lector, a Sócrates.

Este ciudadano ateniense, que había desarrollado la vida normal de todo ciudadano según las convenciones civiles y religiosas, se vio al final de sus días acusado de impiedad y perversión de jóvenes. Fue sometido a juicio más bien porque resultaba una voz molesta para algunos ciudadanos, y el caso es que, de resultas de una singularidad del sistema jurídico ateniense, el jurado, que estuvo de acuerdo en considerarlo culpable de esos cargos, se vio obligado a elegir entre dos penas: la de los acusadores, la de muerte, y la del propio acusado, la de libertad[34]. Los acusadores habían supuesto que Sócrates pediría ser expulsado de la ciudad, única intención del juicio, pero este apostó por algo imposible: que el considerado culpable fuera condenado a la libertad. Por supuesto, con harto dolor para casi todos, no hubo otro remedio que condenar a muerte al viejo sofista. Sus amigos aún pretendieron sobornar a los guardias de la cárcel de Atenas y sacar a su maestro del aprieto, pero este se negó y acabó por morir tras beber un vaso de cicuta, tal era la sentencia.

Pues bien, uno de los alumnos de Sócrates, Platón, comenzó a escribir unos textos en los que, en principio, recogió el discurso que el difunto había pronunciado como defensa en el juicio, texto lleno de ilustración moral, conocido como *Apología*. Más tarde escribió otro libro en forma de diálogo titulado *Critón*, en que trataba el intento de convencer a Sócrates para aceptar la libertad a cambio de la injusticia de un soborno a los oficiales públicos. Ambas obras, bastante realistas, pueden contener las lógicas variaciones derivadas de escribir lo recordado e idealizado, pero no tienen intención digamos fabuladora.

---

[33] Dejamos de lado, por razones de espacio, la singular afición romana a engrandecer personajes históricos con añadidos mitológicos para acentuar esa entrega a Roma que hemos mencionado ya.

[34] Una vez declarado culpable el acusado, la acusación pedía una sentencia y el propio acusado otra.

El caso es que, con el tiempo, el discípulo Platón alcanzó el grado de maestro, y eso acabó por llevarlo a tomar a su maestro Sócrates como el personaje mediante el cual el escritor decía sus propias teorías filosóficas. O sea, Platón ponía en boca del prestigioso Sócrates palabras e ideas que jamás habría dicho este último. Por ejemplo, a tenor de lo que sabemos, el anciano podía perfectamente haber pronunciado estas palabras[35]:

—¿Y responder con el mal cuando se recibe mal es justo, como afirma la mayoría, o es injusto?
—De ningún modo es justo.
—Pues el hacer daño a la gente en nada se distingue de cometer injusticia.

Pero cae dentro de lo inverosímil que poco antes de morir argumentara a propósito del alma de la siguiente manera:

—Sabes sin duda que las cosas de las que se apodere la idea de tres no solo han de ser tres por necesidad, sino también impares.
—Desde luego.
—Ahora bien, a lo que es de tal índole jamás, según decimos, podrá llegarle la idea contraria a la forma que lo produce.
—No.
—¿Y lo produjo la idea de impar?
—Sí.
—¿Y la idea contraria a esta es la de par?
—Sí.
—Luego nunca llegará al tres la idea de par[36].

Porque este razonamiento es más propio de una clase de filosofía o lógica que de una reunión con los amigos más íntimos si a renglón seguido, y ante ellos, nuestro protagonista bebería la cicuta en cumplimiento de la injusta sentencia que lo había llevado a una muerte absurda. De hecho, para confirmar este punto, Platón escribió al

---

[35] *Critón*, 49 c. Traducción del autor.
[36] *Fedón*, 104 E. Traducción de Luis Gil Fernández.

final de este libro, dedicado a la entereza que Sócrates mostró ante la muerte, lo siguiente:

> Así fue, oh Equécrates, el fin de nuestro mejor amigo, de un varón que, como podríamos afirmar, fue el mejor a más de ser el más sensato y justo de los hombres de su tiempo que tratamos[37].

Como vemos, el paso del tiempo transformó las palabras socráticas en otra cosa de la mano de uno de sus discípulos más aventajados, Platón. Pero no fue esto lo único que ocurrió. El viejo sofista, según decíamos, había muerto en la cárcel de Atenas localizada en el ágora, que se convirtió, a tenor de los hallazgos arqueológicos allí realizados, en una suerte de lugar de peregrinación, o al menos de recuerdo del anciano por parte de sus seguidores y admiradores, según atestigua una estatuilla de Sócrates encontrada en las inmediaciones del edificio. Y, efectivamente, el recuerdo del viejo sofista perduró a lo largo de los siglos como un ejemplo de honradez y entereza, en parte gracias a lo que reinventó Platón sobre él, según confirma un texto de Plutarco que da noticia de un tal Timarco que fue a Lebadea, al oráculo de los muertos de Trofonio, para interesarse por Sócrates[38].

## Pasión y resurrección

El ejemplo de un mortal, de la entereza que mostró en el momento culminante de su vida, cuando debía comportarse con la coherencia que se le suponía, no quedaría bien plasmado sin la circunstancia del juicio injusto, de la peripecia que amplía el hecho de morir y le otorga el carácter heroico o de sacrificio imprescindible. Y decimos sacrificio, porque el caso cierto de Sócrates, su renuncia a huir

---

[37] *Fedón*, 118 A. Traducción de Luis Gil Fernández.
[38] Plutarco, 589 F-593 A. Tomamos la noticia de R. Martín Hernández, «La muerte como experiencia mistérica», *ILU Revista de Ciencias de las Religiones*, 10, 2005, págs. 85-105.

mediante un soborno, resulta una especie de propia inmolación en el altar de la ética. De manera más general podríamos decir que, para que los humanos nos sintamos más amparados frente al límite último, no solo es necesario que un mortal supere la muerte; es mejor que la supere con unas dosis de sufrimiento que hemos de comparar con las vicisitudes que habíamos comentado a la hora de traspasar el primer límite, el nacimiento.

En efecto, el padecimiento y los duelos de la muerte juegan un papel decisivo en el interés que despiertan ciertos movimientos religiosos entre quienes los profesan. No tanto por el hecho de sufrir, sino por el cambio de perspectiva que supone pensar que esos dolores del héroe terminan por ser olvidados tras la gloria de la resurrección. Y esos dolores, como ya habrá imaginado el lector, no son otra cosa que un símbolo de la vida que debemos llevar, determinada, ya lo hemos visto, por dos límites llenos de riesgos y abocados a la nada. Así pues, la pasión seguida de resurrección ofrecía las mejores posibilidades de triunfar. Y lo hizo.

En la época de su llegada a Roma, el mito de Cibeles era ya tan llamativo como sus sacerdotes y cultos. Ovidio describe el mito tal como se conocía en época de Augusto[39]. Atis, un joven pastor de Frigia, en Asia Menor, rompe su promesa de castidad a Cibeles, la gran Diosa Madre. Lo hace para contraer matrimonio con Ia, hija del rey Midas de Pesinunte, la ciudad de la que los romanos recibieron el culto a Cibeles. Para castigar el desprecio de Atis, la diosa desencadena un brutal escarmiento el mismo día de la boda, y lo hace acudiendo a ella y despertando tal deseo en los hombres allí presentes que los hace enloquecer: para comenzar, el mismo Atis se corta los genitales con un pedernal bajo un pino y muere bajo el que desde entonces será su árbol; Midas también se mutila, y la novia, por su parte, se cercena los pechos, de cuya sangre nacen violetas al contacto con la tierra[40]. Cibeles se arrepiente de todo y suplica a Zeus

---

[39] *Fastos,* IV, 179-292.
[40] De hecho, Ia significa en griego violeta.

que resucite a Atis, y el padre de todos los dioses le concede que el joven quede incorrupto y que le crezca perennemente el cabello y se le mueva un dedo meñique.

La pasión y muerte de Atis, seguida de su resurrección, y su influencia sobre el cristianismo, ha sido tema de muy intenso debate. Es cierto que el auge de este movimiento religioso tuvo lugar durante el reinado de los Severos, en el último cuarto del siglo II de nuestra era, pero no hay que olvidar que Augusto, primer emperador, ya había reinaugurado en el Palatino un templo dedicado a Cibeles el año 3 del siglo I, y que Claudio, que reinó del 41 al 54, instituyó y oficializó en el calendario sagrado romano la que algunos denominan semana santa de Atis[41]. Las fiestas que instituyó en el mes de marzo, coincidiendo con el equinoccio, se desarrollaban de la siguiente manera:

Tras una semana de abstinencia de ciertos alimentos, el 22 se cortaba en un bosque consagrado a Cibeles un pino, recuerdo de Atis, para llevarlo al templo de la diosa en el Palatino. La procesión recorría el centro de Roma entonando cantos fúnebres en honor del muerto representado mediante el tronco. Los creyentes en el rito se daban golpes lamentándose por la muerte de Atis.

El día 23 era dedicado a los cantos fúnebres a cargo de los salios, sacerdotes del culto oficial romano.

El día 24, el tercer día, se llevaba a cabo una danza ritual entre el clamor de tambores, címbalos, flautas, danza que transportaba al paroxismo a los sacerdotes y fieles. En medio de su éxtasis religioso, se golpeaban, herían, e incluso castraban. Tras esta brutal ceremonia, que pretendía imitar la pasión previa a la muerte de su modelo heroico, se procedía a enterrar el tronco de pino, amortajado con vendas de lana como un cadáver y rodeado de violetas.

El día 25 se proclamaba que Atis había resucitado. Era el día de la Hilarias, o del regocijo.

---

[41] Recuérdese la gran comunidad judía de Roma y que para un grupo de esta escribió Pablo su Carta a los Romanos, concretamente un grupo que veía dificultades en separarse de Jerusalén.

Finalmente, el 26 se procedía a lavar tanto los ajuares sagrados como la piedra negra que, procedente de Asia Menor, había sido traída a Roma en el 208 a. de la era corriente.

En Roma las fiestas alcanzaron un éxito tremendo, convirtiéndose en referente incluso de hechos políticos. Desde allí, y con el paso de los años, la religión de Cibeles y Atis no cesó de extenderse por todo el Imperio, y no es extraño, ni mucho menos, encontrar en las ciudades de todo el Mediterráneo santuarios y templos dedicados a estos cultos, incluso en Grecia, cuya forma de pensar era tan adversa a la castración.

## El ciclo del tiempo: orden y justicia

En la actualidad, no nos cabe duda de que Atis y Adonis eran antiguos dioses del renacer vegetal, al estilo de otros muchos dispersos por todo el Mediterráneo. Estos rituales del ciclo estacional son una respuesta de las culturas agrícolas a la incertidumbre que trae cada nuevo año agrario, que se convierte en una preocupación que añadir a la propia indeterminación del tiempo de vida del individuo. Surgen así religiones que pretenden dejar atado y bien atado el concepto de tiempo, incluyendo soluciones para la repetición anual del ciclo agrario y transformando el ideal de ciclo eterno en modelo de vida cíclica, es decir, de vida tras la muerte como hay siembra y crecimiento tras la cosecha anterior.

En consecuencia, el tiempo adquiere una importancia decisiva, pues el medio fundamental de vida, la agricultura, se produce al dictado de las estaciones[42]. El conocimiento preciso de todo el ciclo estacional se convierte en el patrón de los acontecimientos más importantes, la siembra y la cosecha. También son decisivos el estudio de las fases de la Luna y el Sol. Asimismo, los elementos naturales son

---

[42] Sigo el estudio de F. Díez de Velasco, *Introducción a la historia de las religiones. Hombres, ritos, dioses*, Madrid, [2]1998, págs. 93-103.

comprendidos desde una óptica económica de supervivencia, pues han de llevar a la recolección de cada uno de los productos en el momento justo para el hombre. Se alcanza así la idea de «gestión» que presidirá la relación de los hombres con las fuerzas climáticas y terrestres transmutadas en uno o múltiples dioses o seres suprahumanos.

Los frutos de la tierra y el trabajo de los hombres son convertidos en dioses o símbolos de dioses, pues sufren transformaciones que simbolizan la manipulación humana de lo natural, como el pan y el vino. Estas divinidades pueden nacer y morir cada año. Además, las semillas y frutos pueden ser asimilados a los muertos del grupo, que, de esta forma, se convierten en una suerte de protectores de la comunidad.

Por otra parte, las fiestas comunitarias son muy importantes en estas sociedades, pues en ellas se redistribuyen excedentes alimenticios y se disfruta de un periodo de relativa homogeneidad social, aunque no todos los casos son iguales. El sacrificio es el símbolo de unión entre los hombres y entre ellos y los dioses. Ese sacrificio, convertido después en el alimento comunitario, simboliza la muerte que da vida y une.

Además de estas consideraciones, hemos de conservar la perspectiva del límite final, casi siempre tenido por cada individuo como injusto, anticipado, etc. La idea de una injusticia general, de un desorden universal, se impone a casi cualquier consideración. Por eso, las religiones que podríamos denominar agrícolas restituyen no solo el ciclo perfecto de vida, muerte, vida, sino que ofrecen una solución también perfecta para la idea de injusticia, ya que incorporan la justicia retributiva mínima: saber que un mundo caótico, desordenado, incomprensible y despiadado es seguido por un paraíso en el grado más amplio de su significado, eso sí, únicamente para aquellas personas que conocen la verdad o son llamadas y amadas por la divinidad.

Esto explica muchas cosas de la trascendencia que alcanzó con los siglos el culto de la Gran Madre, pero también del isismo, del orfismo, de los misterios de Eleusis, de Adonis, del cristianismo. Porque la idea de la regeneración anual, del rito que recuerda el origen del nuevo tiempo, del sacrificio o acto definitivo de refunda-

ción del futuro, del orden cósmico de la naturaleza, y del error que
ha de ser reintegrado al orden, elementos estos que subyacen bajo el
mito, hicieron que ceremonias tan poco atractivas como la propia
castración de los sacerdotes de Atis, el misticismo de los órficos y su
ascetismo, la esperanza de volver a vivir en un mundo mejor, resul-
taran correctas dentro de unos sistemas de creencias que también
potenciaban la moralidad y el buen comportamiento en este mundo
como premisa ineludible.

## Conclusión

Llegados hasta aquí, hemos de analizar desde un punto de vista más alejado los datos que tenemos. Hemos de concluir que los
relatos que nos han llegado de las fiestas y argumentos religiosos y
mitológicos eran conocidos y leídos, observados y comentados, por
las gentes de aquellos tiempos. Hemos de concluir que relatos del
tipo eleusino, con peripecias ciertamente largas, se correspondían
con ceremonias que intentaban hacer vivir, revivir, a los iniciados e
iniciandos, la peripecia vital que restituiría el orden al caos. Hemos
también de concluir que, en el fondo, se trata ni más ni menos de lo
que tantas veces se ha dicho a propósito de los rituales: son intrín-
secamente inamovibles, pues su repetición anual, cíclica, asegura el
recuerdo del principio del nuevo tiempo ordenado, o de la promesa
de nuevo tiempo ordenado.

Volvamos ahora a los primeros años de expansión del cristianismo: Pablo de Tarso se presentó a los griegos, luego a los romanos,
con un argumento concreto: un hombre que sufrió injustamente
había servido como medio de asegurar el restablecimiento del orden.
Pablo conocía a quienes lo conocieron, había escuchado a quienes lo
escucharon. En definitiva, su héroe fue un hombre como los demás
y reciente, lo cual hacía cercana la prédica.

Pero el bagaje de Pablo, en su juventud fariseo celoso de su religión y perseguidor de los heterodoxos dentro de ella, le impedía
convivir con cuanto hemos descrito como propio del mundo gre-

corromano. La imagen, por ejemplo, de la convivencia dentro del grupo de Corinto muestra la dificultad que un método basado en la reunión para comentar las Escrituras, la profecía, en un sistema, en definitiva, judío, es decir, diferente para los griegos, tenía a la hora de satisfacer un mínimo cultural irrenunciable por parte de estos. Porque de aquel novedoso hombre no había para los griegos y romanos más antecedente que un pueblo y unos textos que lo enraizaban con una religión ajena, a una falta de imágenes, de textos biográficos cercanos. Y es que, como hemos visto respecto a la comunidad de Corinto, a los griegos se les hacía necesario vivir la nueva doctrina de alguna manera al estilo de las escenificaciones mistéricas, con ceremonias y textos, no con reuniones de comentario. Y, sin embargo, el acto crucial que basaba todo el argumento religioso, tal como veíamos en el dionisismo, era la muerte de un hombre, es decir, un sacrificio que diera vida. Pero ni tal muerte podía ser representada, ni los relatos que daban significado a la peripecia del héroe eran exclusivamente los de su vida, sino los de la historia de su pueblo, el pueblo judío. En definitiva, la muerte que corregía el desorden de la muerte no incorporaba los textos y elementos que arropaban en el mundo helenístico estas ceremonias, y, por otra parte, el hombre cercano, reciente para aquellos griegos, de quien se les hablaba, se convertía por causa de la distancia cultural en algo tan remoto como los antiguos héroes, así podemos deducirlo de la sorprendente falta de detalles biográficos que resalta en las cartas de Pablo, el gran predicador del mito del Cristo entre los griegos[43].

En consecuencia, en un momento dado el mundo griego pudo necesitar aquello que siempre había tenido en materia religiosa y mitológica: historia, biografía, escenificación, visualización. Y los

---

[43] Sobre esta sorprendente ausencia de datos y, por el contrario, la descripción de la figura de Jesús dentro de los cánones más estrictos del mesianismo más judío, consúltese Antonio Piñero, *Guía para entender el Nuevo Testamento*, 2006, págs. 274-276; E. Gómez Segura, *Pablo de Tarso. El segundo hijo de Dios*, Oberón, Madrid, 2006, págs. 213-217.

relatos de la Pasión, iniciados con una cena imposible (única ceremonia que Pablo podía ofrecer como remedio de las reuniones de los
misterios), con la inverosimilitud que produce el apelotonamiento
de peripecias, el entrechocar de discursos, recuerda tanto al Sócrates
de Platón en *Fedón* como al resumen que Plutarco escribió sobre los
mitos de Isis y Osiris para que sus compatriotas griegos entendieran
a su manera parte de la religión egipcia.

En una palabra, quizá los mitos y religiones del mundo antiguo
no influyeron directamente en el cristianismo y la elaboración de sus
textos; pero quizá la falta de helenidad de lo propuesto a los nuevos
creyentes los abocó a satisfacer sus necesidades culturales tal como
lo habían hecho siempre: con relatos coherentes con su tradición
religiosa. Esos relatos hubieron de servir para celebrar algo más que
una comida ritual en la que leer, tal como habían hecho los judíos
durante siglos, sus desventuras, y terminaron en un ceremonial más
helenístico en el que revivir los puntos esenciales de la pasión orde-
nadora, aptos, en definitiva, para experimentar de forma propia,
novedosa y exclusiva, rituales comparables a los que los cultos mis-
téricos ofrecían a sus devotos.

Así pues, esta búsqueda continua de una solución a la muerte, bien
sea mediante un conocimiento único, una experiencia de la muerte
antes de la muerte para dominar los terrores que provoca, bien gracias a una resurrección que permita volver a vivir perennemente, es
el sustrato al que se enfrentaron los predicadores que hablaban de
un hombre resucitado. Con la historia de ese resucitado, además, se
proponía un cambio de régimen de vida que asegurara, de forma parecida a lo que ya hemos visto a propósito de los órficos, de Cicerón,
Eleusis, Sócrates, Platón…, unas instrucciones de vida y de muerte
que, después, eran enjuiciadas por el héroe o dios oportuno.

Pero la novedad más relevante no era, a nuestro juicio, hablar de
nuevas formas de vida, de una moral restaurada, sino de un hombre
de quien se podía asegurar que había vivido y muerto muy poco
tiempo antes, relacionado con personas que, frente a todo cuanto hemos visto, podían asegurar todavía en los primeros años del
movimiento que habían conocido al difunto. Un hombre que ofre-

cía, o se le achacaba, una renovación moral, pero muerto al parecer injustamente. El caso es que el mundo antiguo tenía en la cabeza un ejemplo similar, con circunstancias desde luego similares y, lo más importante, sujeto a una cierta memoria venerable, Sócrates, cuya muerte injusta no hacía otra cosa que resaltar el caos mundano.

A la hora de entender el culto a los resucitados, fijémonos en el fragmento de Teócrito, en el que se destaca por encima de otros mortales, otros héroes que son recordados por la épica y el culto, a Adonis, que ha resucitado. Es trascendente la idea de la resurrección, es determinante a la hora de establecer una primacía frente a otros hombres, es, en definitiva, una esperanza irrenunciable. Por eso tenemos dos fenómenos similares y paralelos en la Antigüedad: con Sócrates (venerado u homenajeado a su muerte en el mismo lugar de su despedida injusta y cruel para algunos, anhelantemente buscado en el oráculo de los muertos de Trofonio en Lebadea) encontramos el hombre verdadero, conocido, sufriente, heroizado por su mensaje, el suceso que tendrá lugar con los filósofos, con un Epicuro divino para Lucrecio; cuando miramos a Adonis, nos encontramos con el hombre remoto, antiquísimo, heroico en ese sentido, que ha superado la muerte y vive entre los mortales de nuevo. Así, las esperanzas que todos los humanos tenemos, superar la limitación natural de nuestra existencia, y las esperanzas intelectuales que también tenemos, mejorar las relaciones entre los humanos, humanizarlas aun cuando sea ficticiamente gracias a una ética o una religión, fueron entendidas en el mundo helenístico que gobernaba Roma. Así, un humano reciente, un humano de quien se podía presentar testimonio directo, un humano que, con un mínimo paso de tiempo, aún podía ser tenido como cercanísimo, atesoró las esperanzas inmortales y ético-religiosas de una civilización, de cualquier civilización, para instalarse novedosamente en el mercado de las religiones de aquella época.

Pero pasado el tiempo, y gracias también a la distancia, su peripecia se difuminaba y necesitaba un texto que diera noticia sobre él. Y ese texto, esos textos, porque fueron varios los autores que quisieron dar su versión de los hechos pese a que la versión puede implicar peligrosa incoherencia, fueron finalmente escritos.

# SEGUNDA PARTE

# EL CONTEXTO JUDÍO
# DE LA PASIÓN

# 3

# El contexto judío de la Pasión

—Javier Alonso
Escritor y editor

## I. El contexto histórico: Palestina en tiempos de Jesús

## Consideraciones generales

JESÚS de Nazaret es hijo de su época y de su entorno, es decir, podemos situar su vida, sus actos y sus palabras dentro de unas coordenadas temporales y espaciales concretas. El acuerdo entre los estudiosos es prácticamente total respecto a estas coordenadas, por lo que, como punto de partida para nuestro análisis, podemos afirmar que el escenario de los hechos que nos ocupan es Jerusalén, y la fecha algún momento entre los años 26 y 36 del primer siglo de nuestra era.

Jerusalén, ciudad santa del judaísmo, era uno de los principales centro urbanos de Palestina[44], que tenía como límites el Mediterráneo oriental por el oeste, el río Jordán en su curso de norte a sur por el este, el extremo norte del mar Rojo por el sur y el Líbano por el norte. En total, apenas alcanza los 250 kilómetros de longitud de norte a sur y un poco más de 60 de ancho en su punto más amplio. Atendiendo a sus características geográficas, ecológicas, étnicas y lin-

---

[44] Tomamos el término Palestina en un sentido meramente geográfico y sin el menor ánimo de polémica de carácter político según sus connotaciones actuales.

güísticas, Palestina pertenece a lo que podríamos llamar «gran Siria», de la que formarían parte los territorios de las actuales Siria, Líbano, Israel y Jordania[45].

Esta gran Siria no es un ente aislado en el espacio, sino que ocupaba (y sigue ocupando) un lugar de importancia crucial dentro del entramado geopolítico de todo el Oriente Próximo, pues era la única vía de paso entre los dos grandes centros de civilización del Oriente Antiguo. Al suroeste de Palestina se encuentra Egipto, donde, alimentada por la fertilidad que regalaban las crecidas del Nilo, ya tenemos constancia de la existencia de una gran cultura en el tercer milenio antes de nuestra era. Por otro lado, a través del extremo norte de la gran Siria se accedía a Mesopotamia, donde, de forma paralela a Egipto, y alimentadas también por enormes ríos, el Tigris y el Éufrates, también habían surgido culturas muy avanzadas.

Y así, el territorio palestinense se convirtió, desde la Edad del Bronce, en tierra de paso, centro de intercambios comerciales, fuente de explotación y campo de batalla entre los poderes que, en cada momento de la historia, controlasen Egipto y Mesopotamia. El dominio militar de Palestina alejaba del territorio propio la amenaza del otro gran imperio, y su posesión económica proporcionaba madera, aceite y, por supuesto, una gran cantidad de dinero procedente del comercio. De este modo, esta tierra vio cómo pasaban, y se quedaban, un sinfín de potencias vecinas, llámense Egipto, Asiria, Babilonia, Persia, etc.

Pero Palestina también contaba con un variado mosaico de poblaciones autóctonas, cada una de ellas con sus propias peculiaridades culturales, lingüísticas y religiosas. De entre la gran variedad de pueblos palestinenses, nos interesa aquí uno en particular: el pueblo judío. A partir de los siglos IX u VIII a. de C. contamos con testimo-

---

[45] Sobre la geografía de Palestina, pueden consultarse las primeras páginas de casi cualquier historia de Israel, en las que se suele describir la región y sus peculiaridades con gran profusión. Como ejemplo, véase J. A. Soggin, *Nueva historia de Israel*, 1984, págs. 23 y ss.

nios arqueológicos e históricos fiables de la presencia de un grupo al que podremos identificar con los judíos. Los judíos se diferencian de cualquier otro pueblo por medio de una creencia en su dios nacional, Yahvé, incompatible con cualquier otro culto, sea monoteísta o politeísta. La relación entre Yahvé y los judíos se basa en un pacto entre ambos formulado entre la divinidad y el primer patriarca judío, Abraham. Los términos de este pacto son sencillos: los judíos tendrán como único dios a Yahvé, y este, en compensación, entregará a su pueblo elegido la posesión de una tierra en la que habitarán. Este es el espíritu del pacto; posteriormente, Yahvé entregará a Moisés la letra, que consiste en toda una legislación que los judíos deberán cumplir para estar a bien con su exigente divinidad.

Pues bien, a partir de esta premisa, los judíos desarrollan toda una forma de vida en la que política y religión quedan inextricablemente unidas para siempre. En aquellos momentos de la historia en que los judíos consiguen hacerse con el control efectivo del territorio palestinense, se instaura una monarquía que los redactores del Antiguo Testamento juzgarán exclusivamente por su grado de adhesión al pacto firmado con Yahvé. Todos los éxitos de Israel y Judea, las dos entidades políticas judías del primer milenio a. de C., se deben a que sus gobernantes han observado el pacto con Yahvé y no se han postrado ante otros dioses. De igual modo, todo fracaso, así como su desaparición final a manos de asirios (fin del reino de Israel en 722 a. de C.) y babilonios (caída de Jerusalén y del reino de Judá en 586 a. de C.) debe entenderse como un castigo divino por la impiedad de los gobernantes.

Este carácter peculiar hace que, como veremos, las relaciones de los judíos con las potencias vecinas queden marcadas también en gran medida por la posición que estas adoptasen respecto a la religión de Abraham. Como afirmación general, podemos decir que, siempre que se permitiese a los judíos mantener su modo de vida y practicar su religión, su actitud hacia esa potencia sería positiva. Por el contrario, aquellas potencias que, con su política, atacasen de algún modo la esencia de la religión judía, se encontrarían con la oposición, en mayor o menor grado, del pueblo elegido.

Centrándonos ya en el ambiente político y religioso en el que tiene lugar la Pasión de Jesús, conviene remontarnos hasta el año 323 a. de C., pues a partir de entonces aparecerán ya de forma nítida los principales elementos a tener en cuenta para comprender el mundo en el que vivió el Nazareno. En este año, los judíos de Palestina viven bajo la égida del Imperio persa, aunque disfrutan de una relativa autonomía y pueden practicar su religión sin mayores problemas.

## La herencia de Alejandro Magno

Tras sus victorias sobre las gentes que componían el Imperio persa, Alejandro no impuso la cultura griega a los pueblos conquistados, sino que pretendió «unir» a griegos y persas en un solo pueblo, un «híbrido» que tomaría lo mejor de cada uno para crear un nuevo mundo y una nueva cultura. Esta fusión del mundo griego con las diferentes culturas orientales se denomina helenismo, y será un elemento fundamental en cualquier consideración histórica sobre el Próximo Oriente en los siglos siguientes. El helenismo impregnó todos los aspectos de la vida de los pueblos orientales, desde el uso del griego como *lingua franca* hasta la creación de divinidades mixtas, susceptibles de ser adoradas por griegos y orientales, como, por ejemplo, Serapis, un dios cuyo nombre era una fusión de las divinidades egipcias Osiris y Apis, pero que, en su forma final, añadía rasgos de los dioses griegos Zeus, Helios, Dioniso, Hades y Asclepio.

A la muerte de Alejandro en 323 a. de C., su Imperio se dividió entre sus generales, y Palestina pasó a formar parte del reino del Egipto ptolemaico hasta que, en 200 a. de C., cayó, como consecuencia de las guerras entre los diferentes reinos helenísticos, en manos de Antíoco III, gobernante del Imperio seléucida, que se extendía desde el Egeo hasta el Indo, al modo de un nuevo Imperio persa.

Aunque el reinado de Antíoco III resultó bueno para los judíos, con el ascenso al trono de su hijo Antíoco IV Epífanes el dominio seléucida en Palestina se convertiría en una pesadilla que duraría siglo y medio. El nuevo monarca comenzó una campaña de acoso y derribo contra el pueblo judío. Ya se ha comentado que los judíos forjaban su propia identidad y supervivencia oponiendo siempre sus rasgos esenciales a los de los sucesivos pueblos (egipcios, asirios, babilonios, persas y ahora griegos) que los habían dominado, se distinguían por adorar a un único dios, y por su obstinada negativa a reconocer y, mucho menos, a venerar a cualquier otro dios que no fuese el suyo. Junto a este hecho, su legislación religiosa les imponía una serie de obligaciones y restricciones, entre las más conocidas la obligación de circuncidar a los niños varones y la prohibición de comer cerdo, lo que fomentaba el recelo de sus vecinos y les impedía compartir con otros pueblos el espacio de convivencia creado por el helenismo.

## Los asmoneos

El libro bíblico de los Macabeos cuenta cómo Antíoco IV decidió que todos los súbditos de su Imperio gozasen de los mismos privilegios, pero también que abandonasen sus creencias religiosas particulares para abrazar la religión griega oficial del Imperio. Palestina se convirtió en un polvorín: la prohibición de la religión judía, las prácticas idólatras que proliferaban en la tierra de Yahvé y, por último, la profanación del Templo de Jerusalén, fueron los detonantes de una gran revuelta popular.

Una familia judía de origen sacerdotal, la macabea, se encargó de dirigir la resistencia contra los seléucidas. La chispa que prendió la llama fue una visita de las tropas seléucidas a la ciudad de Modín, hogar de los macabeos, con la intención de hacer cumplir las normas dictadas por el rey. Estando allí los soldados, Matatías, el patriarca de la familia de los macabeos, vio cómo un judío se acercaba a un altar para hacer un sacrificio idólatrico, tal y como había ordenado el rey Antíoco. En ese momento, Matatías se sintió invadido por el «celo de Yahvé» y, abalanzándose sobre él, lo degolló sobre el propio altar. Este concepto de «celo» (de la palabra griega *zélos*, «celo, amor ferviente, obsesión») será muy importante en las luchas de liberación de los judíos que tendrán lugar en los siglos siguientes. El celo se consideraba una de las virtudes del fiel israelita, y se basaba en prototipos del Antiguo Testamento como Pinjás (Números 25, 6-13) y Elías (2 Reyes 18). Tal «virtud» justificaba el homicidio en nombre del cumplimiento de la Ley de Dios y transformaba cualquier conflicto en una guerra santa, convirtiéndose así a la postre en la base ideológica de los grupos revolucionarios judíos que se enfrentan al poder romano en tiempos de Jesús, hasta el punto de que los más violentos de entre estos, los llamados zelotes (del griego *zelotés*, «celoso, devoto, obsesionado, zelote») consideraban a Pinjás como su fundador.

Primero Matatías y, más tarde, sus cinco hijos, Juan, Judas, Eleazar, Jonatán y Simón, convirtieron este episodio de celo religioso en el punto de partida de una guerra de liberación nacional. Judas Macabeo (165-160 a. de C.) consiguió tomar Jerusalén y restablecer el culto judío en el Templo de Yahvé en diciembre del 164 a. de C. A Judas le sucedió Jonatán, que aprovechó la debilidad del Imperio seléucida, inmerso en luchas intestinas, para convertirse en sumo sacerdote (y, por tanto, en representante oficial del pueblo judío). En 140 a. de C., Simón aceptó la dignidad hereditaria de príncipe, caudillo y sumo sacerdote, con lo que quedaban unidos en una sola mano los poderes religioso y político, y el territorio se transformó en un reino teocrático hereditario. Con el tiempo, esta familia no solo conservó el título de sumo sacerdote, sino que acabó ostentando también el de rey. Los macabeos, llamados también asmoneos, gobernaron el país durante más de un siglo de independencia, en el que extendieron las fronteras de su reino a costa de los pueblos vecinos.

Sin embargo, este nuevo orden político, religioso y social, surgido como respuesta a la cultura griega, derivó, con los años, hacia ese mismo helenismo que había combatido: el reino de Judea, como cualquier otro de la época en el Mediterráneo oriental, acabó gobernado por un monarca de cultura helenística, contó con una administración en lengua griega y con un sustrato de población helenística que imponía su forma de vida al conjunto de la sociedad, en especial en los grandes centros urbanos. Y así, incluso los reyes asmoneos, antaño defensores del más rígido judaísmo, cayeron en brazos del hechizo helenístico y adoptaron modales e incluso nombres griegos, tales como Alejandro o Aristóbulo.

En este difícil equilibrio entre helenismo y judaísmo se introdujo, a partir del gobierno de Simón Macabeo (142-134 a. de C.), un tercer elemento, el poder de Roma, pues, para contrarrestar la continua amenaza seléucida, los reyes asmoneos recurrieron a una maniobra tan eficaz como peligrosa al buscar el apoyo de la nueva potencia emergente en el Mediterráneo occidental. Mediante pactos con Roma, Judea consiguió mantener su independencia, pero dio pie a que la República se inmiscuyera en Palestina. De este modo, los territorios gobernados por los macabeos vivieron en una relativa tranquilidad desde la muerte de Simón, el último hijo de Matatías (134 a. de C.), hasta el final del reinado de Alejandra Salomé (67 a. de C.). A la muerte de esta, estalló en Judea una guerra civil entre sus dos hijos: Aristóbulo, un joven impetuoso y violento, e Hircano, un hombre afable y de mejor carácter. Salomé dejó el sumo sacerdocio y el trono a Hircano, pero Aristóbulo no se resignó a su destino y, para arrebatar el poder a su hermano, buscó el apoyo de los saduceos, partido de la casta sacerdotal más tolerante con las influencias helenísticas en el judaísmo. Los dos hermanos reunieron sendos ejércitos y lucharon durante varios años sin resultados definitivos. Finalmente, Hircano consiguió cercar a Aristóbulo en Jerusalén, pero entonces la historia de Judea dio un giro que marcaría su destino en los siglos siguientes.

## Roma

En efecto, tras muchos años de injerencia en la política de los reinos mediterráneos orientales, Roma decidió acabar con la caótica situación que reinaba en Siria y asegurar las fronteras romanas contra el único enemigo realmente preocupante de Oriente, los partos, un gran reino de raza irania heredero del antiguo Imperio persa. Pompeyo el Grande, que había creado una nueva provincia romana en Siria, se dispuso a intervenir en el conflicto entre los dos hermanos asmoneos. Lo que diferencia esta situación de otras anteriores es que ahora los romanos ya no ejercían su poder a distancia, utilizando como principales armas la diplomacia y la intimidación, sino que por primera vez tenían sus legiones a tiro de piedra de Judea. Pompeyo se dispuso a aprovechar la ocasión y envió un emisario a Jerusalén que obligó a Hircano a levantar el cerco de la ciudad.

Ambos hermanos enviaron embajadas a Pompeyo para solicitar su apoyo. Al final Hircano consiguió atraer para su causa a Pompeyo. La batalla final se libró en Jerusalén, e Hircano contó con la ayuda del ejército de Pompeyo. Las legiones romanas irrumpieron en la ciudad, masacraron a miles de judíos y profanaron el Templo de Yahvé. El propio Pompeyo entró en el Templo, adentrándose incluso hasta el *Sanctasanctorum*, un lugar al que solo el sumo sacerdote tenía acceso.

Pompeyo permitió que Hircano gobernase sobre un territorio bastante reducido respecto al antiguo reino asmoneo, pues separó de él todas las regiones con mayoría de población griega. Aunque Hircano conservó el título de Sumo Sacerdote, perdió el de rey para convertirse en etnarca (del griego *ethnárches*, «gobernador, prefecto»). Los romanos, por su parte, ya nunca serían a los ojos del pueblo judío unos aliados salvadores, sino el peor enemigo al que se habían enfrentado jamás. Pompeyo había llegado tan lejos como Antíoco IV y, si la afrenta sufrida a manos de este último fue el inicio de la independencia de Judea, la llegada del primero supuso el final de aquel sueño de libertad.

Pese al control ejercido desde Roma, los veintitrés años de gobierno de Hircano fueron una sucesión de luchas y conjuras palaciegas en las que, uno tras otro, se eliminaron los pretendientes al trono. Finalmente, y tras una larga cadena de muertes, ninguna de ellas accidental, surgió la figura de Herodes, un idumeo (por tanto, no judío) hijo del primer ministro de Hircano y casado con Mariamna, su nieta, un matrimonio que le procuró la legitimidad dinástica necesaria para aspirar al trono.

## Herodes el Grande

Herodes se atrajo el apoyo de Roma ofreciéndose como un aliado fiel en un territorio extremadamente complicado, y recibió a cambio del Senado de Roma el título de *rex socius*, que designaba oficialmente a un aliado, pero en realidad solo a un cliente de Roma. A pesar de ostentar este título, Herodes se encontró con dos inconvenientes: sabía, por un lado, que debía su trono a los romanos, lo que le ponía en una situación comprometida respecto a su pueblo, y por otro, aunque no menos importante, Roma lo había nombrado rey, pero tenía que conquistar su reino en un momento en el que los romanos no le podían ofrecer demasiada ayuda, pues tenían sus tropas ocupadas en la guerra contra los partos.

De hecho, Herodes tardó casi tres años en derrotar a las fuerzas de Antígono, el último pretendiente asmoneo. Solo a finales del verano del año 37 a. de C. las tropas de Herodes entraron en Jerusalén y este pudo tomar posesión de su reino. Terminaba así la conquista de Judea por parte de Herodes y comenzaba su largo reinado, una época de paz forzosa que permitió a Judea alcanzar una prosperidad que jamás había conocido y que marcaría profundamente toda su historia durante el siguiente siglo.

Herodes fue, sin duda, un personaje ambiguo, despreciado u odiado por casi todos, pero al que un pueblo que hacía de su separación del resto de las naciones su principal razón de ser reconoció sus indudables virtudes[46]. Y Herodes, por increíble que parezca, consiguió mantener un equilibrio entre su cultura helenística, su deuda de gratitud y fidelidad hacia los romanos y sus obligaciones respecto a sus súbditos. Dando muestras de una gran inteligencia, consiguió mantenerse siempre en una posición intermedia que, si bien no satisfacía plenamente a nadie, dejaba suficientemente satisfechos a todos.

---

[46] Una visión general del personaje y su reinado en J. Alonso, *Herodes el Grande*, Aldebarán, Madrid, 1998.

Un extranjero usurpador a ojos de sus súbditos judíos, Herodes no se conformó con la legitimidad que le proporcionaba su matrimonio con la princesa asmonea Mariamna, por lo que decidió hacer el mayor regalo que jamás un rey de Israel había hecho a su pueblo. Según la mitología nacional judía, allá por el siglo x a. de C., el mítico rey Salomón había construido un gran Templo dedicado a Yahvé en la cima del monte Moria, en Jerusalén. Aquel templo, gloria de la nación israelita y maravilla y envidia de los pueblos vecinos, había sido destruido en 586 a. de C. por las tropas de Nabucodonosor, que, además, se llevó cautiva a Babilonia a la élite intelectual del país. Tras la vuelta de los judíos del destierro de Babilonia, a mediados del siglo v a. de C., se reconstruyó el santuario de Yahvé en Jerusalén, aunque con unos medios y unas dimensiones mucho más modestas de las que supuestamente había tenido el primer Templo. Desde entonces, ni los persas primero, ni los imperios helenísticos ni la dinastía asmonea más tarde habían podido o querido reparar esta situación.

Fue Herodes quien llevó a cabo unas enormes y costosas obras que convirtieron todo el monte Moria en un gran complejo cultual de claro corte helenístico que, no obstante, respetaba escrupulosamente todas las prescripciones cultuales judías. Tan solo se permitió el lujo de hacer colocar una imagen de un águila de oro sobre la puerta del santuario, un gesto que horrorizó a los judíos más ortodoxos, contrarios a cualquier representación humana o animal. Y así, un extranjero dio a los judíos lo que ningún rey judío de la casa asmonea les había dado: un Templo del que sentirse orgullosos (a pesar del águila).

Pero aunque en este caso Herodes se comportó como un rey judío, en otras situaciones fue un fiel aliado de Roma. Como hombre profundamente agradecido, muchas de sus edificaciones fueron bautizadas con los nombres de sus aliados romanos. En Jerusalén, la fortaleza que vigilaba la gran explanada del Templo de Yahvé recibió el nombre de Antonia en honor de Marco Antonio, y las dos alas de su palacio fueron bautizadas como Augusto y Agripa. En la costa mediterránea de su reino construyó además la ciudad de Cesarea Marítima, una urbe típicamente romana que estaba llamada a ser la ventana de su reino al mundo grecorromano. La ciudad se encontraba en una parte del reino cuya población era mayoritariamente gentil, por lo que Herodes dio rienda suelta a sus impulsos más clásicos. Cesarea contaba con un gran puerto construido según los más recientes cánones arquitectónicos romanos, teatro, anfiteatro, estadio, termas, foro, alcantarillado y un gran templo dedicado a Augusto, que contenía las estatuas del emperador y Roma.

Cuando Herodes murió en el año 4 a. de C. dejó un próspero reino que se extendía desde el extremo sur del mar Muerto hasta Damasco, y desde el Mediterráneo hasta parte de la actual Jordania. Durante su largo reinado los judíos disfrutaron de una paz y una riqueza desconocidas hasta entonces, además de recibir el regalo del nuevo Templo de Yahvé. A pesar de todo esto, Herodes nunca pudo granjearse el amor de su pueblo, y se vio obligado a utilizar con frecuencia la mano dura para sofocar el menor atisbo de levantamiento. De hecho, durante su reinado surgen los embriones de todos los conflictos posteriores, que culminarían en una guerra total contra Roma setenta años más tarde.

Así pues, la gran virtud de Herodes consistió en su capacidad para administrar una política de palo y zanahoria, que consiguió mantener contentos a sus amos romanos y a la población gentil, y tranquilos a los judíos, que se movieron entre el temor a la ira de Herodes y cierta admiración por los beneficios que aquel rey extranjero y usurpador les reportaba. El fracaso de algunos de sus hijos y de los procuradores romanos que gobernaron la región en los setenta años siguientes concede aún más valor a la labor de Herodes en un territorio extremadamente complejo.

## Los hijos de Herodes: el fin de la *pax* herodiano-romana

A la muerte de Herodes, el emperador Augusto permitió que el reino pasase a varios de sus hijos, pero, puesto que albergaba serias dudas de que llegaran a ser tan eficaces como su padre en las labores de gobierno, tomó sus precauciones y dividió los territorios gobernados por Herodes en tres lotes diferentes. El núcleo original del reino de Judea recayó sobre Arquelao, aunque no obtuvo el título de rey, sino el de etnarca; Herodes Antipas recibió Galilea y Perea, y Filipo la Batanea, la Traconítide y la Auranítide. Tanto Antipas como Filipo recibieron la dignidad de tetrarcas.

Arquelao resultó ser un gobernante estúpido y cruel, que heredó los defectos y excesos de su padre pero no su gran inteligencia y visión política. Con su crueldad gratuita y su escaso respeto por la ley judía, irritó a sus súbditos más allá de lo tolerable, por lo que, apenas diez años después de su llegada al poder, una delegación de judíos y samaritanos solicitó a Augusto su destitución. El emperador accedió y, en aquel mismo año del 6 d. de C., Arquelao fue desterrado a la Galia, mientras Judea se convertía en territorio provincial romano bajo la responsabilidad de un gobernador con sede en Cesarea Marítima.

Por su parte, Herodes Antipas recibió un reino dividido, ya que Galilea y Perea no tenían frontera común, a pesar de lo cual, y a diferencia de su hermano, consiguió ser un gobernante eficaz. Ejerció el poder teniendo como espejo a su padre, alternando grandes obras públicas, como Séforis, en Galilea, con grandes exhibiciones de lujo y medidas enérgicas, pero no desmedidas, que le otorgaron el respeto de la población. Gobernó hasta el 39 d. de C., más de cuarenta años, cuando Calígula decidió destituirlo y desterrarlo a las Galias, donde murió poco después. Sin embargo, su destitución tuvo lugar después de los hechos que nos ocupan, de manera que Herodes Antipas no solo gobernaba aún Galilea en el momento de la muerte de Jesús, sino que aparece en los relatos evangélicos disputando con el gobernador romano Pilato sobre quién era competente (o, más bien, quién no lo era) para juzgar a Jesús, súbdito galileo y, por tanto, un asunto de Antipas, aunque fue juzgado por unos hechos acaecidos en Jerusalén, que se encontraba bajo la jurisdicción directa de Roma.

Por último, el tercer hijo de Herodes, Filipo, gobernó sobre una pequeña población mayoritariamente siria o griega, por lo que se evitó los grandes problemas que tuvo su medio hermano Arquelao con los judíos.

Examinaremos a continuación la situación en Judea y Galilea en tiempos de Jesús. En el caso de Judea, porque en ella se encuentra Jerusalén, el lugar donde tuvo lugar la Pasión. En el caso de Galilea, porque de allí procedían Jesús y la mayoría de sus seguidores, y no podremos tener una imagen completa de los mismos si no conocemos sus orígenes y el entorno del que surgieron.

## Galilea

Galilea es una tierra fértil y con abundancia de agua, gracias al mar de Galilea o Genesaret, del que nace el río Jordán, de manera que la vida era más sencilla que en las áridas tierras de Judea. Tanto es así, que el Talmud afirma que «es más fácil criar una legión de olivos en Galilea que un niño en Judea».

Simón Macabeo (142-134 a. de C.) había diezmado a la población gentil (no judía) y se había llevado a los judíos a Judea, pero, aun así, en tiempos de Jesús la región se había recuperado y era la más poblada de Palestina. Sobre sus habitantes, el historiador judío Flavio Josefo, que vivió en el siglo I d. de C., comenta que eran «muy laboriosos, osados, valientes, impulsivos, fáciles a la ira y pendencieros. Ardientes patriotas, soportaban a regañadientes el yugo romano y estaban más dispuestos a los tumultos y sediciones que los judíos de las demás comarcas». Valga esta descripción como punto de partida, pero siempre teniendo en cuenta que no se trata más que de una opinión particular de Josefo y que despide cierto aroma «centralista», pues atribuye a los provincianos galileos una serie de virtudes y defectos arquetípicos de regiones periféricas contempladas desde la capital o, como era el caso de Josefo, reunidas para la mejor comprensión del público de Roma de los acontecimientos futuros.

En cualquier caso, los galileos tenían un nivel cultural inferior al de los judíos, quienes se burlaban de aquellos por su pronunciación torpe y dura, aseguraban que de Galilea nunca salían profetas, y los consideraban, igual que Josefo, propensos a la revuelta y el caos. Esta opinión se había forjado principalmente durante el reinado de Herodes, cuando este monarca se vio obligado en numerosas ocasiones a enfrentarse a partidas de bandidos que se refugiaban en los montes de la región. Desde el punto de vista religioso, los judíos consideraban aberrantes ciertas interpretaciones de los galileos, más apegadas por lo general a las doctrinas fariseas relacionadas con la sinagoga que al culto oficial jerosolimitano representado por la ideología saducea y el Templo.

Sin embargo, el cuadro de Galilea queda incompleto sin la población no judía, tan numerosa que el evangelista Mateo denomina a la región «Galilea de los gentiles». En efecto, había ciudades, como Séforis o Tiberíades, cuya población era predominantemente gentil, frente a otras, como Cafarnaúm, Magdala o Betsaida, básicamente judías. Esta mezcla de culturas no supuso una causa de enfrentamiento permanente entre las diferentes comunidades, y el reinado de Herodes Antipas es un periodo de paz y prosperidad basado en la convivencia de ambas comunidades.

En resumen, lo poco que sabemos de Galilea en tiempos de Jesús nos induce a pensar que era una región tranquila gracias al sensato comportamiento de sus gobernantes, pero con un impulso revolucionario latente que saltaba a primer plano siempre que se sentían ofendidos en su sensibilidad religiosa o política.

## Judea, provincia romana

Tras la destitución de Arquelao en Judea, Augusto instituyó el cargo de prefecto de Judea, dependiente del gobernador de Siria. El gobernador sirio tenía mando militar sobre varias legiones, algo que no estaba al alcance de los prefectos de Judea, cuyas obligaciones eran mantener el orden y cobrar los impuestos a través de unos cobradores profesionales, los publicanos. Los prefectos solo tenían competencias judiciales en temas que afectasen a la seguridad del Imperio, en apelaciones a sentencias de las autoridades locales y en casos que comportasen la pena de muerte, y tenían también potestad para cambiar y deponer a los sumos sacerdotes, una circunstancia que subrayaba la sumisión del poder religioso judío al político romano y que condicionaría todas las actuaciones de los máximos representantes religiosos judíos.

La sede del prefecto se encontraba en Cesarea Marítima, la ciudad construida por Herodes el Grande a orillas del Mediterráneo y habitada por una población mayoritariamente gentil. Con ocasión de las grandes fiestas religiosas, el prefecto se trasladaba a Jerusalén acompañado por un considerable contingente de tropas que se alojaba en la Fortaleza Antonia.

El primer prefecto de Judea fue Tito Coponio Máximo (6-9 d. de C.). Durante estos años estalló una revuelta popular dirigida por el fariseo Sadoq y por Judas el Galileo, probablemente como protesta ante un censo ordenado por Cirino, gobernador de Siria. Al parecer, este Judas era un hombre próximo a la ideología farisea, pero con un exacerbado amor por la libertad, lo que le llevó a emprender la guerra contra Roma. Flavio Josefo considera a Judas el Galileo el fundador de la secta de los zelotes, judíos invadidos por el «celo» de Yahvé al que ya hemos aludido al referirnos a Matatías y la rebelión macabea.

La rebelión acabó trágicamente para los rebeldes, pero el germen revolucionario que habían sembrado los macabeos más de siglo y medio antes volvía a florecer ante una nueva ocupación extranjera. Mucho se ha escrito sobre esta revuelta de Judas el Galileo, sus características exactas e, incluso, su fecha, pero lo que aquí importa es la aparición de un fenómeno que se repetirá con insistencia en la historia judía de la época, el levantamiento contra Roma dirigido por algún líder carismático con ideas religiosas y políticas más o menos extremistas.

Muy poco se sabe de lo ocurrido durante las prefecturas de Marco Ambíbulo (9-12 d. de C.) y Rufo (12-15), por lo que quizá deberíamos suponer que fueron unos años de cierta tranquilidad. El siguiente prefecto fue Valerio Grato (15-26), que utilizó con especial frecuencia su potestad para sustituir al sumo sacerdote. Estos cambios continuados no tienen por qué ser indicio de inestabilidad política, sino que podrían deberse simplemente a unas desmedidas ansias de dinero por parte del prefecto, aunque el nombramiento de Poncio Pilato, un hombre con una bien ganada fama de eficaz represor, en sustitución de Valerio Grato, parece sugerir ciertas tensiones de las que no se han conservado noticias. En cualquier caso, estos episodios de destitución del sumo sacerdote son un claro reflejo de la situación que vivía Judea. La autoridad romana no solo tenía la potestad de nombrar y deponer al sumo sacerdote, sino que custodiaba las vestimentas sacerdotales y sus principales insignias en la fortaleza Antonia. Era, por tanto, una relación entre amo y súbdito, y la única opción que le quedaba a los líderes religiosos judíos si querían mantener su cómoda aunque amenazada posición era intentar colaborar con el ocupante romano.

## Poncio Pilato

El año 26 d. de C., Tiberio nombra prefecto de Judea a Poncio Pilato, que ejerció el cargo durante diez años. Al parecer, se trataba de una apuesta personal de Sejano, todopoderoso valido del emperador y antisemita furibundo, pues, al contrario que sus predecesores en el cargo, Pilato no dudó en provocar una y otra vez a los judíos para, a continuación, poder reprimirlos con dureza utilizando como excusa su reacción. Valgan como ejemplo tres incidentes que tuvieron lugar en los años anteriores a la muerte de Jesús de Nazaret.

La primera provocación tuvo lugar cuando Pilato trasladó su ejército desde Cesarea hasta Jerusalén para pasar el invierno en la Ciudad Santa. Con la intención de abolir las leyes judías, Pilato introdujo en la ciudad bustos del emperador adheridos a los estandartes de sus tropas, vulnerando así la ley judía que prohibía cualquier tipo de representación humana. Flavio Josefo señala que Pilato hizo esto de noche y «de manera oculta», y que además rompió así la costumbre de los anteriores prefectos de Judea, quienes, a pesar de nombrar y deponer sumos sacerdotes a su antojo, tuvieron cierto cuidado para no ofender gratuitamente la sensibilidad de sus súbditos.

La explicación que algunos eruditos dan a este episodio suponiendo que Pilato no obró con mala intención, sino por puro desconocimiento, es insostenible, pues supondría no solo la ignorancia más absoluta por parte del nuevo prefecto de Judea, sino también de todos los oficiales romanos que estaban a su alrededor. Más lógico parece creer que se trataba de parte de los propósitos dirigidos desde Roma por Sejano para no conceder a los judíos ningún privilegio del que no gozase el resto de súbditos del Imperio, a saber, quedar exentos de rendir culto al emperador. De hecho, años más tarde Calígula volvería a intentar imponer el culto de su propia imagen a los judíos, provocando un altercado similar. Roma no daba puntada sin hilo, y creer que Pilato actuó por desconocimiento es ignorar los procedimientos básicos de la política romana en sus relaciones con los pueblos conquistados.

El siguiente encontronazo con la población judía se produjo cuando Pilato decidió desviar los fondos procedentes del Templo de Yahvé, o que iban a ir a él, para la construcción de un acueducto que abasteciera Jerusalén. En ningún caso se puede argumentar desconocimiento, pues ya Augusto había decretado que las monedas sagradas eran inviolables y que habían de ser enviadas al tesoro del Templo de Jerusalén, y que si alguien robaba estas monedas de un arca o de una sinagoga, sería tenido por sacrílego y se le confiscarían sus propiedades en bien del tesoro romano. Esta vez la reacción popular fue más enérgica que en el episodio de los estandartes, aunque bien es cierto que no fueron los judíos los que ejercieron la violencia, sino las tropas romanas, que masacraron a los judíos aprovechando una manifestación contra el prefecto.

También la acuñación de una nueva moneda fue motivo de fricción entre Pilato y los judíos, pues el prefecto introdujo en el diseño motivos paganos de tradición romana, una ofensa absolutamente consciente, y más aún sabiendo que ninguno de los diseños acuñados por los anteriores prefectos atentaba contra la sensibilidad religiosa de los judíos, ni lo hizo tampoco ninguno de los realizados después de la caída en desgracia de Pilato.

Las tropelías de Pilato en contra del pueblo que gobernaba terminaron unos años más tarde de la muerte de Jesús, en 36 d. de C. En ese año, los samaritanos se encontraban en plena efervescencia religiosa por la aparición de un hombre que decía ser un profeta y que los había convocado en el monte Garizín. Según decía, allí estaban enterrados desde hacía siglos los utensilios sagrados del Templo de Yahvé. Pilato envió a sus tropas al lugar y reprimió la concentración con extrema brutalidad, matando a unos, haciendo prisioneros a otros y ejecutando a los líderes más señalados. La respuesta de las tropas romanas debió de ser tan desmedida que el gobernador de Siria, Lucio Vitelio, depuso a Pilato y lo envió a Roma para que diera cuenta de sus actos.

Este último incidente tiene lugar después de la muerte de Jesús, pero resulta muy útil para completar el cuadro de la situación general de Palestina en los años que nos ocupan. Aunque no hubo entre los judíos un levantamiento armado, parece claro que no fueron especialmente felices las relaciones con la potencia ocupante romana. Nada quedaba ya de aquella luna de miel entre Roma y los primeros macabeos, y existía, sin duda, un sector de la población que deseaba la aparición de una figura carismática que los guiase en la lucha por liberarse del yugo romano. Flavio Josefo, nuestra fuente más útil para el conocimiento de la época, menciona varios levantamientos de diferente importancia que tuvieron lugar entre la prefectura de Pilato y el comienzo de la guerra total en el año 66, así como el nombre de algunos de estos líderes que acabaron crucificados, entre ellos Teudas o Santiago y Simón, hijos de Judas el Galileo.

## II. EL CONTEXTO RELIGIOSO Y TEMPORAL: LAS PRINCIPALES FIESTAS JUDÍAS EN TIEMPOS DE JESÚS

### La Pascua

Las cuatro narraciones evangélicas sitúan la pasión y muerte de Jesús de Nazaret en los días en los que se celebraba la Pascua judía (Mt 26, 2; Mc 14, 1; Lc 22, 1; Jn 13, 1, *passim*), que era, junto a la fiesta de Tabernáculos, una de las fechas más importantes del calendario religioso judío.

La Pascua se basaba en la narración veterotestamentaria del libro del Éxodo y conmemoraba cómo Yahvé, por medio de Moisés y de las plagas que había enviado contra los egipcios, había liberado a su pueblo de la esclavitud. Tras la noche en la que murieron los primogénitos de Egipto, Moisés partió con su pueblo a una larga marcha por el desierto que duraría cuarenta años, al final de los cuales llegaron a la Tierra Prometida.

> Guarda la Pascua en honor de Yahvé, tu Dios, porque en el mes de Abib te sacó de Egipto Yahvé, Dios tuyo, en la noche. Inmolarás en Pascua a Yahvé, tu Dios, ganado menor y ganado mayor, en el lugar que haya escogido Yahvé para hacer morar allí su nombre (Dt 16, 1-2)[47].

La Pascua era la gran fiesta de Jerusalén, «el lugar que haya escogido Yahvé para hacer morar allí su nombre», y desde tiempos del rey Josías (aproximadamente 640-609 a. de C.) estaba obligado a subir a la ciudad todo el mundo, excepto «el sordo, el idiota, el menor, el hombre de órganos tapados (sexo dudoso), el andrógino, las mujeres, los esclavos no emancipados, los tullidos, el ciego, el enfermo, el anciano y todo el que no pudiese subir a pie el monte del Templo». Por supuesto, a estos habría que añadir a la mayoría de los pobres, que no podrían permitirse la realización del viaje. Aun así, Jerusalén sería en estos días un hervidero de gentes procedentes de todos los puntos de Israel y de lugares más lejanos en los que hubiera comunidades judías, como Alejandría, Cirene, Cilicia e infinidad de ciudades de todo el Próximo Oriente.

Indudablemente, esta afluencia de peregrinos planteaba un enorme problema de alojamiento. Por supuesto, las familias adineradas contaban con residencias en Jerusalén dispuestas para estas ocasiones. Había también albergues, casas de amigos, pero no bastaba

---

[47] Todos los textos bíblicos están tomados de la edición de Cantera-Iglesias, BAC, Madrid, 1979.

para la masa de peregrinos reunida. Se decía que uno de los diez milagros que había realizado Dios en el Santuario era que todos los peregrinos encontrasen un lugar donde pasar la noche en Jerusalén, donde solo la explanada del Templo quedaba excluida como posible alojamiento. No obstante, la realidad era que la ciudad de Jerusalén resultaba insuficiente para acoger a la multitud de peregrinos, y muchos de ellos se veían obligados a dormir al raso o en tiendas fuera de los límites de la muralla de la ciudad. A tal efecto, el hábil legalismo judío creó el concepto de Gran Jerusalén, un espacio alrededor de la ciudad en el que también se podía pernoctar sin incumplir la norma.

A esta Gran Jerusalén pertenecía el monte de los Olivos, donde, según Lucas 21, 37, Jesús pernoctaba en compañía de sus discípulos, y que era, quizá, el lugar donde se alojaban los peregrinos galileos[48]. Al testimonio de Lucas podemos añadir el curioso pasaje de Marcos 14, 51-52, en el que, durante el prendimiento de Jesús en el monte de los Olivos, se menciona la presencia de un joven envuelto en una sábana que, para evitar ser apresado, la deja caer al suelo y huye desnudo. Esta noticia es probablemente verídica, pues no hay explicación posible a una invención de la misma por parte del evangelista en un momento de tanta tensión dentro del relato evangélico. ¿Quién era este individuo? Probablemente otro peregrino galileo, igual que Jesús y los apóstoles, que, al no disponer de recursos económicos, dormía al abrigo de los olivos durante los días de celebración de la Pascua.

La fiesta de Pascua está presente en la llamada Última Cena, que la tradición sinóptica identifica con una cena pascual (Mc 14, 12; Mt 26, 17; Lc 22, 7-9). La cena de Pascua debía celebrarse el 14 del mes hebreo de Nisán (noche de la primera luna llena de primavera), en conmemoración de aquella última cena que los hebreos celebraron en Egipto antes de ser liberados por el ángel del Señor y conducidos por Moisés a la tierra prometida. Para la celebración del ágape había

---

[48] J. Jeremias, *Jerusalén en tiempos de Jesús*, Cristiandad, Madrid, 1985, pág. 79.

que observar las disposiciones originales contenidas en el capítulo 12 del libro del Éxodo, así como las normas adicionales prescritas por los doctores de la ley judía para una correcta celebración.

En efecto, durante toda la semana de Pascua, pero especialmente desde el día anterior a la fiesta, la casa donde se fuese a celebrar la cena debía estar limpia de cualquier sustancia farinácea fermentada (*hames* en hebreo), es decir, cualquier cereal en el que se hubiera producido fermentación por contacto con agua u otro líquido. Para asegurarse, la mañana anterior a la cena se realizaba la búsqueda del *hames*, una limpieza extraordinariamente meticulosa denominada *urjatz* en la que se escudriñaba hasta el último rincón de la casa en busca de cualquier rastro de levadura, por pequeño que este fuera.

El segundo trámite indispensable para la cena era el sacrificio de un cordero. Para ello, habría que dirigirse al Templo y comprarlo en el patio donde se sitúa el episodio de la expulsión de los mercaderes. Una vez adquirido el cordero, el fiel se dirigiría al Patio de los Israelitas, al que los fieles iban accediendo en grupos hasta que estuviera lleno. Entonces cada uno procedía al sacrificio de su cordero, justo en el punto que separaba el Patio de los Israelitas del de los Sacerdotes.

Una vez que se degollaba el animal, se vertía su sangre en una copa que recibía un sacerdote; este, a su vez, pasaba la copa a un compañero, que la vertía sobre el altar como sacrificio y la devolvía vacía. Este complicado proceso tiene su explicación: el israelita que degüella el animal no debe pisar el Patio de los Sacerdotes, donde se encuentra el altar. El primer sacerdote recibía la sangre del cordero todavía en el Patio de los Israelitas, pero él sí podía ingresar en el siguiente patio. De esta forma, la sangre traspasaba el límite en manos de una persona autorizada. Además de la sangre, también se vertía en un altar la grasa del cordero, mientras la carne se llevaba a casa para ser asada. Las normas respecto a la preparación del cordero eran muy estrictas. Había que utilizar una estaca, que se introducía por la boca y saldría por el ano, o bien una parrilla, colocando las extremidades y las entrañas en el interior del animal.

No discutiremos aquí si la Última Cena fue o no una cena pascual [49], y nos limitaremos a describir cómo era una celebración de Pascua en tiempos de Jesús.

Llegado el momento de la cena, lo primero que hay que señalar es que, en tiempos de Jesús, la cena de Pascua no se tomaba sentado en una silla, sino recostado sobre un diván y con una mesa central de la que todos irían tomando los alimentos:

> Incluso el más pobre de Israel no comerá mientras no esté reclinado a la mesa [...] (*Pesajim* X, 1)[50].

Es posible también que los comensales estuvieran de pie y llevaran alguna prenda de vestir «sobrante», simbolizando de este modo el precepto de Éxodo 12, 11:

> Y lo habréis de comer así: ceñidos vuestros lomos, vuestras sandalias en los pies y vuestro cayado en la mano.

Además, siempre se colocaba un cubierto más que el número de comensales, pues uno era para el profeta Elías, que había sido arrebatado por el carro de fuego de Yahvé (2 Reyes 2, 11), y del que se esperaba que volviese a la tierra en cualquier momento, lo que significaría el final de los tiempos. De hecho, en la literatura rabínica de esta época es frecuente encontrar la expresión «hasta la venida de Elías», que equivaldría bien al final de los tiempos, o bien, en un sentido más campechano, a la expresión clásica *ad calendas graecas*, es decir, nunca.

Sobre la mesa, frente al celebrante, se colocaba una bandeja y, sobre ella, envueltas en servilletas, tres *matzot* (plural de *matzah*, pan ácimo), símbolo de la precipitación con la que los judíos debieron

---

[49] Sobre esta cuestión, y si Jesús instituyó o no la eucaristía, nos remitimos al capítulo 4.

[50] Todas las citas de la Misná están tomadas de la edición de Carlos del Valle, Sígueme, Salamanca, 1997.

salir de Egipto. Repartidas por la mesa habría otras bandejas con el cordero asado y hierbas amargas, que simbolizaban diferentes circunstancias desagradables de la estancia de los hebreos en Egipto.

Además, sobre la mesa se colocaba también una vasija con salmuera o vinagre en la que se mojaban las verduras antes de comerlas, una copa de vino para el participante de mayor edad y otra para el menor, y otra de mayor tamaño para el profeta Elías. En realidad, todos los participantes tenían su copa de vino, imprescindible para los cuatro tragos preceptivos que veremos a continuación.

Una vez que estaba todo dispuesto, comenzaba la cena siguiendo, por supuesto, un orden determinado. Antes de nada, se escanciaba la primera copa de vino, mientras se recitaba la bendición propia de ese día y una bendición sobre el vino. Esta primera copa se llamaba *quiddush*. El *quiddush* no formaba parte de la comida, sino que era una especie de ceremonia introductoria que santificaba la festividad más que la comida en sí. A continuación, el celebrante debía lavarse y secarse las manos, de acuerdo con el espíritu de pureza general que debía rodear todo lo relacionado con la Pascua. Después, el celebrante, mientras pronunciaba otra bendición, distribuía un pedazo de *carpas* (apio o perejil) mojado en salmuera *(jaroset)* que servía como aperitivo. El siguiente paso era la *yajatz*, la división en dos pedazos de la *matzah* intermedia (recordemos que, cualquiera que fuese el número de comensales, habría tres *matzot*). La parte menor de la *matzah* cortada se dejaba junto a las dos *matzot* enteras, mientras que la mayor, llamada *aficoman*, se envolvía en una servilleta y se escondía bajo el cojín sobre el que se apoyaba el celebrante, debajo del mantel o en cualquier otro lugar de la habitación.

A continuación se escanciaba la segunda copa, a la que acompañaba el recitado *(maguid)* de los motivos de la celebración, destinado a instruir a los más pequeños en los misterios de la Pascua. Después de la recitación se procedía al lavado de manos *(rajatz)* de todos los participantes. Se pronunciaba la bendición correspondiente y, a continuación, se escanciaba la tercera copa.

Acto seguido, se partían las *matzot* y se distribuía una pequeña porción a cada uno de los comensales mientras el oficiante pronuncia la bendición del pan *(motzi)* y la de la *matzah*. Después de la fracción del pan, el oficiante debía distribuir pedazos de *maror*, «hierba amarga», mojados en *jaroset* entre todos los participantes. Luego, se volvía a repartir *maror*, pero esta vez envuelto en los panes ácimos a modo de bocadillo. Con este último bocado *(corej)* terminaba la primera parte de la cena. El siguiente paso era la preparación de la mesa *(shuljan orej)* para comer el cordero pascual.

Tras el cordero, llegaba el *tzafún*, cuando se distribuía la «*matzah* escondida», es decir, aquel trozo de *matzah* que había ocultado bajo el cojín o la servilleta. Este trozo de pan ácimo debía ser el último bocado de la cena, y había que llegar a este momento antes de medianoche.

A continuación se recitaba una oración de gracias *(barej)* y se escanciaba una cuarta copa durante la posterior recitación de varios salmos bíblicos (Sal 115-118 y 136).

La cena terminaba con la *nirtzah*, la bendición de Dios evocada por medio de cánticos y folclore.

## Los Tabernáculos

Además de la fiesta de la Pascua, cuya presencia resulta evidente en el relato de la Pasión, hay varios indicios de que, en realidad, algunos episodios de la misma tuvieron lugar en el transcurso de otra festividad judía, la de los Tabernáculos[51].

La fiesta de los Tabernáculos es una festividad agraria que celebraba la recolección de los frutos tras el verano. Su comienzo estaba fijado para el 15 del mes de Tisrí, que según nuestro calendario caería en septiembre u octubre.

> Celebrarás la fiesta de los Tabernáculos durante siete días, cuando hayas recogido la cosecha de tu era y tu lagar [...]. Siete

---

[51] Sobre el proceso de construcción literaria del relato evangélico y cómo se mezclan en él noticias de Pascua y Tabernáculos, nos remitimos al capítulo 4.

días festejarás a Yahvé, tu Dios, en el lugar que escogiere Yahvé (Dt 16, 13-15).

El nombre de la festividad procede de la costumbre de los peregrinos de construirse unas cabañas *(tabernáculos)* con ramas de los árboles y alojarse en ellas durante las fiestas para recordar a los israelitas que salieron de Egipto con Moisés, tal como ordenaba el Levítico:

> El primer día os escogeréis frutos de árboles nobles, palmas de palmeras, ramas de árboles frondosos y de sauces de arroyo, y os regocijaréis ante Yahvé, vuestro Dios, durante siete días. Festejaréis esta fiesta en honor de Yahvé por siete días cada año; es ley perpetua para vuestras sucesivas generaciones; en el séptimo mes la festejaréis. En cabañas habitaréis siete días; todos los indígenas de Israel morarán en cabañas, a fin de que sepan vuestras generaciones que en cabañas hice yo habitar a los hijos de Israel cuando los saqué de Egipto. ¡Yo soy Yahvé, vuestro Dios! (Lev 23, 40-43).

Lo que aquí nos interesa es el empleo de hojas de palma en las procesiones ceremoniales que se celebraban cada día fuera de la muralla de Jerusalén para acompañar a los sacerdotes que bajaban a recoger a la fuente de Siloé el agua que más tarde verterían sobre el altar del Templo. Son, posiblemente, estas mismas hojas las que aparecen en la escena de la entrada triunfal de Jesús en Jerusalén durante el Domingo de Ramos.

En el Templo se sacrificaban numerosos animales que los peregrinos consumían en banquetes por las calles de la ciudad. Estas comidas festivas iban acompañadas de cantos y danzas, lo que confería al conjunto de la fiesta un ambiente mucho más festivo que la Pascua, y la hacía, por tanto, preferible a los ojos de los peregrinos[52].

---

[52] Vid. A. Piñero, *Año Uno: Israel y su mundo cuando nació Jesús*, Laberinto, Madrid, 2007.

## III. El contexto religioso y espacial: el Templo de Jerusalén en tiempos de Jesús

## El Templo de Jerusalén como centro del mundo religioso judío

Como ya se ha comentado con anterioridad, el judaísmo se basa en dos premisas fundamentales, a saber, la creencia en un único Dios, Yahvé, incompatible con la mera existencia de cualquier otra divinidad, y el carácter especial de la relación entre Yahvé y el pueblo que este ha elegido, el judío, por medio de un pacto y la posterior formulación de las normas de conducta que se deben observar para su mantenimiento.

Entre las normas de obligado cumplimiento se encuentran muchas que deben llevarse a cabo, tal como hemos visto al hablar de las fiestas de Pascua y los Tabernáculos, «en el lugar que haya escogido Yahvé para hacer morar allí su nombre». Hoy en día, la dispersión mundial de los judíos y, sobre todo, la carencia de un templo nacional han modificado las prácticas religiosas judías, que giran en torno al propio hogar y a la sinagoga. Sin embargo, en tiempos de Jesús, los judíos disfrutaban del magnífico Templo dedicado a Yahvé en lo alto del monte Moria.

El monte Moria, situado al norte de la ciudad de David, estaba coronado por la roca sobre la que, según la tradición bíblica, Abraham había colocado a su hijo Isaac para sacrificarlo ante Yahvé (Génesis 22). Posteriormente, siempre según la tradición mítica judía, el rey David había concebido la idea de edificar allí un Templo para albergar el Arca de la Alianza, pero Dios no le había concedido el honor de construirlo, siendo su hijo Salomón el que, finalmente, habría llevado a cabo el proyecto. Aunque la figura de Salomón es mítica y su Templo, tal y como lo describe el libro de los Reyes, nunca existió, sí debió de haber en aquel lugar alguna edificación sagrada dedicada a Yahvé que fue destruida por los ejércitos de Nabucodonosor cuando conquistaron Jerusalén en 586 a. de C.

Tras la vuelta del destierro de Babilonia (a partir del 538 a. de C., gracias a la promulgación del Edicto de Ciro), los judíos recibieron permiso para reedificar, bajo la dirección de Esdras, su Templo, aunque probablemente se trató de una construcción modesta. Con ciertas modificaciones, desde el siglo VI a. de C. este Templo fue el centro del culto de Yahvé hasta que Herodes el Grande emprendió la construcción de un gran recinto cultual.

Herodes ordenó y reurbanizó toda la acrópolis donde estaba el recinto del antiguo Templo de Esdras, para lo que construyó un paralepípedo perfecto alrededor del monte Moria con una gran explanada encima, de manera que el monte quedó oculto debajo de una gigantesca urna de piedra. El actual Muro de las Lamentaciones, donde los judíos lloran la pérdida de su Templo, es parte de la pared oriental de este paralepípedo; es todo lo próximos que pueden estar al emplazamiento real del Templo, pues toda la explanada es en la actualidad un lugar sagrado para los musulmanes y está ocupada por las mezquitas de al-Aqsa y la Cúpula de la Roca. Al monte del Templo se accedía a través de cinco puertas, con escaleras tras ellas, que comunicaban la ciudad con la explanada superior.

El conjunto que concibió Herodes pretendía asemejarse a las acrópolis de Atenas o de ciertas ciudades helenísticas de Asia Menor, por lo que, además del Templo, incluía otras construcciones que eran típicamente griegas. Los lados norte, este y oeste de la explanada del Templo estaban delimitados por unas elegantes columnatas que rodeaban el conjunto, rematadas al sur con la Basílica Real, construida a imagen de los típicos foros romanos, con ciento sesenta y dos columnas que formaban tres pasillos que discurrían de este a oeste. Era un lugar de paseo a la sombra y encuentro, donde probablemente transcurren algunos episodios de los Evangelios relacionados con discusiones polémicas con los saduceos o los fariseos. El lector que haya tenido la fortuna de conocer Jerusalén en persona y haya sufrido su sofocante sol comprenderá, además, que cuando los Evangelios dicen que Jesús paseaba por el Templo (Mc 11, 27) y enseñaba allí, debemos entenderlo quizá en el sentido peripatético (en griego, pasear enseñando), e imaginarnos al Nazareno paseando no por el centro de

Fuera de este límite se extendía el llamado Patio de los Gentiles, en realidad una gran plaza pública que hacía las veces de mercado, y donde hemos de situar la escena de la expulsión de los mercaderes. En 1881 se encontró una inscripción que perteneció a este patio y que avisa a todos los extranjeros que no les está permitido acercarse más al Templo.

Desde la gran explanada se accedía al recinto sagrado a través de la Puerta Hermosa, que conducía al Patio de las Mujeres. Siguiendo un estricto ordenamiento jerárquico, este patio señalaba el punto máximo al que se podían acercar las mujeres judías, consideradas, por tanto, de mayor rango que los gentiles pero inferiores a los hombres. En el Patio de las Mujeres había unas pequeñas habitaciones: una servía como depósito de madera para los sacrificios, otra era el depósito del aceite para las unciones, otra sala estaba destinada a la purificación ritual de los leprosos y la última estaba reservada a los naziritas, unos individuos que se consagraban a Yahvé y se comprometían mediante un voto a no probar durante determinado tiempo ni vino, ni alcohol, a no cortarse el pelo y a no contaminarse por contacto con ningún cadáver.

Desde el Patio de las Mujeres se accedía, a través de la Puerta de Nicanor, al siguiente recinto, que se dividía en dos partes. La más cercana a la Puerta de Nicanor era el Patio de los Israelitas, en realidad poco más que una estrecha zona separada del Patio de los Sacerdotes por una pared de medio metro de altura. Debido a su pequeño tamaño, es de suponer que el Patio de los Israelitas estaría siempre plagado de fieles.

En el Patio de los Sacerdotes, justo delante del Templo, se encontraban unas mesas de mármol para sacrificios de animales y postes y ganchos para colgar los cadáveres y despellejarlos. Junto a las mesas estaba el Gran Altar, hecho con piedras sin labrar, de acuerdo con la ley bíblica consignada en Éxodo 20, 24:

> Si me fabricas un altar de piedras, no las labres a modo de sillares, pues al pasar tu escoplo sobre cada una de ellas la profanarías.

El altar consistía en un lugar elevado donde se quemaban ofrendas de animales o partes de los mismos, aunque también se depositaban en él panes, harina o incienso.

El Templo propiamente dicho era un edificio alargado, «con forma de león, ancho al frente, con cuatro columnas, y angosto atrás», tal como lo podemos ver en algunas representaciones del mismo conservadas en monedas de la época. La fachada principal era un cuadrado de cincuenta metros de lado construido con tres clases de mármol. Destacaban en esta fachada las dos columnas de mármol rojizo erigidas en recuerdo de las dos columnas del Templo de Salomón, de nombre Yakin y Boaz, y entre ambas, las puertas, siempre abiertas, aunque con cortinas que impedían ver lo que había en el interior.

La distribución del edificio respetaba el mítico diseño del antiguo Templo de Salomón descrito en el capítulo sexto del primer libro de los Reyes, mantenido también en el edificio erigido después del destierro en Babilonia, y era la clásica de cualquier santuario semítico, es decir, una división en tres partes del interior del Templo. La zona más próxima a la puerta era el vestíbulo (*ulam* en hebreo), cubierto por completo con planchas de oro. Sobre el tejado había unas agujas de oro para ahuyentar a los pájaros, y de sus vigas colgaban unas cadenas también de oro. Sobre la puerta que separaba el vestíbulo de la siguiente sala colgaba una parra de oro que aumentaba continuamente de tamaño gracias a las donaciones de judíos piadosos. Además, había un espejo que reflejaba los rayos del sol naciente a través de la puerta principal (el Templo estaba orientado sobre un eje este-oeste).

La sala central de culto (*hekal*) albergaba la *menorah* (el candelabro de siete brazos), de oro macizo, la mesa del pan ácimo y el altar del incienso. El *hekal* estaba separado del siguiente ámbito del Templo por una cortina que, al igual que las otras doce repartidas por diferentes partes del Templo, estaba tejida con setenta y dos cordones, de veinticuatro hilos cada uno, y a seis colores. Esta es la cortina que, según los Evangelios, se rasgó en el momento de la muerte de Jesús.

Tras la cortina se encontraba el *Sanctasanctorum* (*debir*), un cuarto vacío y sin decoración, salvo un revestimiento de oro, al que solo accedía el sumo sacerdote para quemar incienso una vez al año, con motivo de la fiesta de la Expiación (*Yom Kippur*). Se suponía que, en el Templo de Salomón, el *debir* había albergado el Arca de la Alianza con las Tablas de la Ley que Yahvé había entregado a Moisés en el Sinaí. Sin embargo, para el momento que nos ocupa, tanto el Arca como las Tablas no eran más que un recuerdo en la memoria del pueblo judío, y el *debir* acogía únicamente a la divinidad bajo la forma de «invisible presencia divina».

En el extremo noroeste del monte del Templo se alzaba la imponente fortaleza Antonia, construida por Herodes el Grande sobre los restos de una fortaleza más antigua de época asmonea, y bautizada en honor de su amigo Marco Antonio, por aquel entonces amo de la parte oriental del Imperio romano, incluida Judea. Aunque Flavio Josefo la define como «un palacio», su aspecto debía de asemejarse mucho más a un castillo o fuerte. La Antonia era la sede de la guarnición romana de Jerusalén, y tenía un acceso directo al Patio de los Gentiles, en la explanada del Templo. La fortaleza, concebida por Herodes, constituyó un recordatorio permanente de que el poder terrenal estaba en manos romanas y se ejercía por medio de la fuerza. Vestida bajo el manto de «protección», la Antonia era, en realidad, una amenaza que los judíos tendrían ante sus ojos siempre que fueran a adorar a su Dios. Además, y para reforzar esa sensación de «protección», allí se guardaban las vestiduras del Sumo Sacerdote, que solo le eran entregadas en la víspera de las grandes celebraciones religiosas, y eran devueltas apenas finalizados los ritos.

Este es el Templo en el que se sitúa uno de los episodios más famosos de la Pasión de Jesús, la expulsión de los mercaderes.

## La expulsión de los mercaderes

El episodio, por conocido, no necesita de mayor introducción que la lectura de la cita neotestamentaria, en este caso la más antigua, de Marcos.

> Y llegan a Jerusalén. Y cuando entró en el Templo empezó a expulsar a los que vendían y a los que compraban en el Templo, y

volcó las mesas de los cambistas y los taburetes de los que vendían las palomas; y no permitía que alguien trasladase cosas atravesando por el Templo; y enseñaba y les decía: «¿No está escrito: Mi casa se llamará casa de oración para todas las naciones? Pero vosotros la habéis hecho cueva de bandidos» (Mc 11, 15-17).

La Pascua no solo inundaba los alrededores de Jerusalén con una marea humana, sino que los patios del propio Templo de Yahvé se convertían en un auténtico hervidero de gentes que iban a cumplir con sus obligaciones religiosas. Por las palabras de Jesús y por nuestra percepción a veinte siglos de distancia, parece deducirse que los avispados mercaderes habían aprovechado la masiva afluencia de peregrinos a Jerusalén para instalar sus tenderetes en cualquier esquina, incluido el Patio de los Gentiles del Templo, y poder así exprimir a fondo las posibilidades económicas que les ofrecía la Pascua. Sin embargo, el texto evangélico solo menciona dos tipos de negocios, los vendedores de palomas y los cambistas, por lo que tal vez sea necesario un análisis previo para decidir si, en efecto, la casa de Yahvé se había convertido en una «cueva de ladrones».

Para explicar la presencia de los cambistas en el Patio de los Gentiles es necesario mencionar con anterioridad una costumbre o, más bien, precepto religioso que todo judío piadoso estaba obligado a observar: el llamado «segundo diezmo». Como se deduce claramente de su nombre, existía un primer diezmo, el llamado «diezmo de los levitas», que consistía en la décima parte de todos los productos de la tierra que cualquier propietario debía entregar a los levitas. Los levitas eran los descendientes de la tribu de Leví, una de las doce de Israel y la única que no tenía territorio propio, quedando destinados exclusivamente al servicio del Templo a las órdenes de los sacerdotes. En compensación por su servicio en el santuario, y puesto que carecían de un territorio propio que les procurase todo lo necesario para subsistir, todo Israel estaba obligado a entregarles este diezmo para su mantenimiento. A diferencia del primero, el segundo diezmo no debía ser entregado por el propietario, sino gastado por él mismo en Jerusalén:

Diezmarás todo producto de tus sementeras, de lo que dé tu campo cada año y comerás delante del Señor, tu Dios, en el lugar que Él elija para hacer habitar en él su nombre, la décima de tu trigo, de tu mosto y de tu aceite, y los primogénitos de tus vacas y ovejas, para que aprendas a temer siempre al Señor, tu Dios; pero si el camino fuere largo para llevarlos allá, por estar tú demasiado lejos del lugar que elija el Señor para hacer habitar en él su nombre, cuando el Señor te haya bendecido, lo venderás; y tomando el dinero en tus manos irás con él al lugar que el Señor, tu Dios, elija. Allí comprarás con el dinero lo que desees: bueyes, ovejas, vino u otro licor fermentado, lo que quieras, y comerás allí, delante del Señor, y te regocijarás, tú y tu casa (Dt 14, 22-26).

Es evidente que la mayoría de los peregrinos no podían llevar hasta Jerusalén sus productos, nada menos que la décima parte de sus cosechas y sus ganados, por lo que, de acuerdo con la Ley, los venderían en su lugar de origen y acudirían a Jerusalén con una bolsa llena de dinero. El tratado de la Misná *Ma'aser Sheni* («Segundo Diezmo») regula todos los problemas derivados del gasto de este segundo diezmo en Jerusalén, y en él podemos observar que una buena parte de aquel dinero se empleaba en sacrificios pacíficos y en acciones de gracias, es decir, sacrificios en los que se podía comer la víctima después de haber entregado una porción de la misma a los sacerdotes. Algunos campesinos dejaban el dinero a sus parientes y amistades de Jerusalén para que compraran con este dinero ganado vivo durante todo el año, pues el segundo diezmo no se entregaba en el Templo, sino que se consumía privadamente, pero tenía que hacerse en Jerusalén. Otra parte del dinero se gastaba en ocio, siguiendo la orden divina *comprarás con el dinero lo que desees*. En este apartado la parte del león se la llevaban los banquetes, con especial profusión de carne y vino, aunque también se compraban ropas, joyas o perfumes. Por último, parece que también se gastaba parte del segundo diezmo en actos de caridad y entregas de limosna (véase Jn 13, 29; Mt 26, 9; Mc 14, 5, y Jn 12, 5).

Pues bien, los cambistas desempeñaban una función fundamental para el cumplimiento de las obligaciones relativas al segundo diezmo por dos razones fundamentales. En primer lugar, porque los peregrinos llegados a Jerusalén procedían de lugares muy diferentes, entre ellos algunas ciudades de la diáspora, como Alejandría de Egipto o Adiabene, a orillas del Tigris, es decir, eran auténticos extranjeros, y tenían necesidad de cambiar su dinero por la moneda en curso en Jerusalén (en especial el didracma de plata acuñado en la ciudad fenicia de Tiro, que servía para el pago del impuesto mencionado en Mateo 17, 24-27), aunque esta situación se repetía para algunos judíos de ciertas ciudades de Palestina en las que circulaba una moneda diferente. Los cambistas eran, por tanto, una oficina de cambio de divisas.

En segundo lugar, porque aquellos judíos que venían de lugares más cercanos y que habían vendido sus posesiones en su lugar de origen solían llevar a Jerusalén una bolsa de dinero lo más ligera posible, utilizando para ello monedas de gran valor que, a la hora de cumplir con las obligaciones del segundo diezmo, debían cambiarse por otras más pequeñas, lo que llamaríamos actualmente «llevar dinero suelto». En realidad, los cambistas eran una herramienta financiera que funcionaba como oficina de cambio, pero que también podía ser prestamista y depósito, es decir, un mal necesario, igual que los bancos actuales. Por su relación con el dinero, los cambistas eran considerados unos individuos impuros, igual que sus herramientas, en especial el clavo que utilizaban para limpiar el dinero o del que colgaban la balanza con la que comprobaban que el peso de cada moneda era el adecuado.

También las tiendas de palomas tenían su razón de ser en el Templo, pues estas aves eran fundamentales para la realización de ofrendas y sacrificios, en especial los relacionados con la impureza. El libro del Levítico establece una serie de situaciones en las que una persona queda impura por razón de enfermedad o relación sexual. Para recuperar la pureza ritual, estas personas debían guardar un periodo de purificación que oscilaba entre unos pocos días y dos semanas para, a continuación, realizar un sacrificio a Yahvé en forma de cordero. Sin embargo, puesto que una res era un bien demasiado precioso y al alcance de muy pocos, la Ley establecía la alternativa del sacrificio de palomas u otro tipo de ave. Así, las parturientas, los leprosos y todos los que hubiesen contraído algún tipo de impureza sexual debían realizar estos sacrificios, con el consiguiente negocio que se generaría en torno a la cría y venta de palomas. Sabemos por el relato de Juan 2, 13-22, que también había vendedores de bueyes y ovejas, animales necesarios para otras ofrendas. Visto así, resulta lógico pensar que la presencia de los vendedores de palomas estaba justificada en las inmediaciones del Templo, igual que en cualquier santuario cristiano los fieles pueden encontrar a la entrada de los mismos unas tiendas donde comprar sus ofrendas votivas destinadas a la divinidad. Sin embargo, otras fuentes judías son muy claras respecto al hecho de que, en realidad, en el Templo había vendedores y compradores de ganado, por lo que se trataría de un auténtico mercado, no de un servicio para aquellos que pretendiesen ofrecer un sacrificio.

De todas formas, el gesto de Jesús tiene un cierto tono demagógico, porque los mercaderes se encuentran en el Patio de los Gentiles, que, en realidad, está fuera de los límites marcados por el *jel*, el muro de separación entre lo sagrado y lo profano. Jesús considera Templo («la casa de mi padre») una zona del recinto que no es tal, por lo menos no en un alto grado de santidad. Otra cosa sería si la escena hubiera tenido lugar dentro del Patio de las Mujeres o de los Israelitas. En realidad ningún texto del Nuevo Testamento explica dónde se encontraban los mercaderes, aunque hemos de inclinarnos por el Patio de los Gentiles, pues es el único lugar donde habría espacio para los puestos de animales (recordemos que había incluso bueyes), y hubiera resultado sacrílego, y no solo para Jesús, que estos se encontrasen más allá de los límites del *jel*.

La expulsión de los mercaderes del Templo no se produce por el escándalo que sus prácticas provocan en Jesús, pues, por deshonestas que estas fueran, no son el único objetivo de expulsión. Si leemos detenidamente la versión de Marcos, vemos que Jesús impidió también que la gente transportase mercancías a través del Templo, una actividad que nada tiene de comercio deshonesto, sino de falta de reverencia hacia la santidad del lugar, una costumbre tan extendida que también la Misná se hace eco de ella:

> Nadie puede entrar en el monte del Templo con su bastón, o con sus zapatos, o con su cartera, o con polvo sobre sus pies, ni hacer de él un atajo, ni mucho menos escupir en él (Berajot, IX, 5).

Lo que quiere transmitir Jesús es que el Templo es, ante todo, una *casa de oración*, y que el comercio, fuese honesto o no, necesario o no, no era el propósito del Templo y desvirtuaba su razón de ser. La acción de Jesús es un ataque frontal, no tanto contra los mercaderes, sino contra aquellos que los toleran, fomentan y se enriquecen con estas actividades: el clero del Templo y los saduceos, la facción religiosa que lo sustenta. En un comportamiento típico del más estricto legalismo fariseo[53], Jesús demuestra su eficacia para hacer cumplir la Ley (*Mi casa se llamará casa de oración*) frente a esos «vosotros» que la han convertido en *cueva de bandidos*, es decir, se está postulando para llevar a cabo una misión en sustitución de aquellos que no cumplen con sus obligaciones. En conclusión, al «limpiar» el Templo, Jesús denunció el hecho de que el lugar más sagrado del judaísmo se utilizaba incorrectamente y que necesitaba un cambio, pero no rechazó el Templo como centro de culto, como demuestra el hecho de que siguiera acudiendo cada día a enseñar allí y, después de su muerte, también sus discípulos durante un cierto tiempo.

## IV. El contexto religioso, social y político: la sociedad judía en tiempos de Jesús

### Las cuatro sectas de Flavio Josefo

La sociedad judía de la época que tratamos no era monolítica, sino que presentaba visiones muy variadas del mundo, tanto desde el punto de vista religioso como político. Generalmente se ha aceptado como punto de partida para el estudio de la sociedad un esquema basado en dos textos del historiador judío Flavio Josefo. En su obra *Antigüedades judaicas,* Josefo, que se dirigía a un público romano de

---

[53] Sobre el posible fariseísmo de Jesús, véase el apartado siguiente.

cultura clásica que desconocía prácticamente todo sobre su pueblo, describe de este modo la sociedad judía:

> En esta época había entre los judíos tres sectas que tenían opiniones diferentes con relación a los asuntos humanos; una la llamada de los fariseos; otra, la de los saduceos, y la tercera, la de los esenios.
>
> Los fariseos dicen que solo algunas cosas son obra del destino, no todas, puesto que depende de nosotros mismos que algunas ocurran o no.
>
> La secta de los esenios declara que el destino es dueño absoluto de todas las cosas y que no hay nada que suceda a los hombres de acuerdo con su decreto.
>
> Los saduceos suprimen el destino, afirmando que este no existe y que, por tanto, no se cumplen los acontecimientos de los hombres según el mismo; creen que todo depende de nosotros mismos, como si fuéramos los responsables de las cosas buenas y recibiéramos las peores por culpa de nuestra irreflexión (*Antigüedades judaicas,* XIII, 5, 9).

Y en otro pasaje añade:

> Judas Galileo fue el fundador de la «cuarta secta»; esta secta conviene en todo con la doctrina farisea, con la excepción de que tienen una pasión incontenible por la libertad; convencidos de que el único Señor y amo es Dios, tienen en poco someterse a las muertes más terribles y perder amigos y parientes con tal de no tener que dar a ningún mortal el título de «Señor» (*Antigüedades,* XVIII, 23).

Antes de analizar en detalle cada una de las sectas[54], es necesario formular algunas observaciones. En primer lugar, cualquier clasificación supone una simplificación, probablemente falsa, de una reali-

---

54 A. Piñero, en *Año Uno*, diferencia entre grupo, partido y secta a la hora de referirse a estos movimientos, señalando que «la diferencia entre "secta" y un mero "grupo" religioso, o en todo caso un "partido", consistía en nuestra época, y dentro del judaísmo, en el grado en el que un conjunto

dad. En el caso de la explicación de Flavio Josefo, esta simplificación se hace tanto más evidente, pues su propósito es que unos lectores de cultura helenística consigan comprender una sociedad absolutamente distinta a la suya. Y así, Josefo, al referirse en otras ocasiones a estos grupos, los presenta como escuelas filosóficas griegas, comparando a los fariseos con la Estoa y a los esenios con los pitagóricos.

Por otro lado, aunque contamos con información sobre estas sectas gracias a otras fuentes diferentes a Josefo (el propio Nuevo Testamento utiliza esta misma terminología), lo que hablaría a favor de la exactitud de la descripción de Josefo, el mero hecho de atribuir «etiquetas» a los diferentes grupos ha creado la sensación de que se trataría de compartimentos estancos, cuando, en realidad, no lo eran. Por poner solo un ejemplo, sabemos que, aunque hubo esenios que se apartaron de toda actividad social y se retiraron a vivir a un cenobio en Qumrán, a orillas del mar Muerto, no se puede hacer la identificación esenio = comunidad de Qumrán, sino que esta fue únicamente una facción dentro de un grupo que, por lo general, no vivía apartado del resto de Israel. Además, entre este mismo grupo que parece admitir la predestinación, sabemos que hubo miembros que tomaron las armas para luchar contra la ocupación romana, en una clara actitud de toma activa de posiciones que parece contradecir su ideología básica. No obstante, el modelo de las sectas de Josefo es válido siempre que apuntemos las oportunas matizaciones.

Los fariseos representaban la corriente principal dentro del judaísmo de la época, y formaban un movimiento laico, no sacerdotal (los sacerdotes no podían ser rabinos). Su ideario se basaba, sobre todo, en una fidelidad absoluta a la Torá (los cinco primeros libros del Antiguo Testamento), es decir, a la Ley que Dios había transmitido a Moisés

---

de fieles se consideraba a sí mismo el "verdadero Israel" y en la medida en la que mantenía o no una actitud de riguroso apartamiento de los demás». En este sentido, solo los esenios encajan en la definición de secta. Pese a esta distinción, seguimos la terminología tradicional y nos referiremos a los cuatro grupos como sectas.

tras la salida del pueblo judío de Egipto. Creían en la inmortalidad del alma y en un estado de recompensa o castigo tras la muerte de acuerdo con los merecimientos de cada individuo. Para los fariseos resultaba fundamental el cumplimiento de los preceptos relativos a la pureza ritual y el pago del diezmo. Su obsesión por la observancia de las leyes de pureza los hizo extraordinariamente precavidos a la hora de tener cualquier tipo de contacto con personas o cosas que pudieran contaminarlos, de ahí el nombre de fariseos, de la palabra hebrea *p(h)erushim*, los «separados», ya que mantenían cierta distancia con los demás para poder cumplir aquellas normas de pureza que tan importantes eran en su esquema de valores. A fin de asegurarse este cumplimiento, dedicaban la mayor parte de su vida a estudiar la Torá, en la que encontraban respuesta a todas sus preguntas.

Creían que Yahvé era un ser absolutamente espiritual y trascendente al que había que adorar y rezar siempre y en todo lugar, lo que implicaba que no considerasen el Templo de Jerusalén como lugar único de culto y se volcasen también en las sinagogas. Creían además en la resurrección de los muertos y en la existencia de seres sobrenaturales, como los ángeles. Respecto al género humano, creían que se componía de una doble naturaleza, buena y mala, y que cada uno es libre para escoger el camino que desee. Desde el punto de vista político, sus posiciones eran, por lo general, nacionalistas y contrarias a las de cualquier potencia ocupante extranjera.

La otra gran corriente judía, opuesta a los fariseos, era la de los saduceos, representantes de las capas religiosas dirigentes (y, por tanto, conservadoras) de la sociedad judía, y encargados de la escrupulosa observancia de las leyes relativas al Templo y el culto. Eran ciertamente contrarios a las innovaciones helenísticas dentro de su religión, aunque parece que no fueron, ni mucho menos, tan estrictos a la hora de dejarse influir en sus vidas privadas por la cultura griega, siendo de hecho los aliados más fieles (fuese por puro convencimiento o por cierta necesidad reconocida a disgusto) de los ocupantes romanos. Los saduceos creían, igual que los fariseos, en el libre albedrío, pero su creencia era mucho más acentuada que en aquellos, pues no concedían ningún valor a la Providencia, ni concebían que Yahvé fuese a inmiscuirse en los insignificantes problemas de los hombres. Por otro lado, y al contrario que los fariseos, los saduceos no creían en la resurrección de los muertos, ni en los ángeles.

Los esenios, a diferencia de los fariseos y los saduceos, sí constituían una auténtica secta, con una organización muy rigurosa. Los candidatos a ingresar en ella debían pasar un año de prueba para poder participar en las abluciones rituales y, posteriormente, dos años más de instrucción. Tras estos tres años hacían el voto como miembro de pleno derecho. Si a partir de ese día alguno quebrantaba las reglas de la comunidad, sería excomulgado por un tribunal formado por cien jueces miembros de la comunidad. Los esenios practicaban una comunidad de bienes en la que no había dinero y que estaba dirigida por unos administradores que se encargaban de satisfacer las necesidades de todos los miembros del grupo. Según algunas fuentes, los esenios rechazaban el matrimonio y preferían el celibato, aunque Flavio Josefo afirma que algunos esenios se casaban. Eran también muy críticos respecto al Templo de Jerusalén y extremadamente observantes de todas las normas de pureza. Tenían un calendario de fiestas diferente al del resto de los judíos y algunos de ellos vivían en comunidades apartadas del mundo. Sin duda, la comunidad que habitó los restos del cenobio de Qumrán, donde en 1947 se descubrieron los Manuscritos del mar Muerto*, era esenia. Pese a estar enfrentados con el resto de las facciones religiosas judías, los esenios tampoco tenían motivo alguno para considerar beneficiosa la ocupación romana, pues si para ellos eran sacrílegos sus compatriotas incluso por la más nimia diferencia de criterio acerca del culto, el calendario o las prácticas religiosas, con cuánta mayor razón les parecerían aberrantes unos individuos que ni siquiera reconocían a Yahvé como único Dios.

La cuarta secta, mencionada por Flavio Josefo en el segundo texto, es la de los zelotes, una facción procedente, desde un punto de vista religioso, del judaísmo farisaico, pero que mostraba unas acti-

---

* Puede verse una versión de estos manuscritos, a cargo de Stephen Hodge, en la colección Mundo Mágico y Heterodoxo de Editorial Edaf.

tudes mucho más extremas que los fariseos respecto a la política y a la lucha de liberación frente al yugo romano. Su nombre procede de ese mismo «celo de Yahvé» al que ya hemos hecho referencia al tratar la revuelta macabea y que tenía a Pinjás como modelo. Los zelotes habían hecho de la liberación nacional un principio religioso y consideraban inaceptable la sumisión al poder de Roma, pues creían que esta actitud representaba una traición a Dios similar a la idolatría. Igual que los fariseos, creían que el futuro estaba, al menos en parte, en sus manos, y que podían forzar el devenir de los acontecimientos por medio de cualquier tipo de acción. Suponían que, si ellos daban el primer paso, Yahvé ayudaría a aquellos que intentasen cumplir su voluntad. La consecuencia de esta ideología fueron las continuas incitaciones a la rebelión y a la lucha armada contra los romanos para liberar la tierra de Israel del dominio gentil y devolverla a su único y legítimo propietario, Yahvé.

Aparte de estas cuatro grandes sectas, había dentro del judaísmo de la época grupos de mayor o menor tamaño que enriquecían el mosaico social, aunque no se los puede considerar sectas. Entre ellos están los sicarios, a los que podríamos considerar el brazo armado y más intransigente del movimiento zelote; los escribas, grupo de difícil definición que se dedicaba, igual que los doctores de la Ley, al estudio e interpretación de las Sagradas Escrituras, y los apocalípticos, personas convencidas de la inminencia del fin del mundo que nos han dejado un buen puñado de obras en las que intentan descifrar los designios divinos para tan trascendental momento. Por último, y no menos importante, estaba la gran masa del pueblo (los *ʿamme ha-ʾaretz*, literalmente, «los pueblos de la tierra»), judíos creyentes sin adscripción a ninguno de los grupos, practicantes y observantes de la Ley sin el rigor y la meticulosidad de fariseos, saduceos o esenios, gente humilde que cumplía con Yahvé en la medida de sus posibilidades mientras se esforzaba por sobrevivir.

Evidentemente, la pregunta que se plantea a continuación es a qué secta pertenecía Jesús. Como primera aproximación, podemos decir que no resulta sencillo situar al Nazareno dentro de ninguno de estos cuatro esquemas dibujados por Flavio Josefo, porque, como hemos mencionado, probablemente se trate de un esquema de compartimentos estancos que no refleja con exactitud la pluralidad de la sociedad judía de la época. No debemos olvidar, además, que la dificultad aumenta debido a los numerosos añadidos que se hicieron sobre los datos originarios referentes a Jesús desde el mismo día de su muerte para adecuarlos a las realidades particulares de las diferentes comunidades cristianas de los primeros siglos. Sin embargo, intentaremos cotejar las informaciones que tenemos sobre Jesús con los principios mínimos que se pueden considerar base fundamental de cada una de las cuatro sectas para intentar dar respuesta a esta pregunta.

Probablemente, la conclusión más sencilla de alcanzar sea que Jesús no perteneció a la secta de los saduceos, pues su familia no tenía un origen sacerdotal y las creencias de este grupo difieren sensiblemente de las que podemos deducir que tenía Jesús, en especial porque los saduceos eran contrarios a la tradición oral y porque, a diferencia de Jesús, no creían en la resurrección de los muertos. La polémica de Mateo 22, entre un grupo de saduceos que interrogan a Jesús y el Nazareno, es reveladora al respecto:

> Maestro, Moisés dijo: «Si uno muere sin tener hijos, que su hermano tome por esposa a su cuñada y suscite descendencia de su hermano». Había entre nosotros siete hermanos, y el primero, después de casarse, murió. Y al no tener prole, dejó su mujer a su hermano; lo mismo también el segundo y el tercero, hasta los siete. Al final de todos murió la mujer. Así que, en la resurrección, ¿de cuál de los siete será la mujer? Pues todos la tuvieron (Mt 22, 24-28).

En este pasaje, los saduceos pretender ridiculizar la creencia de Jesús en la resurrección mediante una reducción al absurdo de la norma del levirato, basada en el relato de Génesis 38 y redactada como norma legal en Deuteronomio 25, 5, que ordena que, en el caso de que un hombre muera sin descendencia, su hermano tome a su cuñada y engendre en ella un descendiente que, a efectos legales, será hijo del fallecido. La respuesta de Jesús afirmando que en la otra vida no habrá maridos y esposas, pues los que resuciten serán «como ángeles, y serán hijos de Dios por ser hijos de la resurrección», lo sitúa a una distancia abismal de los saduceos respecto a una cuestión fundamental en la identificación de una secta u otra.

Mucho se ha discutido sobre el carácter esenio de Jesús, sobre todo a raíz del descubrimiento de la biblioteca esenia de Qumrán[55]. Como ocurre con cualquier gran descubrimiento, en los primeros momentos el impacto de los nuevos datos que se iban conociendo acabó por distorsionar la percepción general del problema, y se creó una especie de «eseniomanía» que pretendía ver en la secta recién descubierta relaciones con todo aquello que se sabía del mundo judío de tiempos de Jesús. Dentro de esta nueva tendencia, se creyó ver tanto a Jesús como a Juan el Bautista bajo los oscuros y opuestos nombres de *Maestro de Justicia* o de *Sacerdote Impío* mencionados en los textos de Qumrán. Sin embargo, si analizamos las diferencias y similitudes entre los esenios, por un lado, y Jesús y el Bautista, por el otro, veremos que resulta complicado identificarlos como esenios.

En primer lugar, y refiriéndonos al Bautista, hay diferencias notables entre el bautismo que ofrecía Juan y los baños de purificación que llevaban a cabo los esenios. Estos solían bañarse antes de cada comida y en otras muchas ocasiones, pero estos baños se limitaban a purificar, es decir, a eliminar la posible impureza ritual, pero no limpiaban los pecados. Además, a los baños de los esenios solo tenían acceso los miembros del grupo, y siempre después de haber superado un largo periodo de prueba. Por el contrario, el bautismo de Juan era un acto único e irrepetible en la vida de cada participante, pues salía de él limpio de pecado. Además, ni las fuentes evangélicas ni Flavio Josefo son concluyentes a la hora de afirmar o negar que, para recibir este bautismo, uno tuviera que pasar un periodo de prueba. Con las debidas reservas, parece, más bien, que bastaba con presentarse ante Juan sin pertenecer con anterioridad al grupo.

---

[55] Véase A. Piñero, «Los manuscritos del Mar Muerto y el Nuevo Testamento», en J. Trebolle (ed.), *Paganos, judíos y cristianos en los textos de Qumrán*, Trotta, Madrid, 1999, págs. 287-318.

Respecto a Jesús, su pertenencia a los esenios debe descartarse por el mero hecho de que se reunía permanentemente con pecadores e inválidos, una abominación a los ojos de los esenios, que se consideraban a sí mismos *hijos de la luz*, frente a los demás mortales, incluidos los judíos, que eran los *hijos de las tinieblas*. Resulta inimaginable escuchar a un esenio referirse a los pecadores como «ovejas descarriadas» a las que hay que recuperar. Tampoco parece encajar con Jesús la idea que los esenios tenían del Mesías, que para ellos debería ser un salvador que asumiría a la vez la legislación, el poder político y el sacerdocio (es decir, Moisés, David y Aarón en uno solo), un concepto muy alejado del que Jesús tenía de sí mismo.

Sin embargo, esto no significa que no encontremos coincidencias entre las enseñanzas de Jesús y la doctrina esenia. Desde este punto de vista, resulta especialmente reseñable la fuerte carga apocalíptica que tanto los esenios como Juan el Bautista y el propio Jesús atribuían a la inminente llegada del Mesías. Los esenios que fundaron la comunidad de Qumrán se separaron del resto de los judíos y del judaísmo representado por el Templo de Jerusalén hacia el año 130 a. de C. para «preparar el camino al Señor» que ordenaba Isaías 40, 3, pues consideraban que la situación era tan calamitosa que se anunciaba inminente la llegada del Mesías para hacer justicia y separar a los *hijos de la luz* (es decir, los esenios de Qumrán) de los *hijos de la tiniebla* (el resto de los judíos y la totalidad de los gentiles). Curiosamente, Juan el Bautista utiliza esta misma concepción de la preparación del camino cuando anuncia la aparición pública de Jesús:

> En tiempo de Anás y Caifás, llegó la palabra de Dios sobre Juan, el hijo de Zacarías, en el desierto. Y marchó por toda la región del Jordán predicando un bautismo de arrepentimiento para perdón de los pecados, como está escrito en el libro de los oráculos del profeta Isaías:

> Voz de uno que grita en el desierto:
> ¡Preparad el camino del Señor,
> rectificad sus sendas!
> Que todo barranco se rellene,

y todo monte y collado se rebaje;
que lo tortuoso se enderece,
y los caminos escabrosos se allanen.
Y todo viviente verá la salvación de Dios.

Así que decía al gentío que salía a ser bautizado por él: «Engendros de víbora, ¿quién os mostró el modo de escapar de la ira inminente?» (Lc 3, 2-7).

Asimismo, la metáfora de luz y tinieblas para diferenciar el bien del mal es puesta en boca del propio Jesús en el Evangelio de Juan:

Y Jesús les habló de nuevo: «Yo soy la luz del mundo; el que me sigue no caminará en tinieblas, sino que tendrá la luz de la vida» (Jn 8, 12).

La actitud respecto al Templo de Jerusalén y el culto oficial es otro punto de coincidencia entre esenios y Jesús, aunque sea por la indefinición de ambos. Mientras los esenios de Qumrán habían roto todos sus vínculos con Jerusalén, había otros que seguían participando en los sacrificios. Otro tanto ocurre con Jesús, que se comporta como un judío practicante al mismo tiempo que lanza furibundos ataques contra el Templo y sus representantes. Sin embargo, es probable que, en el caso de Jesús, su separación del Templo sea más fruto de las elaboraciones cristianas posteriores que de su propia ideología. De hecho, los textos más radicales al respecto pertenecen a las cartas de Pablo, no a supuestas palabras de Jesús.

Esto nos introduce en una perspectiva diferente de la cuestión, porque, más allá de Jesús, fue la comunidad cristiana primitiva la que compartió ciertos comportamientos con los esenios, entre los que destacan, además de la separación del Templo ya mencionada, la costumbre de poner en común los bienes individuales. Además, los dirigentes de ambos grupos utilizan un vocabulario muy similar para definirse, en el que abundan las metáforas pastoriles y didácticas tales como «pastor y guardián de almas» o «maestro».

Por último, desde un punto de vista escatológico, ambos movimientos se vieron obligados a recorrer un mismo camino al demorarse la llegada del final de los tiempos y el Juicio Final que traería consigo. Para evitar que cunda el desánimo, ambos grupos exhortan a sus seguidores a perseverar. Así, leemos en un texto de Qumrán:

> Si el fin se demora, aguarda, pues vendrá sin duda y no se retrasará. Su interpretación se refiere a los hombres de verdad, los que practican la Ley, cuyas manos no abandonan el servicio de la verdad cuando se prolongue sobre ellos el periodo postrero, porque todas las eras de Dios llegarán a su momento justo, como determinó (*1QpHab* 7, 9-13).

Y el autor de la Segunda Carta de Pedro, en similar situación, alienta a los cristianos:

> Que en los últimos días vendrán burlándose unos burlones, que vivirán de acuerdo con sus propias pasiones personales, y dirán: «¿Dónde queda la promesa de su venida? Pues desde que murieron los padres todo sigue igual que desde el principio de la creación». [...] Pero no olvidéis, amados míos, que para el Señor un día es como mil años, y mil años como un día. No tardará el Señor en cumplir su promesa [...], sino que aguarda pacientemente, pues no quiere que perezcan algunos, sino, más bien, que todos alcancen el arrepentimiento (2 Pe 3, 3-9).

En definitiva, no se puede afirmar que Jesús fuese esenio, pues no comparte sus presupuestos más básicos, sino que tanto él como Juan el Bautista y la comunidad cristiana primitiva tienen puntos de contacto con los esenios, algo perfectamente explicable si se tiene en cuenta que ambos proceden de un tronco común, el judaísmo.

Si nos preguntamos si Jesús pudo ser fariseo, nuestra reacción inmediata sería una rotunda negativa. Sin embargo, un análisis de los datos nos obligaría a matizar en gran medida nuestra respuesta. En primer lugar, sabemos que Jesús recibe el tratamiento de *rabbí*, un término utilizado por los fariseos para hacer referencia a los más instruidos de entre los suyos, y que tenía relaciones amistosas con muchos de ellos, hasta el punto de que no resultaba extraño verlo sentado a la mesa de alguno (Lc 7, 36; 11, 37; 14, 1). Pero, sin duda, el episodio más sorprendente es el que nos muestra a los fariseos advirtiendo a Jesús del peligro que corre: «Sal y vete de aquí, porque Herodes quiere matarte» (Lc 13, 31). No parece la actitud de un grupo que odiase a muerte a Jesús.

Desde un punto de vista más doctrinal, sabemos que Jesús no solo iba a la sinagoga, como hacían los fariseos, sino que enseñaba en ella (Mc 2, 21; 6, 2; Lc 4, 16; 6, 6; 13, 10). Sus interminables disputas con los fariseos siempre se centran en la interpretación, no en el fondo, de las cuestiones debatidas, pues tanto Jesús como los fariseos utilizan como argumento la Torá y ambos afirman su deseo de cumplimiento riguroso de la misma («no he venido a cambiar ni una *yod*[56] de la ley»). La crítica que Jesús formula contra este grupo se centra en su obsesión por la letra y el olvido del espíritu de la Ley. Por otro lado, sus creencias son muy similares, si no idénticas, pues ambos creían en el libre albedrío y en un estado de recompensa o castigo después de la muerte.

Más distantes parecen los fariseos y Jesús en cuanto a la observancia de las prescripciones rituales, pues una de las críticas que los fariseos formulan en más ocasiones contra Jesús es su disposición a mezclarse con cualquier persona, exponiéndose así al riesgo de contaminación ritual, aunque, como ya se ha mencionado, parecen polémicas más de forma que de fondo. En efecto, el simple hecho de discutir entre ellos los acerca, pues ambos consideran que la forma de cumplir mejor con la Ley es estudiarla y discutir sobre la interpretación más correcta de cada pasaje. No es única, por otra parte, la acusación de blasfemia o herejía contra Jesús que hacen los fariseos. Conocemos por las fuentes judías de la época infinidad de casos en los que una facción farisea acusa a una facción rival de herejía por mantener una opinión diferente a la suya.

---

[56] La *yod* es la letra más pequeña del alfabeto hebreo, en el que estaban escritos los libros del Antiguo Testamento.

En cualquier caso, el mero hecho de cuestionar ciertos comportamientos de Jesús nos lleva a la conclusión de que los fariseos esperaban de él unas actitudes concretas en unos casos concretos, porque lo consideraban uno de los suyos. Si no fuera así, los fariseos (recuérdese que su nombre significa «los separados») ni siquiera se hubieran dignado a discutir con el Nazareno. Jesús y los fariseos se critican mutuamente porque esperan de la otra parte un comportamiento más correcto según unos mismos puntos de vista.

Las coincidencias de pensamiento entre Jesús y los fariseos pueden ilustrarse en algunos casos concretos. Los fariseos se encontraban divididos en dos facciones por el problema del divorcio. Un grupo, representado por el rabino Hillel, sostenía que el marido podía repudiar a su mujer por cualquier causa, mientras el otro, la escuela del rabino Shammai, defendía la intención divina de que la pareja fuese un ente indisoluble y solo consideraba lícito que el marido repudiase a la mujer en caso de adulterio.

> La escuela de Shammai afirma: nadie se divorciará de su mujer a no ser solo si encuentra en ella indecencia, ya que está escrito: porque encontró en ella algo ignominioso. La escuela de Hillel enseña: incluso si la deshonró, ya que está escrito: porque encontró en ella algo ignominioso. Rabí Aquiba dice: incluso porque encontró a otra más hermosa que ella, ya que está escrito: si no encuentra gracia a sus ojos (*Guittín,* 9, 10).

A propósito de esta cuestión, el Evangelio de Mateo nos ofrece la opinión de Jesús, que se expresa claramente en unos términos muy similares a la escuela de Shammai:

> Se dijo también: El que repudie a su mujer, dele un certificado de divorcio. Pero yo os digo: Todo el que repudia a su mujer, excepto en caso de fornicación, la expone a cometer adulterio, y el que se case con una repudiada comete adulterio (Mt 5, 31-32).

Sin embargo, no parece que Jesús siga a rajatabla las opiniones de una escuela farisea determinada, y así, en otras ocasiones, Jesús formula unas críticas muy similares a las que los partidarios de Hillel lanzaban contra los de Shammai. Por ejemplo, cuando se refiere a la atención prestada a ciertas pequeñeces que hacen olvidar los aspectos esenciales del comportamiento correcto:

> Hipócritas, que pagáis el diezmo de la menta, del anís y del comino. ¡Guías ciegos, que filtráis el mosquito pero os tragáis el camello! ¡Hipócritas, que purificáis por fuera la copa y el plato, mientras por dentro están llenos de rapiña e incontinencia! (Mt, 23, 23-25).

En el Sermón de la Montaña también encontramos indicios del fariseísmo de Jesús cuando afirma:

> No penséis que vine a destruir la Ley y los Profetas; no vine a destruir, sino a cumplir. Pues en verdad os digo que mientras no desaparezcan el cielo y la tierra no desaparecerá ni una yod (la letra más pequeña del alfabeto hebreo) ni un trazo [de una letra] de la Ley hasta que todo se haya realizado (Mt 5 17-18).

Este texto tiene una importancia crucial, pues en él Jesús se muestra riguroso y puritano, como el mejor de los fariseos, abogando por un cumplimiento total de la Ley. Puesto que esta opinión es contraria a la de la Iglesia, que defiende la superación de la Ley y el establecimiento de una nueva alianza, hemos de suponer que el Sermón de la Montaña es una de las piezas más antiguas y fidedignas respecto al verdadero carácter del Jesús histórico. Siempre existiría la tentación de suprimir un texto como este, que no se adecuaba a la doctrina eclesiástica, pero no hay razón que explique una invención posterior del mismo.

Otro tema de debate habitual entre los fariseos era la observancia del sábado. Ante las numerosas polémicas acerca de curaciones realizadas en sábado u otras cuestiones semejantes, la idea básica de Jesús se resume en su frase: «el sábado se instituyó por causa del hombre y no el hombre por el sábado» (Mc 2, 27), que está en la misma línea del pensamiento fariseo de su época. Por ejemplo, en caso de peligro de muerte, es lícito romper la observancia del sábado:

> Dice asimismo Rabí Matías ben Jarás: si una persona siente dolores en la garganta, se le puede dar una medicina por vía bucal el sábado, ya que hay peligro de vida y todo peligro de vida desplaza al sábado (*Yoma* 8, 6).

También en lo relativo a otras prescripciones religiosas, como la circuncisión, que se consideran de mayor rango que el sábado:

> Rabí Eliézer decía: si no fue llevado el cuchillo antes de la tarde del sábado, se puede llevar manifiestamente en sábado. [...] Todo lo que la circuncisión lleva consigo puede hacerse en día de sábado (*Shabbat* 19, 1-2).

Por último, también en caso de peligro de perder una propiedad.

> Está permitido dar la vuelta a un cesto por razón de los polluelos para que puedan subir y bajar. A la gallina que se ha escapado se la puede ir espantando hasta lograr que penetre (*Shabbat* 18, 2).

Baste, para terminar este punto, recordar otra formulación típicamente farisea que encontramos también en boca de Jesús. La recomendación de «no hagas al prójimo aquello que no desees que te hagan a ti», tan similar en su espíritu a «El mandamiento mío es este: que os améis mutuamente como os amé» (Juan 15, 12).

¿Por qué, entonces, se ha forjado esa imagen de los fariseos como enemigos proverbiales de Jesús y como paradigma de la hipocresía? En realidad, existen dos respuestas complementarias para esta pregunta. La primera es que, como hemos visto, Jesús no hace más que lo que cualquier otro fariseo: discutir con sus correligionarios sobre aspectos o interpretaciones concretas de la Ley. Que estas discusiones alcanzaban un tono bastante elevado lo comprobamos no solo por los insultos que les dirige Jesús («¡Hipócritas!» o «¡Sepulcros blanqueados!», entre otros), sino por la dureza de las acusaciones que encontramos en las propias fuentes rabínicas.

La segunda razón es que los textos evangélicos fueron redactados después del año 70, año en el que los romanos consiguen sofocar una gran revuelta judía, toman Jerusalén, destruyen el Templo y asesinan a gran parte de la población. De las cuatro sectas judías, dos de ellas, los esenios y los saduceos desaparecieron por completo (los primeros exterminados, y los segundos porque, con la desaparición del Templo y su culto, perdieron su razón de ser). Los zelotes, instigadores de la rebelión, sufrieron un durísimo castigo, aunque reaparecerán una generación más tarde a las órdenes de Bar Kojba para intentar de nuevo expulsar a los romanos. Solo los fariseos sobrevivieron como movimiento religioso, y fueron ellos quienes sentaron las bases del judaísmo posterior. Pues bien, es en este contexto cuando los primeros cristianos y los fariseos se enfrentan todavía en el seno del judaísmo, una lucha que acaba con la expulsión de los primeros de la sinagoga y su constitución como Iglesia independiente. Los evangelistas, que tenían acceso a tradiciones sobre Jesús en las que polemizaba con saduceos, fariseos de otras escuelas, escribas o simples judíos sin adscripción concreta, transformaron estas discusiones en armas arrojadizas contra sus enemigos del momento, los fariseos, creando así una imagen de Jesús como rival de los fariseos y de estos como ejemplo de todos los vicios y pecados propios de los enemigos de los cristianos.

En cuanto al movimiento zelote, se ha asumido generalmente que la violencia era patrimonio exclusivo de los zelotes, esa facción de la sociedad judía decidida a expulsar a los romanos por todos los medios disponibles a su alcance y dispuesta a ofrecer su propia vida como sacrificio si de esa manera conseguían alcanzar su fin, que no era otro que devolver a Yahvé el gobierno de su pueblo. Podríamos caer en la misma tentación simplificadora que Flavio Josefo y comparar a los zelotes con los intérpretes de una *Yihad* judía contra el invasor occidental. Sin embargo, sabemos que también hubo miembros de las otras sectas que participaron en las luchas contra Roma, en especial en la Gran Revuelta del año 66. Ahora bien, las creencias de los zelotes eran, básicamente, las mismas que las de los fariseos. Quizá fuesen menos teóricos y mucho más dispuestos a empuñar las armas que aquellos, pero, en realidad, no eran más que los dos extremos de una misma cuerda, y cualquiera (incluido Jesús) podría situarse en cualquier punto intermedio, lo que plantearía la cuestión de a cuál de los dos grupos pertenecía realmente.

¿Era Jesús un zelote?[57]. Sin duda, hay algunos indicios que merece la pena considerar. Baste con señalar la acusación de que Jesús incitaba a la rebelión popular y prohibía el pago del tributo al emperador (Lc 23, 2)[58], la recomendación que hace a cada uno de sus discípulos para que compre una espada (Lc 22, 36), la pregunta que estos le hacen sobre si deben utilizar las armas («Señor, ¿herimos con la espada?») (Lc 22, 49), o la detención en el monte de los Olivos con la intervención de una cohorte romana (entre cuatrocientos y seiscientos hombres) (Jn 18, 3). Entre los seguidores de Jesús no solo hay gente armada, sino que alguno de sus discípulos, como Simón, encajaría bastante bien en la idea que nos hemos formado sobre lo que debería de ser un zelote. Por otro lado, hemos señalado ya los numerosos puntos de contacto entre Jesús y los fariseos, y nos resulta difícil imaginar a un zelote predicando en la sinagoga o discutiendo sobre algún aspecto de la Ley con sus correligionarios en lugar de entregarse a la degollina que, al parecer, era su forma de resolver los problemas de su pueblo. El punto clave de esta cuestión es, sin duda alguna, si Jesús rechaza o no la violencia. En todos los Evangelios encontramos ciertos indicios de sentencias o actividades violentas de Jesús, aunque es igualmente cierto que conviven con numerosas declaraciones pacifistas que no es posible ignorar. Ahora bien, en las dos fuentes más antiguas de la tradición sinóptica (el

---

[57] La obra básica sobre el tema es S. G. F. Brandon, *Jesus and the Zealots*, Manchester, 1967.

[58] Me remito sobre este episodio al capítulo 4, así como a la explicación original del mismo en G. Puente Ojea, *El Evangelio de Marcos. Del Cristo de la fe al Jesús de la historia*, Siglo XXI, Madrid, 1992, págs. 108-116.

relato de Marcos y el conjunto de dichos atribuidos a Jesús conocido como Fuente *Q*) no aparece ninguna condena explícita de la violencia, que sí encontramos, por el contrario, en las obras más tardías de Mateo y Lucas, fruto sin duda de una elaboración teológica posterior para adecuar las incómodas palabras originales del Nazareno a la predicación cristiana primitiva, que no solo se basaba en la predicación de Jesús, sino en el pensamiento de Pablo de Tarso, e iba dirigida tanto a judíos como a gentiles de todo el Imperio romano. Basta una lectura atenta de los cuatro pasajes del prendimiento en el orden en que fueron escritos (Marcos 46-49, dependientes de este Lucas 49, 53 y Mateo 26, 51-54 y, por último, Juan 17, 10-11), para observar cómo los redactores de los evangelios se esfuerzan por dulcificar cada vez más una imagen de Jesús que, en el primer relato, el de Marcos, no formula ningún tipo de condena de la violencia de sus seguidores.

En conclusión, no parece que Jesús condenase la violencia *per se* y en cualquier circunstancia, sino que, a diferencia de los zelotes más radicales, no creía que esta fuese la única vía para conseguir sus objetivos e, incluso, en ocasiones su empleo interferiría en la realización de los planes divinos. La imagen de un Jesús absolutamente pacifista no se corresponde con la realidad del personaje histórico, sino con una creación teológica posterior que modifica, aunque no consigue ocultar, ciertos comportamientos políticamente incorrectos del Nazareno.

Llegados a este punto, puede que resulte conveniente plantear la cuestión de a qué grupo pertenecía Jesús desde un punto de vista diferente, y renunciar a encasillarlo dentro de una de las cuatro sectas. Jesús tiene una indudable formación farisea, aunque es imposible adscribirlo en exclusividad a una de las principales escuelas fariseas de su época. Sin embargo, hemos visto también que en su ideología hay puntos de contacto con los esenios.

Por otro lado, el tono de muchas de sus intervenciones lo convierte en un personaje de corte apocalíptico, esto es, convencido de la inminencia de la llegada del fin del mundo y del juicio de Dios, y otros actos nos obligan a plantearnos seriamente si Jesús no se consideraba a sí mismo mesías, una figura propia del judaísmo de la que nos ocuparemos en las siguientes páginas. La muerte en la cruz acusado de sedición y con el *titulus* de rey de los judíos completan el cuadro de un personaje de formación farisea, aunque ciertamente heterodoxo en algunos aspectos, como correspondía a un galileo, cercano a las posiciones políticas de los zelotes, convencido de la inminencia del fin del mundo y que, al menos en la parte final de su vida, se consideró a sí mismo mesías de Israel. Esta mezcla de rasgos hizo que Jesús acabara nadando solo entre dos aguas, sin conseguir atraer hacia sí a ninguna facción. Todos prefirieron ver lo que los separaba que lo que los unía a tan peligroso personaje, y dejaron que los romanos realizaran eficazmente su trabajo sin mover un dedo por defenderlo.

## V. EL CONTEXTO RELIGIOSO: EL CONCEPTO DE MESÍAS EN TIEMPOS DE JESÚS

### El ungido

En este apartado nos ocuparemos del Mesías, un concepto sin el cual no se puede comprender correctamente ni el ambiente político-religioso de tiempos de Jesús ni la transformación de su figura en el centro de una nueva religión.

La palabra mesías procede del hebreo *mashiaj*, que significa «ungido». Por el Antiguo Testamento sabemos que la unción era un acto que consistía en derramar aceite sobre la cabeza de una determinada persona con el fin de investirlo de cierta autoridad. La persona encargada de la unción solía ser un profeta, y el ungido era un elegido de Yahvé. El ungido podía ser un rey de Israel, como Saúl (1 Sam 10,1), David (1 Sam 16, 13) o Salomón (1 Re 1, 39); pero también un sacerdote (Éx 28, 41), un profeta (1 Re 19, 15-16) o incluso un monarca pagano como Ciro al que Yahvé hubiera escogido para llevar a cabo una misión (Is 45, 1). En cualquier caso, la figura del ungido se identifica en primera instancia con un rey, y la unción con lo que ahora sería un acto de coronación.

Como ya hemos visto al tratar la historia de Israel en los siglos anteriores al nacimiento de Jesús, los judíos se habían visto obligados a soportar durante siglos el dominio de las sucesivas potencias extranjeras que se habían adueñado de su territorio y que impedían al pueblo elegido observar correctamente las leyes prescritas por Dios para mantener su alianza. Buscando respuestas a su angustia en los textos veterotestamentarios, los judíos encuentran una esperanza de salvación en la promesa que el profeta Natán hace al rey David:

> Y cuando se cumplan tus días y reposes con tus padres, suscitaré detrás de ti un vástago tuyo, salido de tus entrañas, y consolidaré su realeza. Él construirá una casa en mi Nombre y consolidaré el trono de su realeza para siempre. Yo seré para él un padre y él será para Mí un hijo; que si él se pervierte lo castigaré con vara de hombre y con golpes habituales entre humanos. No apartaré de él mi benignidad, como la aparté de Saúl, al cual aparté de tu presencia. Y tu casa y tu realeza permanecerán firmes para siempre ante Mí: tu trono será estable por siempre (2 Sam 7, 12-16).

Igualmente, en el salmo 89, donde se dice:

> He concertado una alianza con mi elegido, he jurado a David, mi servidor: «Estableceré para siempre tu semilla y he fundado tu trono por las generaciones sucesivas» (Sal 89, 4-5).

Si pensamos en términos de historia sagrada, la primera identificación de este descendiente de David que edificará un templo en honor de Dios debería ser Salomón. Sin embargo, el rey sabio no encajaba con el resto de características atribuidas al personaje, pues, al igual que Saúl, también él acabó perdiendo el favor de Yahvé, y su Templo fue destruido por Nabucodonosor en 586 a. de C. El fracaso del Israel histórico, tal como lo concebían los judíos del siglo primero a través de la historia narrada en el Antiguo Testamento, significaba que ese vástago de David prometido aún estaba por llegar.

El siguiente paso resulta lógico. Si este personaje prometido es descendiente de David, se supone que será rey y, por tanto, será ungido como tal. A partir de ahí, se le puede aplicar el nombre de mesías y atribuirle todas las cualidades que se le supongan a esta figura.

Ahora bien, ¿cómo era este mesías al que esperaba todo Israel? En realidad, no había una percepción única sobre el mesías, sino que cada grupo, secta y, quizá, individuo, tenía su propia idea sobre cómo debería ser. En lo único en que estaban de acuerdo es que sería la herramienta elegida por Dios para llevar a cabo la liberación de su pueblo y de su tierra. Es el momento, aun a riesgo de simplificar en exceso, de matizar esta imagen.

Lo primero que debemos decir es cómo no era. Este mesías no era un personaje sufriente como el que se describe en Isaías 53. Solo después de conocerse el destino final de Jesús en la cruz, el cristianismo primitivo identifica al Nazareno con el siervo sufriente de Isaías y modela este tipo de mesías que carga con la culpa del mundo, es maltratado y muere por nosotros. Pero no era esa la imagen más habitual en el judaísmo de tiempos de Jesús.

Quizá podamos afirmar que, en general, el mesías que se esperaba en aquella época tenía un marcado perfil político. Sería un mesías guerrero, un descendiente de la casa de David que, con la ayuda de Yahvé, liberaría a Israel del dominio de los impíos y permitiría que los judíos cumpliesen la Ley de Dios. Que el mesías era una personaje dispuesto a ejercer la violencia se demuestra en el hecho de que, durante los dos primeros siglos de nuestra era, son varios los líderes de revueltas contra Roma a los que el pueblo reconoce como mesías. Y no solo el pueblo llano: el último de estos líderes, Bar Kojba, que fracasó rotundamente en su rebelión contra el poder romano entre 132 y 135 d. de C., fue saludado como mesías por una de las mayores personalidades del judaísmo de la época, Rabí Aquiba. El reflejo literario de este tipo de mesías lo encontramos en los *Salmos de Salomón*, obra judía compilada en el siglo I a. de C.[59]

---

[59] Comentario y traducción de A. Piñero en A. Díez Macho-A. Piñero Sáenz (eds.), *Apócrifos del Antiguo Testamento*, III, Ediciones Cristiandad, Madrid, ²2002, págs. 13-78.

ajena al canon veterotestamentario en la que aparece un monarca guerrero que destruye a los enemigos de Israel.

Sin embargo, esta concepción del mesías no era unánime. Por los manuscritos de la secta esenia de Qumrán, sabemos que los pertenecientes a aquel grupo creían en la existencia de dos mesías diferentes, uno de carácter sacerdotal que se encargaría de hacer cumplir la Ley de Dios (Miqueas 5, 2, *passim*), y otro guerrero, de estirpe davídica, que tomaría a su cargo la misión de expulsar a los extranjeros de la tierra de Yahvé.

Según qué fuente consultemos, podemos llegar a tener la sensación de que, en la mentalidad judía del siglo primero, había espacio hasta para varios mesías diferentes, a saber, un rey (descendiente de David), que podría ser pacífico o guerrero; un sacerdote (cuya imagen sería Aarón) y un legislador, con Moisés como modelo. Asimismo, no todas las fuentes están de acuerdo sobre si la llegada de este mesías supondría una salvación terrenal definitiva y eterna, o bien, como defienden, por ejemplo, 4 Esdras 7, 26 y ss.; 11-14; Baruc 29, 30, 40, o Sanedrín 96b y ss., se trataría de un reinado mesiánico provisional a la espera de otro definitivo que sería implantado por el mismo Dios.

Evidentemente, surgen al instante dos cuestiones. La primera, si Jesús se consideraba a sí mismo mesías y, en caso afirmativo, con cuál de estos modelos se identificaba. Nos fijaremos en dos hechos concretos: la entrada de Jesús en Jerusalén y los motivos de su condena a morir crucificado.

## La entrada triunfal en Jerusalén

Antes de analizar las posibilidades, recordemos la escena de la entrada triunfal en Jerusalén:

> [Jesús] envió a dos de sus discípulos, diciendo: «Id a la aldea que está enfrente; en cuanto entréis en ella encontraréis un pollino atado, sobre el que ninguno se sentó nunca; desatadlo y traedlo. Y si alguien os pregunta por qué lo desatáis, decid así: "Porque el

Señor lo necesita". Cuando se marcharon los enviados, lo encontraron tal como les había dicho. Y mientras desataban el pollino, les dijeron sus amos: «¿Por qué desatáis el pollino?». Ellos dijeron: «El Señor lo necesita». Y lo llevaron a Jesús; y poniendo sus mantos encima del pollino, hicieron montar a Jesús. Y según iba avanzando, tendían sus mantos en el camino. Y cuando ya se acercaba él a la bajada del monte de los Olivos, toda la muchedumbre de los discípulos empezaron, alegres, a alabar a Dios a grandes voces por todos los prodigios que habían visto, diciendo: «¡Bendito el que viene, el Rey, en nombre del Señor!» (Lc 19, 29-38).

Los demás Evangelios, con sus variantes, nos ofrecen una escena similar en la que aparecen los tres elementos que aquí nos interesan: el pollino, los mantos y la localización del episodio en la bajada desde el monte de los Olivos que conduce a Jerusalén.

Normalmente, se ha puesto en relación esta escena con la profecía de Zacarías en la que un rey justo y humilde se acerca a Jerusalén montado sobre un asno.

> ¡Alégrate sobremanera, hija de Sión;
> grita jubilosa, oh hija de Jerusalén!
> He aquí que tu Rey viene a ti,
> es justo y victorioso,
> humilde y montado sobre un asno,
> sobre un pollino, cría de asna (Zac. 9, 9).

Sin embargo, se suele olvidar otro texto del Antiguo Testamento que aporta unos matices interesantes. En el primer libro de los Reyes leemos que, poco antes de morir, el rey David ordena a sus servidores que lleven a cabo las acciones necesarias para asegurar el traspaso de poderes según sus deseos:

> Y díjoles este [David]: «Tomad con vosotros a los servidores de vuestro señor y montad a Salomón, mi hijo, sobre mi propia mula y bajadlo a Guijón. Allí lo ungirá Sadoq con el profeta Natán por rey sobre Israel. [...]». Bajaron y montaron a Salomón sobre la mula del rey David y lo condujeron a Guijón. El sacerdo-

te Sadoq tomó de la tienda el cuerno del óleo y ungió a Salomón. Entonces hizo sonar el cuerno, y todo el mundo exclamó: «¡Viva el rey Salomón!». Luego todas las gentes subieron tras él y las gentes tañían las flautas y rebosaban en algazara tan grande que parecía que se desgarraba la tierra en su vocerío (1 Re 1, 33-40).

Ambos textos se refieren al rey de Israel que entra en su ciudad, Jerusalén, en medio de escenas de júbilo y, lo que es más importante para la identificación con el gesto de Jesús, montado en un borrico y haciendo su ingreso en la ciudad por el Guijón, en el valle del Cedrón que comunica el monte de los Olivos con Jerusalén.

La referencia no puede ser más clara. Jesús está declarándose rey de Israel ante su pueblo, pues emplea el mismo procedimiento llevado a cabo por Salomón y se identifica conscientemente con el «Rey» de la profecía de Zacarías.

Si de algo no deben quedar dudas es de que los presentes entendieron a la perfección el mensaje, pues la sociedad judía de la época estaba enormemente familiarizada con las citas o alusiones a pasajes del Antiguo Testamento, y más si se referían a la posible llegada de un Mesías o a la proclamación de un rey que los liberase del yugo romano. En consecuencia, recibieron a Jesús como lo que creían que llegaría a ser, el nuevo rey de Israel. ¿De qué otro modo se pueden entender las expresiones proferidas por el pueblo: «¡Hosanna! ¡Bendito el que viene en nombre del Señor! ¡Bendito el reino que viene de David, nuestro padre!» de Mateo 21, 9?

Pero no solo eso. El acto de extender los mantos en el suelo al paso de Jesús significa que los presentes responden actuando según otros textos veterotestamentarios relacionados con la unción de un rey, en concreto de Jehú por parte de un profeta enviado por Eliseo.

Apresuráronse ellos a tomar cada uno su manto, los colocaron a sus pies sobre los desnudos escalones e hicieron sonar el cuerno y exclamaron: «¡Jehú es rey!» (2 Re 9, 13).

Debemos recordar que esta manifestación popular no se produce de manera fortuita, sino que es el propio Jesús quien ha dispuesto todos los detalles de su entrada en Jerusalén, y es absolutamente consciente de la reacción que va a provocar entre sus compatriotas. Y no solo los judíos parecen entenderlo en este sentido. También los romanos parecen ver en Jesús un personaje con pretensiones monárquicas y con una actitud poco favorable hacia los señores extranjeros de la tierra de Israel. La acusación ante Pilato se centrará en estos tres puntos:

> Hemos averiguado que este revoluciona a nuestra nación y prohíbe pagar tributos al emperador y dice que es el Cristo[60] Rey (Lc 23, 2).

Tras la acusación, la condena a muerte en la cruz, un suplicio reservado a los sediciosos, y el *titulus* que se coloca sobre la misma afirmando que el crucificado era el rey de los judíos, confirman esa imagen de mesías davídico, si no de un marcado carácter guerrero, sí al menos de claro tono desafiante.

En conclusión, de estos datos resulta lógico deducir una respuesta para las dos preguntas planteadas. Jesús, al menos en algunos momentos de su vida, sí se consideró mesías de Israel, y el modelo con el que se identificó fue el más familiar en el imaginario de sus compatriotas, el de un rey de estirpe davídica que asumiría el gobierno del pueblo elegido tras liberarlo del yugo extranjero. A este carácter habría que añadir además, como ya se ha comentado anteriormente, un tono apocalíptico en sus manifestaciones que se basaría en su convicción de la inminente llegada del fin del mundo.

---

[60] El término griego *christós* equivale al hebreo para mesías.

# Tercera Parte

# ¿LA VERDADERA HISTORIA DE LA PASIÓN DE JESÚS?

# 4

# El relato de la Pasión de Jesús. Historia y leyenda

—Antonio Piñero
Universidad Complutense, Madrid

Tras el imprescindible repaso de la realidad que vivió Jesús de Nazaret en el capítulo tercero, y una vez vistos los ejemplos de dos culturas, la primera antiquísima pero vigente, la segunda contemporánea, de nuestro protagonista, intentamos en este capítulo presentar al lector lo que nos parece esencialmente histórico en los relatos de la Pasión de Jesús y lo que creemos legendario o teñido al menos de leyenda.

Sintetizo brevemente en primer lugar los pasos previos, absolutamente necesarios, para exponer luego con su fundamento razonable por qué pienso que junto con la historia verdadera se mezclan en los relatos canónicos de la Pasión de Jesús elementos que no lo son, o no lo son tanto. Como diremos más adelante, hay algunas razones serias para una actitud escéptica o crítica con algunos datos.

## Cómo abordar la historia de la Pasión hoy: importantes cuestiones de método

1. Es cosa sabida que la historia de la Pasión forma una sección muy importante en los cuatro Evangelios que la Iglesia admite hoy como sagrados. Pero la mayoría de los estudiosos del Nuevo Testamento postula actualmente que esa historia de la Pasión tuvo antecedentes. No fue Marcos, el primer evangelista cro-

nológicamente, el que la «inventó», el que ensambló sus partes a base de una tradición meramente oral, sino que antes de él existía un «relato de la Pasión» del que él, Marcos, se sirvió para concluir su Evangelio, es decir, lo incorporó, ampliándolo, en su propio relato sobre Jesús de Nazaret, de corte biográfico, una narración que hacia finales del siglo II se llamará «Evangelio».

2.  Aunque afirmemos la existencia de este primer boceto de la Pasión, parece a la vez seguro que este primer relato de los sufrimientos finales, muerte y enterramiento de Jesús previo a Marcos es casi imposible de reconstruir en su tenor literal. Aunque hay signos suficientes de que circuló, como veremos, antes de que lo hicieran los Evangelios propiamente dichos, los resultados de las reconstrucciones técnicas emprendidas por los investigadores son tan dispares, y a veces tan contradictorios, que por el momento debemos contentarnos con constatar esa posible existencia, sin intentar una reconstrucción. Más precisamente: solo sería posible hablar desde un punto de vista científico de «tradición premarcana», anterior al Evangelio de Marcos, si se toma en serio la imposibilidad de reconstruirlo en su tenor literal y exacto, como hemos afirmado.

3.  Ahora bien, dada por supuesta técnicamente su existencia, esta «tradición» —o hipotético «relato premarcano de la Pasión»— sería, junto con la reconstruida Fuente Q, la narración de corte evangélico más antigua que se conoce, al menos de modo indirecto. Científicamente también, la postulación de la existencia de este «relato premarcano» supone que no es inverosímil que circulara por su cuenta, de modo independiente, antes de ser incorporado al primer Evangelio, el de Marcos.

4.  Parece un buen procedimiento para delimitar a grandes rasgos el contenido de la perdida «historia de la Pasión premarcana» guiarse por la constatación de la coincidencia de datos entre las dos corrientes de tradición cristiana respecto a la Pasión de Jesús que creemos en buena parte independientes, según muchos estu-

diosos[61]: las plasmadas tras los Evangelios de Marcos y el de Juan. Con otras palabras: los datos sobre los últimos momentos de Jesús que aparezcan como coincidentes en esos dos Evangelios pueden representar un estadio anterior de tradición sobre Jesús que se reflejaba en el documento perdido y que desembocó más tarde tanto en el Evangelio de Marcos como en el de Juan.

Hay otros métodos filológicos de reconstrucción de la perdida «historia de la Pasión premarcana», como

*a)* el análisis de vocabulario y estilo tanto de Marcos como de Juan. Este método se ha ensayado para ver qué pasajes hay que muestran otros modos literarios distintos al resto de los textos de la Pasión;

*b)* el estudio de los llamados puntos de sutura o unión entre unas partes y otras del relato, que se revelen torpes o mal ensamblados;

*c)* la investigación de las tensiones internas del relato, por ejemplo la disparidad de motivos teológicos, etc.

Todos estos métodos filológicos de reconstrucción resultan muy problemáticos y, a la larga, poco fiables. La utilización preponderante de los últimos sistemas mencionados es la que ofrece reconstrucciones tan dispares del estudio de la historia de la Pasión anterior a Marcos.

5. Los indicios de que este presunto relato premarcano de la Pasión existió en verdad, y de que no es una fantasía de los investigadores, son los siguientes:

A) La existencia de un «guion previo» de los momentos cruciales de esta pasión —prendimiento, proceso, condena, muerte— atestiguada en la predicación cristiana primitiva

---

[61] Soy inmensamente deudor para todo este trabajo sobre la Pasión de la enorme obra de R. E. Brown, *The Death of the Messiah*, vols. I y II, Doubleday, Nueva York, 1994. Existe versión española de la editorial Verbo Divino, Estella, Navarra, pero solo he podido utilizar la versión inglesa.

anterior a la redacción de los Evangelios, como muestra en parte 1 Corintios 15, 1-3[62].

B) La presencia de dobletes y repeticiones en algunos pasajes del Evangelio de Marcos, por ejemplo, en la escena en la finca o huerto de Getsemaní en el monte de los Olivos (Mc 14, 32-42)[63], o en el momento mismo de la muerte de Jesús (Mc 15, 34 + Mc 15, 37)[64].

C) La coincidencia de motivos interpretativos sobre los acontecimientos en los dos textos presumiblemente independientes: el Evangelio de Marcos y el de Juan. Este hecho es especialmente notable cuando los mismos motivos aparecen en lugares diferentes en los dos Evangelios. Por ejemplo, el hallazgo de que los temas del episodio de Getsemaní están colocados por el Evangelio de Juan en otros lugares: así, la angustia de Jesús aparece en Juan 12, 27; la mala disposición de los discípulos, hasta la huida, en Juan 16, 32; el motivo de «la copa que Jesús ha de beber» en Juan 18, 11.

---

[62] «Lo que os transmití fue, ante todo, lo que yo había recibido: que el Mesías murió por nuestros pecados, como lo anunciaban las Escrituras, que fue sepultado y que resucitó al tercer día, como lo anunciaban las Escrituras; que se apareció a Pedro y más tarde a los Doce».

[63] Los estudiosos han señalado que Marcos va a menudo repitiendo y precisando ciertos detalles —casi versículo por versículo en ocasiones— como si tuviese delante una (o dos) fuentes en las que se va inspirando. Un ejemplo: en 14, 26 señala Marcos el emplazamiento general de la escena: el monte de los Olivos, pero en 14, 32 precisa: la finca, o «lugar» (gr. *choríon*) Getsemaní; en el mismo 14, 32 habla de los discípulos en general, pero en el v. 33 precisa: «Pedro, Santiago y Juan»; en el v. 32 dice Jesús: «Sentaos aquí mientras rezo», y en el v. 34 precisa y repite: «Quedaos aquí y velad»; en el v. 35 Jesús dice en su oración: «Si es posible, pase de mí esta hora», e inmediatamente precisa: «Todo te es posible. Aparta de mí este cáliz» (v. siguiente), etc.

[64] Contrástese dentro del Evangelio de Marcos: «Y en la hora nona Jesús exclamó con gran voz y dijo: Eloí, Eloí, ¿lema sabactaní?», que traducido es: «Dios mío, Dios mío, ¿por qué me has abandonado?» (15, 34) con 15, 37: «Mas Jesús, lanzando un fuerte grito, expiró».

D) La repetición de detalles o informaciones innecesarias, como en Marcos 14, 43, donde el autor repite sin necesidad lo que ya ha dicho sobre Judas en 14, 10[65], etc.

6. Aunque en la predicación cristiana primitiva (cf. 1 Cor 15, 3-5 [66]; Hch 2, 23-24[67], etc.) las historias de la resurrección y de la Pasión iban estrechamente unidas, hay que distinguir entre ellas en lo que se refiere a la historicidad. Los dos relatos tienen un valor histórico muy diferente[68]:

   *a)* como conjunto, el valor como historia de los relatos de la resurrección es notablemente inferior al del relato de la Pasión;

   *b)* el grupo de las narraciones postpascuales de la resurrección forman un bloque menos unitario que los de la Pasión;

   *c)* el carácter de los relatos de la resurrección es más bien dispar, pues están notablemente llenos de contradicciones[69].

---

[65] Se ha argumentado lo siguiente: en Mc 14, 10 el autor, Marcos, está empleando una fuente de la historia de la Pasión donde se informa al lector de que Judas es «uno de los Doce», pero el lector ya lo sabe desde Mc 3, 19, por lo que 14, 10 sobra. Su presencia expletiva se explica porque está en la fuente que utiliza Marcos. El autor del Evangelio repite, pues, innecesariamente porque va siguiendo esta fuente, a la que es fiel, sin caer en la cuenta de que son datos conocidos y de que debería eliminarlos. El colmo se alcanza en el v. 43, donde se vuelve a repetir «(Judas) que era uno de los Doce».

[66] Texto citado en n. 2.

[67] «A Jesús... al que prendisteis y matasteis... a ese Jesús Dios lo resucitó...».

[68] No es seguro —aunque sí muy probable— que tengan un origen distinto por la razón que acabamos de exponer: en la predicación cristiana primitiva la Pasión va (casi) siempre unida a la resurrección.

[69] La recogida del cadáver de Jesús es concedida sin más por Pilato (Mt, Lc, Jn); en Marcos es el centurión quien informa al prefecto para que este otorgue el permiso. Las escenas, los personajes y las acciones de los momentos posteriores a la resurrección son diferentes, según cada evangelista:
En Marcos tres mujeres van a ungir el cuerpo de Jesús; no hay mención de ningún terremoto; la piedra de la entrada está ya removida; aparece un joven dentro del sepulcro; no hay mención de guardias romanos; las mujeres, a pesar de recibir un mensaje del joven (ángel), no avisan a nadie, por miedo.

7. De entre los Evangelios canónicos, el relato de la Pasión de Marcos es el más antiguo. Su narración es seguida —aunque con abundantes variantes— por Mateo y Lucas. Por tanto, los tres relatos no forman tres testimonios diferentes de los hechos, sino uno solo, con variantes.

8. El Evangelio de Juan camina también por una vía aparte a la de los sinópticos también en el relato de la Pasión, como sucede en el resto del relato «biográfico» de Jesús. Las diferencias en organización de lo narrado, las omisiones y añadiduras del cuarto Evangelio sobre los sinópticos son tan abundantes en la Pasión (en total superan el centenar)[70], que apuntan hacia una cierta independencia como fuentes y que exigen una explicación.

---

En Mateo son dos las mujeres que van al sepulcro; se produce un terremoto; un ángel desciende del cielo, remueve la piedra del monumento funerario y se dirige a las mujeres anunciándoles la resurrección; los guardias romanos quedan como muertos; el Sanedrín soborna a los soldados para que mientan. En Lucas las mujeres son tres, pero la tercera no es Salomé (Mc), sino Juana; no hay mención del terremoto ni de los soldados romanos; en vez de un joven son dos los hombres que anuncian la resurrección; salvo la del camino de Emaús, solo hay apariciones en Jerusalén; además, no hay ninguna en Galilea; Pedro da testimonio de la resurrección.

En Juan no hay visita de dos o tres mujeres al sepulcro, sino solo de María Magdalena; esta no va a ungir el cadáver de Jesús; avisa a dos apóstoles, Pedro y Juan, que corren a la tumba y certifican que está vacía; María Magdalena queda llorando fuera; se inclina hacia el sepulcro y ve a dos ángeles sentados a la cabecera y a los pies del lugar donde había estado el cuerpo de Jesús; este se aparece a María Magdalena; no hay mención de terremoto ni de guardias. En 1 Corintios 15, 5 Pablo afirma que la primera aparición de Jesús fue para Pedro, mientas que Juan 20 presenta como agraciada con esa primera aparición a María Magdalena. Véase *Guía para entender el Nuevo Testamento*, Trotta, Madrid, ₅2016, págs. 161-162.

[70] No es posible presentarlas todas. Como muestra, veamos brevemente las principales diferencias de dos episodios:

1) 18, 1-11: el prendimiento de Jesús sigue la estructura de Marcos. Pero Juan aporta alguna novedad: omite la oración «Pase de mí esta hora»

Las diferencias entre los Evangelios de Juan y los sinópticos pueden aclararse según el esquema interpretativo expresado en la obra *Guía para entender el Nuevo Testamento*[71]. En síntesis: el autor del Evangelio de «Juan conoce ciertamente los Evangelios anteriores, si no al pie de la letra, sí al menos la *tradición sinóptica* que está detrás de ellos y que forma su base; pero no la utiliza tal cual, sino que la *repiensa, la reelabora y la reescribe*»[72]. «El autor medita sobre esta tradición previa y la presenta de manera que la figura de Jesús aparezca como él —el autor de un Evangelio nuevo— cree que en realidad fue. En algunos casos esta reescritura se apoya en una interpretación alegórica de la tradición sinóptica o de pasajes del Antiguo Testamento»[73]. En otros casos lo hace añadiendo episodios y datos de su propia

---

(Mc 14, 35) porque ya la ha transcrito a su modo en 12, 27-28; omite el sudor de sangre en el huerto (Lc 22, 44), para resaltar que Jesús es soberano y «bebe el cáliz» del Padre voluntariamente (18, 11); al decir Jesús «Yo soy» (fórmula de manifestación de la divinidad), los que lo van a prender retroceden y caen a tierra (18, 6): dato omitido por los demás evangelistas; los discípulos se escapan con el consentimiento de Jesús: «Dejad marchar a estos» (18, 8-9).

2) 19, 17-37: la escena de la crucifixión. Solo Juan presenta la petición de los dirigentes de los judíos a Pilato para que este no escriba sobre la cruz «Jesús, rey de los judíos», instándolo a que precise que «él dijo» «Soy rey de los judíos» (19, 21); el episodio en el que Jesús entrega la custodia de su madre «al discípulo a quien amaba» (19, 25-27) aparece solo en Juan. En este Evangelio Jesús no emite ningún grito de desconsuelo al morir, como ocurre en el de Marcos (15, 34, y Mt 27, 46). «Entregó el espíritu» (Jn 19, 30) se parece más a la versión de Lucas; la lanzada en el costado que comprueba la muerte de Jesús es propia de Juan exclusivamente (19, 31-37): no aparece en los demás evangelistas. La escena puede referirse a Jn 7, 37-39, si se entiende que Jesús en este texto promete que de su costado brotará agua viva, símbolo del Espíritu que habrán de recibir sus seguidores.

[71] Capítulo 17, págs. 383 y ss.
[72] *Guía*, pág. 389.
[73] *Guía, ibidem.*

cosecha (tradición oral propia a la que al parecer solo él tiene acceso). En otros, finalmente, componiendo nuevos discursos de Jesús que expresen mejor que los sinópticos cuál es la importancia y significado de Jesús.

Así pues, en principio consideramos como dos fuentes más o menos independientes los Evangelios de Marcos y de Juan.

9. El relato de la Pasión en su conjunto —tanto en la versión presumiblemente anterior a Marcos como en la de este evangelista— es histórico básicamente, pues cumple con las exigencias de los más importantes criterios filológicos que sirven de prueba y contraste de la historicidad de las narraciones evangélicas: el criterio de «desemejanza o disimilitud», el de «dificultad» y el de «atestiguación múltiple». Aclaramos brevemente estos conceptos:

A) *Criterio de desemejanza o disimilitud*: ciertos dichos y hechos de Jesús deben considerarse auténticos si se demuestra que no pueden derivarse de, o son contrarios a concepciones o intereses del judaísmo antiguo o del cristianismo primitivo.

**Un ejemplo:** ciertos detalles de la figura de Jesús que contradicen de algún modo lo que luego la fe cristiana pensó sobre él, y que por tanto no es fácil pensar que sean inventados. Así, en los Evangelios la figura del Nazareno tiene un aura de bondad, mansedumbre y serenidad. En Mateo 11, 29, Jesús mismo afirma ser «manso y humilde de corazón». Por ello, cuando el evangelista Marcos (1, 41) nos dice que en cierta ocasión Jesús se «enfadó muchísimo» (gr. *orgistheís*) cuando un leproso le pidió que lo curase, debemos sospechar que estamos ante un recuerdo histórico: Jesús no era solo manso, sino también iracundo. Ese dato contradice su proverbial mansedumbre. Nadie se habría atrevido a inventarlo.

**Otro:** la imagen de un Jesús manso y, a la vez, su no condena de la violencia en la escena del prendimiento: Marcos 14, 32-52.

B) *Criterio de dificultad.* Es una variante del criterio anterior: es probable que una tradición proceda del Jesús histórico cuando tal tradición causa muchos problemas a la Iglesia posterior. No es lógico que esta invente tradiciones sobre su Maestro que luego habrían de plantearle dificultades —a veces enormes— para explicarlas.

**Un ejemplo:** el bautismo de Jesús. A la Iglesia de finales del siglo I y a la del II causó problemas el hecho de que Jesús, Dios y ser sin pecado, fuera bautizado como un pecador por Juan Bautista para la remisión de los pecados. Parece improbable que una historia tan molesta para los intereses teológicos de la Iglesia primitiva fuera un puro invento de esta.

C) Criterio de *atestiguación fehaciente*: se pueden considerar auténticos aquellos dichos o hechos de Jesús que están testimoniados por diversos estratos de la tradición, por ejemplo, «Q», Marcos, material propio de Mateo o de Lucas, tradiciones especiales recogidas por Juan o por otras fuentes alejadas del Nuevo Testamento si son fiables y muestran una información independiente (p. ej., ciertos Evangelios apócrifos como el texto primitivo reconstruible del *Evangelio de Pedro,* el *Evangelio de Tomás*, el llamado *Papiro Egerton 2,* el *Papiro de Oxirrinco* 840). Igualmente deben considerarse como atestiguados fehacientemente los dichos o hechos de Jesús recogidos por *formas y géneros literarios diferentes* dentro de los Evangelios, que se consideran de origen diverso.

**Un ejemplo:** la predicación del Reino de Dios como tema central de la actividad de Jesús aparece testimoniado en todas las fuentes (desde «Q» hasta el *Evangelio de Tomás*) y en diversos géneros literarios como parábolas, diálogos didácticos, bienaventuranzas, etc.[74]

---

[74] Ejemplos tomados de la *Guía*, págs. 169-171.

10. A pesar de lo dicho, el relato de la Pasión no puede considerarse histórico, ni mucho menos, en todas sus partes tal como ha llegado hasta nosotros. Hay razones poderosas para el escepticismo respecto al contenido histórico al cien por cien de muchos episodios de la historia de la Pasión.

- En primer lugar la considerable distancia respecto a los hechos narrados —en el mejor de los casos de unos quince o veinte años— apunta en contra de un recuerdo fidedigno.

- Segundo: el narrador es omnisciente y, para ciertos hechos —por ejemplo, el interrogatorio a puerta cerrada del o de los sumos sacerdotes a Jesús (el denominado «proceso judío»), o el diálogo privado de Pilato con Jesús (dentro del llamado «proceso romano»)—, no pudo contar con testigos visuales que transmitieran esos hechos y palabras, por lo que el relato hubo de basarse en testimonios indirectos o en meras conjeturas.

- Tercero: no quedan ningunas actas de los dos procesos[75].

---

[75] La tradición cristiana conserva unas «Actas de Pilato», en primer lugar, por Justino Mártir (hacia el 150), en su *Primera apología,* 35 y 48. Luego, por Tertuliano, en su *Apologético* (hacia el 200), quien habla de la relación de los hechos de la Pasión enviada por el procurador al emperador Tiberio. Por Eusebio de Cesarea (*Historia eclesiástica,* I, 9, 3, 51; IX, 7, 1) sabemos de la existencia de unas *Actas de Pilato,* muy infamantes para Jesús, que debían leerse obligatoriamente en las escuelas paganas antes de que Constantino se hiciera cristiano. Esto conllevó el que los cristianos, por su parte, confeccionaran otras actas, muy favorables para Jesús. Finalmente, por Epifanio de Salamina (hacia el 376, *Refutación de las herejías,* 50, 1) conocemos la existencia de unas *Actas de Pilato* en las que se basaban los herejes quatuordecimanos (los que celebraban la Pascua el 14 de Nisán y no el 15) para determinar exactamente la fecha de la Pasión de Jesús. De todas estas menciones parece que solo la última puede referirse con seguridad al texto apócrifo que poseemos ahora como «Actas de Pilato». Se duda de que Justino conociera exactamente las actas —quizá supuso solo su existencia o, si las conoció realmente, que fueran las que hoy poseemos. De estas se puede afirmar solamente, por tanto, que son anteriores al 376. Las «Actas de Pilato» publicadas en *Todos los Evangelios,* EDAF, Madrid, 2009

11. Otras razones que incitan a la prudencia a la hora de estimar la historicidad global de lo relatado en la historia de la Pasión son:

A) Es muy inverosímil la acumulación, o compresión de acontecimientos en un espacio tan breve de tiempo: apenas una semana. Desde el domingo, día de la solemne entrada de Jesús en Jerusalén aclamado como mesías, hasta su muerte en un viernes 14/15 del mes de Nisán (véase más adelante, p. 241 y ss.), se suceden los siguientes *hechos*:

- Ingreso triunfal en Jerusalén.
- Jesús llora por el trágico destino de la ciudad.
- La denominada «Purificación del Templo».
- Maldición de la higuera.
- Insidias de las autoridades judías contra Jesús.
- Unos griegos quieren ver a Jesús.
- Unción en Betania.
- Traición de Judas.
- Preparación de la Pascua.
- Última Cena.
- Tránsito al monte de los Olivos.
- Episodio de Getsemaní.
- Traición de Jesús.
- Jesús es apresado.
- Jesús ante el Sanedrín («proceso judío»), más las negaciones de Pedro, más los episodios de burlas.
- Entrega a Pilato más la muerte de Judas.
- «Proceso romano».

---

(con múltiples reimpresiones págs. 326-356) son en extremo legendarias y constan de dos piezas: las actas propiamente dichas y un «Descenso a los infiernos». Más tarde, hacia el siglo x, se refundieron las dos piezas en un llamado *Evangelio de Nicodemo*. Este título solo aparece en el ámbito latino a partir del siglo x, no en el griego o en el copto. Solo a partir del *Speculum historiale,* de Vicente de Beauvais (sabio dominico muerto en 1260), se empieza a denominar así, *Evangelio de Nicodemo,* a este conjunto de «Actas más Descenso», que como decimos no tiene valor histórico ninguno.

- Episodio de Barrabás.
- Episodio del «Ecce Homo».
- Burlas romanas a Jesús.
- Camino del Gólgota.
- Episodio del Cireneo.
- Crucifixión.
- Episodio de los dos ladrones crucificados con Jesús.
- Muerte de Jesús.
- Sepultura.

Añádase a esto que desde la Última Cena hasta la sepultura transcurren solamente horas.

Hay que sumar a estas acciones una dilatada tarea de *enseñanza* de Jesús en el Templo —y posiblemente en otros lugares— con los episodios *didáctico-polémicos* siguientes:

- Disputa sobre el poder de Jesús y el bautismo de Juan.
- Discursos diversos en los que van incluidas las parábolas siguientes: de los dos hijos, de los malos viñadores, de los invitados a las bodas reales. En un segundo momento, discursos que contienen las siguientes parábolas: sobre los días del diluvio y exhortación a la vigilancia, sobre los siervos fiel e infiel, sobre las diez vírgenes, sobre los talentos/minas, sobre el juicio final.
- La disputa pública con los fariseos sobre la cuestión del pago del tributo al César.
- Disputa pública con los saduceos sobre la resurrección.
- Enseñanza sobre el primer y más importante mandamiento.
- Disputa sobre la filiación davídica del Mesías.
- Discurso general contra fariseos y doctores de la Ley.
- Lamentos sobre la ciudad de Jerusalén.
- Episodio del óbolo de la viuda.
- Largo discurso de Jesús sobre las señales del tiempo final (el denominado «Apocalipsis sinóptico»).
- Largos discursos de Jesús en la Última Cena según el Evangelio de Juan.

B)  La historia de la Pasión está empedrada de alusiones y citas de memoria a textos del Antiguo Testamento considerados profecías mesiánicas al menos por los cristianos: en total unos 80/90 pasajes de la Escritura judía aparecen citados o aludidos claramente en la historia de la Pasión[76]. Este notable monto de acciones y dichos de Jesús rodeados por textos de la Escritura o expresados con palabras de esta hace al menos sospechar que algunos, bastantes, eventos:

*a)*  Hayan sido acomodados para que cumplan con el esquema mental «promesa (Antiguo Testamento)/cumplimiento (Jesús)». Estos son los casos, sobre todo en Mateo, en los que se afirma expresamente «Y esto sucedió para que se cumpliera la Escritura».

Algunos ejemplos claros: Mateo altera la redacción del Evangelio de Marcos para que cuadre bien con la Escritura; compárese Marcos 11, 2, con Mateo 21, 2-5, que es un caso célebre: para que se cumpla al pie de la letra el texto conjunto de Isaías 62, 11 + Zacarías 9, 9, el evangelista presenta a Jesús montado literalmente en dos animales a la vez en vez de uno. Otros dos casos son Mateo 26, 56 (la huida de los discípulos durante el prendimiento de Jesús), y 27, 9-10 (las treinta monedas de la traición de Judas empleadas para comprar un campo conforme a Zac 11, 13)[77].

*b)*  Hayan sido creados expresamente a partir de algunos de esos textos de las Escrituras considerados mesiánico-proféticos.

---

[76] Una cómoda reunión de los textos y alusiones más importantes se halla en el Apéndice VII de la obra de R. E. Brown, *Death*, págs. 1445-1467.

[77] Los otros dos sinópticos no presentan citas de cumplimiento, salvo Lucas 22, 37. El Evangelio de Juan tiene unas nueve «citas de cumplimiento», pero no con la fórmula estereotipada de Mateo.

Dos ejemplos de este último proceder:

**Primero:** la muerte de Judas. Esta presenta dos versiones totalmente distintas en el Nuevo Testamento.

La primera en Mateo (27, 5), por ahorcamiento; la segunda en los Hechos de los Apóstoles, a efectos de una caída («adquirió un campo, y cayendo de cabeza, se reventó por la mitad y sus entrañas se derramaron»: 1, 18). Es evidente que ambas versiones no pueden ser verdaderas a la vez, aunque de la primera sea garante en apariencia e indirectamente la Escritura («Así se cumplió lo dicho por el profeta Jeremías cuando dijo: "Y tomaron las treinta piezas de plata"…»: Mt 27, 9)[78], y en la segunda lo sea el apóstol Pedro en un discurso que pronuncia antes de la elección de Matías como sustituto de Judas en el colegio de los Doce. Hay notable unanimidad entre los comentaristas al señalar que la muerte de Judas por ahorcamiento es un evento creado a imitación del episodio de Ajitófel, que traicionó al rey David y luego se ahorcó comido por los remordimientos (2 Sam 15, 1-37; 17, 23). Son curiosos e interesantes los paralelos entre la narración del Antiguo Testamento y la de los Evangelios: David, cuando su amigo y consejero Ajitófel lo traiciona (2 Sam 15, 12), cruza el torrente Cedrón (2 Sam 15, 23; cf. Jn 18, 1) y sube la cuesta del monte de los Olivos. Allí llora con la cabeza cubierta y los pies desnudos (2 Sam 15, 30 = la agonía de Jesús en Getsemaní); entonces, al parecer, David se pone a rezar (v. 32 = plegaria de Jesús en Getsemaní). David, compasivo por la suerte de los demás, ordena a Sadoc y a los suyos que vuelvan a Jerusalén (2 Sam 15, 27 = Jn 18, 8: «Dejad ir a estos…»). Finalmente, Ajitófel ve que sus planes contra

---

[78] El garante en verdad es el evangelista. La Escritura propiamente solo justifica el uso de las treinta monedas de plata, pero se sobrentiende que todo el conjunto es cumplimiento del oráculo profético.

David fracasan y se ahorca (2 Sam 7, 23 = muerte de Judas también por ahorcamiento).

La versión del fallecimiento de Judas de los Hechos de apóstoles está inspirada probablemente en la historia de la muerte del rey perverso Antíoco IV Epífanes —que tanto molestó a los judíos por sus intentos de asimilarlos forzadamente a la tradición y religión griegas— en 2 Macabeos 9, 9-12: «Vino a caer Antíoco de su carro y todos los miembros de su cuerpo se descoyuntaron… postrado en tierra… del cuerpo del impío pululaban gusanos, sus carnes caían a pedazos… y su infecto hedor apestaba a todo el ejército».

El segundo ejemplo es el de las palabras de Jesús en Mateo 26, 31-32 más el final del tema de las treinta monedas de plata como pago a Judas en el mismo Evangelio 27, 5-10: «Entonces les dice Jesús: "Todos vosotros os escandalizaréis de mí esta noche, pues está escrito: Heriré al pastor y se dispersarán las ovejas del pastor. Pero después de que resucite, iré delante de vosotros a Galilea"». «Los sumos sacerdotes recogieron las monedas y dijeron: "No está permitido echarlas en el tesoro, porque son precio de sangre". Y, después de llegar a un acuerdo, compraron con ellas el Campo del Alfarero para cementerio de forasteros. Por eso aquel campo se llama todavía hoy "Campo de Sangre". Entonces se cumplió lo dicho por el profeta Jeremías: "Tomaron las treinta monedas de plata, el precio de uno que fue tasado según la tasa de los hijos de Israel, y pagaron con ellas el Campo del Alfarero, como me lo había mandado el Señor"» (Jer 32, 6-9 + Zac 11, 12-13).

Prácticamente todos los comentaristas están de acuerdo en que Mateo 26, 31-32 —sobre todo el esquema de tres oraciones/tres sueños— es una formulación creada por el evangelista a base de Zac 13, 7 («Álzate, espada, contra mi pastor, contra el hombre de mi compañía… Heriré al pastor y se dispersará el rebaño…»). Es decir, la cita de la Escritura ha dado lugar a la composición de unas palabras de Jesús que él nunca pronunció, ya que contienen una predicción absoluta de su resurrección, impensable en el Jesús histórico. Igualmente están de acuerdo los estudiosos en que es también construcción de Mateo el episodio final de las 30 monedas: el evangelista unió la mención del «pastor» de Zacarías 13, 7 (el profeta = a Jesús) con Zacarías 11, 7-12 (donde también se habla del pastor), donde luego se afirma: «Me pesaron mi salario, treinta monedas de plata. Y Yahvé me dijo: "Tira al Tesoro el rumboso precio en el que te han tasado". Y tomando las treinta monedas de plata, las tiré a la casa de Yahvé, en el Tesoro». Para la compra del campo se inspira Mateo en Jeremías 32, 8 y ss., donde se relata que el profeta, por orden de Yahvé, hubo de comprar un campo (el del Alfarero: capítulos 18 y 19 del profeta Jeremías).

C) Hay claros signos de dramatización, o teatralización en general, por parte de los evangelistas de relatos que se pueden razonablemente suponer que eran al principio mucho más simples.

Ejemplos pueden ser:

- La plegaria de Jesús en Getsemaní, muy probablemente moldeada en profundidad por Marcos[79].

---

[79] El núcleo de la escena, la angustia de Jesús, parece histórico en su base, por el criterio de «dificultad»: es improbable que la Iglesia posterior inventara una escena que aparentemente dejaba en mal lugar a Jesús. Los polemistas paganos que se enfrentan al cristianismo (por ejemplo, Celso, en su *Discurso verdadero*, II, 24) pensaron que la agonía de Jesús era ridícula en comparación con la entereza de un Sócrates antes de su muerte (narrada por Platón al final de su diálogo *Fedón*).

La dramatización de la escena, sobre todo la oración de Jesús, lleva el sello de la mano del evangelista. La prueba radica —según los comentaristas— en que Marcos parece ensamblar tradiciones diversas, que algunas pueden ser antiguas, pero que no corresponden al escenario de Getsemaní, ya que el Evangelio de Juan las coloca en otros momentos de la vida de Jesús (véase pág. 172). Nótese respecto al supuesto de que Marcos está usando

- El sueño de los discípulos en la misma escena, inverosímil en sí mismo, pues se duermen por lo menos dos veces en un trance tan difícil.
- La composición global de los procesos judío[80] y romano[81].
- La estructura quiástica[82] compleja en la disposición de ciertos acontecimientos (18, 28-19, 16a: proceso romano; 19, 16b-42: crucifixión y enterramiento) en el Evangelio de Juan[83].
- El embellecimiento de las circunstancias del enterramiento de Jesús[84].
- La utilización de artificios literarios como el esquema de la acción triple (tres veces va y vuelve Jesús hacia el grupo de los discípulos en Getsemaní[85]; tres negaciones

---

torpemente alguna fuente, que ensambla con su propio relato, el extraño v. 14, 41: «Vino la tercera vez y les dijo: "Dormid ya, y descansad. ¡Basta! La hora ha venido; he aquí que el Hijo del hombre es entregado en manos de los pecadores"»: obsérvese el «Dormid» y a renglón seguido «¡Basta!».

[80] Hay una enorme discusión entre los estudiosos que va desde la opinión de que Marcos se ha inventado todo este proceso (¡no hubo testigos oculares!) a partir de una reflexión sobre textos del Antiguo Testamento (Martin Dibelius, «Das historische Problem der Leidensgeschichte», *Zeitschrift für die neutestamentliche Wissenschaft* 30 [1931], 193-201), hasta la opinión de que todo es esencialmente histórico y que no solo hubo realmente un proceso judío, sino dos (basándose en Mc 15, 1): así, muchos comentaristas católicos.

[81] Hemos dicho ya que no existen actas, y que presumiblemente el relato no se basa en testigos visuales.

[82] El quiasmo es una figura retórica según la cual las palabras o los hechos de una narración se disponen de forma ordenada según el esquema básico siguiente: A B C A' B': la narración progresa hasta un núcleo (C) y luego presenta dos repeticiones paralelas en contenido u orden similares a las dos primeras.

[83] Para la estructura quiástica que muestra el Evangelio de Juan en estas escenas, véase Brown, *Death*, págs. 758, 908.

[84] Para el núcleo histórico de esta escena véase más adelante pág. 246.

[85] Marcos 14, 32-42 y par.

de Pedro[86]; tres grupos de gentes se mofan de Jesús en la cruz[87]; en el Evangelio de Lucas aparecen dos tríadas de personajes favorables a Jesús durante la crucifixión: Simón de Cirene, las «hijas de Jerusalén», uno de los ladrones crucificados con Jesús/el centurión que confiesa que Jesús era un hombre justo, la plebe que se golpea el pecho tras la muerte de Jesús en señal de arrepentimiento, y el duelo de las mujeres fieles a distancia)[88], etc.

- La descripción de Judas el traidor de la Última Cena en el Evangelio de Juan. El evangelista señala el movimiento, como si se tratara de una apunte teatral: cuando es de noche, «sale»: Juan 13, 31; en la escena del prendimiento «entra»: Juan 18, 3.

D) La historia de la Pasión contiene detalles que chocan con el derecho romano de la época: por ejemplo, el episodio de Barrabás [89], o con el modo de actuar jurídico judío, al menos tal como está testimoniado para el siglo II: se han señalado unas veintisiete diferencias de procedimiento entre el proceso judío de Jesús y las prescripciones jurídi-

---

[86] Marcos 14, 67-72 y par.

[87] Uno de los ladrones / los presentes / los jefes del pueblo (Mt 27, 38-44, con variantes en los otros evangelistas).

[88] Desde Lucas 26, 26 hasta Lucas 23, 49.

[89] No puede probarse por paralelos convincentes la existencia de una «costumbre» estrictamente romana en esa época de liberar a un preso durante la Pascua (Mt 27, 15/ Jn 18, 39). Si es que hubo realmente un perdón del prefecto para Barrabás, los Evangelios parecen estar equivocados al menos al mostrar un caso aislado como una costumbre. Hay muchos estudiosos que consideran a Barrabás un personaje inventado por los evangelistas, una especie de desdoblamiento simbólico de Jesús: «Bar-(r)-abba (s)» sería en arameo «el hijo del Padre» = Jesús. Pero un invento absoluto del personaje por parte de los autores evangélicos es muy problemático y solo puede basarse en hipótesis demasiado audaces. Es más fácil aceptar que ese presunto bandido existió, aunque dudemos razonablemente sobre qué fue lo que ocurrió exactamente (véase pág. 231).

cas de la Misná[90]. Las disparidades más llamativas son las siguientes:

1. Los Evangelios afirman que el proceso judío contra Jesús, que acabó con pena capital, tuvo lugar en el día de la Pascua (implícitamente en los sinópticos: si la Última Cena fue una Cena Pascual), o en la víspera de la Pascua: Evangelio de Juan. Pero la Misná, tratado Sanedrín 4, 1, prohíbe explícitamente esos juicios en día de fiesta, o en la víspera de sábado o festivo.

2. Un juicio sobre pena capital no puede tener lugar de noche (igualmente en mSan 4, 1).

3. Un proceso capital comienza con argumentos de la defensa, no con testigos en contra (mSan 4, 5).

4. La Misná (mSan 5, 2) prescribe que la contradicción de los testigos anula un veredicto negativo (de muerte); no así en los sinópticos donde tampoco aparece que se castigue a los testigos por su presunta falsedad (mSan 11, 6).

5. No se cumplen los requisitos para que Jesús sea condenado como blasfemo, pues nada dice aquel contra Dios ni tampoco pronunció en vano o sacrílegamente el nombre divino (mSan 7,5).

6. La Misná prohíbe expresamente que sea el sumo sacerdote el que pronuncie el primero su veredicto condenatorio, para no influir en los miembros más jóvenes del Consejo (mSan 4, 2 y mAbot 4, 8).

---

[90] La Misná es un libro compuesto por las sentencias y opiniones de los rabinos más primitivos, algunos anteriores a la era cristiana, que presentan sus interpretaciones de los cinco primero libros de la Biblia. El conjunto de estas opiniones forman el primer comentario a la Ley judía. Fue reunido a finales del siglo II d. de C. Para la lista completa de diferencias, véase Brown, *Death*, págs. 358-9.

7. La Misná prohíbe que la condena de un reo a muerte se tome el mismo día en el que se celebra el juicio para evitar la precipitación (mSan 4, 1)[91].

E) La historia sinóptica de la Pasión —con sus dos procesos, judío y romano— transcurre en una fecha absolutamente inverosímil: todo ello tiene lugar nada menos que en el día en cuya tarde comenzaba la fiesta más solemne del judaísmo, la Pascua: el viernes 14 de Nisán.

El Evangelio de Juan —aunque narra más o menos los mismos acontecimientos con la condena de Jesús, y aunque sostiene que la muerte de este ocurrió en un viernes— afirma con mayor verosimilitud que ese día no era la fiesta de Pascua, sino la *víspera* o día de preparación. También este supuesto es altamente inverosímil conociendo las costumbres judías de la época.

Por tanto, ni siquiera en un dato tan importante como el día exacto de la muerte de Jesús es absolutamente firme la tradición. Otro ejemplo llamativo puede ser el de las últimas palabras de Jesús en la cruz, que o bien no traen ninguna (Evangelio de Juan) o bien varían notablemente al menos en dos de los otros evangelistas.

De este problema trataremos más detenidamente en la parte II.

F) La existencia de episodios claramente legendarios en la historia de la Pasión.

Por ejemplo:

• El lavamiento de manos de Pilato para mostrar públicamente su inocencia respecto a la muerte de Jesús[92].

---

[91] A pesar de lo impresionante de esta lista, los comentaristas están de acuerdo en que no sabemos si en los años 30 del siglo I, cuando fue condenado Jesús, estaban vigentes estas normas, testimoniadas para el siglo II.

[92] Mateo 27, 24: «Al ver Pilato que todo era inútil y que, al contrario, se estaba formando un tumulto, pidió agua y se lavó las manos cara a la gente, diciendo: "Soy inocente de esta sangre. ¡Allá vosotros!"». Esta escena es inverosímil

- El sueño de la mujer de Pilato en el que se le revela que Jesús es inocente y un hombre justo[93].
- Las diversas versiones de la muerte de Judas, como ya hemos indicado.
- Los episodios de conmoción de la naturaleza tras la muerte de Jesús (rotura del velo del Templo, tinieblas repentinas, terremoto, resurrecciones de justos, apariciones)[94], etc.

De lo dicho hasta el momento debemos extraer una consecuencia importante:

12. La falta de dimensión histórica en diversos eventos y dichos, tanto de Jesús como de otros personajes, justifica y permite al investigador formular hipótesis sobre la composición literaria de la historia de la Pasión, hipótesis que busquen dar razón de sus anomalías históricas y de su forma literaria actual.

13. Nos parece muy posible la hipótesis —repetidas veces apuntada por los estudiosos— de que la acumulación, antes señalada,

---

en un prefecto romano y en la Judea del siglo I. Es también incompatible con el final de la historia: condena romana a Jesús con muerte agravada, por causa de sedición.

[93] «Mientras estaba sentado en el tribunal, su mujer le mandó recado: "Deja en paz a ese justo, que esta noche he sufrido mucho en sueños por causa suya"»: Mateo 27, 19b.

[94] Mateo 27, 51-53: «Entonces el velo del Templo se rasgó en dos, de arriba abajo; la tierra tembló, las rocas se hendieron, las tumbas se abrieron y muchos cuerpos de santos que habían muerto resucitaron; después que él resucitó, salieron de las tumbas, entraron en la Ciudad Santa y se aparecieron a muchos». Lo del velo del Templo lo toma Mateo de Marcos (15, 38), pero el resto de los eventos carece de «atestiguación múltiple» en los otros evangelistas. Este tipo de hechos legendarios, según muchos intérpretes, pudo ser tomado por Mateo de la misma fuente de la que obtuvo los episodios —también legendarios— en torno al nacimiento de Jesús: la adoración de los magos, la estrella que aparece y desaparece y les va mostrando el camino; la matanza de los inocentes y la huida a Egipto (Mt 2).

de citas y alusiones literarias del Antiguo Testamento y el sometimiento al esquema «promesa/cumplimiento»[95] tengan su explicación en que la primitiva historia de la Pasión fuera guiada por motivos litúrgicos, es decir, que este relato tuviera un primer y fundamental *Sitz im Leben*, «contexto vital», en los oficios litúrgicos de los cristianos primitivos y en la predicación. La indicación de las horas (tercia[96], sexta[97], nona[98]) en el relato de la Pasión ha sido interpretado por los investigadores como indicadores del tiempo de una recitación litúrgica. Igualmente el «beso de Judas» (Mc 14, 44b y par.) tiene resonancias litúrgicas[99].

También es posible que todo el relato de la Pasión haya sido concebido como una *haggadah*, una historia interpretativa judía, de la Pascua y del Éxodo con su llegada a la Tierra Santa —simbólicamente, la resurrección—, basada en la idea y el desarrollo teológico, totalmente cristiano, de que la muerte sacrificial de Jesús —el Cordero de Dios— sustituye a la Pascua judía, al sacrificio de los corderos[100].

---

[95] Estos dos puntos han sido puestos de relieve sobre todo desde 1910 con la obra de F. K. Feigel, *Der Einfluss des Weissagungsbeweises und anderer Motive auf die Leidensgeschichte*, Mohr, Tubinga, 1910, y sobre todo en la obra de É. Trocmé, *The Passion as Liturgy* (versión inglesa de un original francés), SCM, Londres, 1983.

[96] Véase Marcos 15, 25 y par.

[97] Véase Marcos 15, 33 y par.; Juan 19, 14.

[98] Véase Marcos 15, 34 y par.

[99] Lo sabemos por el *Evangelio de Felipe* 59, 2-5; 63, 30-64, 5; *Segundo Apocalipsis de Santiago* 56, 14-16. Jesús revela a Santiago, su hermano, enseñanzas secretas, le da un beso en la boca y lo llama «amado mío». El beso es un acto litúrgico previo a una iniciación o a la transmisión de un poder espiritual, como en el caso de Santiago.

[100] La obra fundamental a este respecto es la de B. Standaert, *L'Évangile selon Marc*, Cerf, París, 1983. La idea de Jesús como «Cordero de Dios» (Jn 1, 29) que quita los pecados del mundo influyó sin duda, como veremos, pág. 203, en la interpretación de la Última Cena como cena pascual.

14. Nos parece también muy posible la hipótesis de que la historia de la Pasión sea la compresión literaria[101] en una semana, buscando la unidad de «tiempo, acción y lugar», de eventos que duraron bastante más tiempo.

Algunos textos del relato de la Pasión contienen indicios de que las acciones narradas pudieron ocurrir en un momento diferente a la escasa semana previa al 14/15 de Nisán.

Son los siguientes:

A)  El episodio de la entrada en Jerusalén y las palmas[102] con las que los asistentes acogen a Jesús, que apunta a septiembre, a la Fiesta de los Tabernáculos, a la que asistió Jesús según el Evangelio de Juan 7, 1-52[103], en la que las palmas

---

[101] Un ejemplo evidente de que existe compresión literaria lo tenemos en la disposición general de los mismos Evangelios sinópticos cuando narran la vida pública de Jesús. Según los sinópticos, Jesús predica fundamentalmente en Galilea y solo una vez durante su vida pública visita Jerusalén para una Pascua. Su ministerio público dura, pues, un año, o todo lo más año y medio. Para el Evangelio de Juan, Jesús visita Jerusalén cuatro veces durante su ministerio (2, 13; 5, 1; 7, 10; 12, 12), y allí asiste a tres Pascuas. Su vida pública dura, por tanto, dos años y medio o tres como mínimo. Esta diferencia temporal entre los evangelistas, en algo tan vital como el ministerio público de Jesús, es asombrosa. Las escenas que transcurren en Jerusalén no aparecen agrupadas en Evangelio de Juan antes de la Pasión como en los sinópticos, sino divididas por bloques en diversos momentos.

[102] Así es como precisa el Evangelio de Juan 12, 13 que es más exacto que los sinópticos respecto a algunos pequeños detalles de la historia de la Pasión (por ejemplo, en el proceso romano cuando habla con mayor propiedad de «pretorio» [Jn 18, 28], del tribunal gr. *béma* [Jn 19, 13]; del patio pavimentado o griego *litóstrotos* [Jn 19, 13]) y respecto al día de la muerte de Jesús; véase más adelante pág. 241). Marcos 10, 8 habla de «follaje cortado de los campos», y Mateo 21, 8 de «ramas de los árboles», como sabemos, Juan precisa como «palmas».

[103] La asistencia de Jesús a esta fiesta aparece solo en el Evangelio de Juan; falla, pues, el criterio de «atestiguación múltiple», aunque sabemos que los sinópticos comprimen la asistencia de Jesús a las festividades judías. Sin embargo, los comentaristas suelen aceptarlo como histórico.

eran típicas en las procesiones de los peregrinos. Las palmas no eran propias de la zona de Jerusalén, sino que eran traídas siempre de fuera para la fiesta de los Tabernáculos. Escribe R. E. Brown en su *Comentario* al Evangelio de Juan 12, 9-19:

Incluso hoy día se traen las palmas a Jerusalén desde Jericó. A causa de la mención johánica de las palmas algunos han sugerido que la entrada en Jerusalén tuvo lugar realmente en la Fiesta de los Tabernáculos, en la cual se traían una gran cantidad de palmas desde el valle del Jordán para construir las tiendas y para llevarlas en procesión (Lev 23, 40: «El primer día [de la Fiesta de los Tabernáculos] tomaréis frutos de los mejores árboles, ramos de palmera, ramas de árboles frondosos y sauces del río...»; Nehmías 8, 15: «Salid al monte y traed ramas de olivo, de pino, de mirto, de palmera...»). Según todos los Evangelios, el estribillo que cantaban los asistentes en la entrada de Jesús a Jerusalén estaba tomado del Salmo 118, una composición que era parte de la liturgia de la Fiesta de los Tabernáculos (aunque también cantado en Pascua y en la fiesta de la Dedicación del Templo). Igualmente Zacarías 14, 16[104], citado en Mateo y en Juan, puede relacionarse con el contexto de la fiesta de los Tabernáculos de Zacarías 14,16. En verdad, Zacarías 14, 4[105], situado en el contexto de esta fiesta, profetizaba que Dios habría de aparecer desde el monte de los Olivos, y Jesús estaba haciendo su entrada en Jerusalén precisamente desde ese

---

[104] El contexto es el de un juicio de Dios contra los gentiles, el triunfo de Jerusalén y su santificación: «Todos cuantos quedaren de las gentes que vinieron contra Jerusalén subirán cada año a adorar al Rey, Yahvé de los ejércitos».

[105] «Se afirmarán aquel día los pies de Yahvé sobre el monte de los Olivos... y este se partirá por medio, de levante a poniente como un gran valle...».

monte. Esta teoría de que entró en Jerusalén en la fiesta de los Tabernáculos mejor que en la de la Pascua es interesante, pero no puede probarse[106].

A este último argumento puede responderse: tampoco es posible probar estrictamente que la entrada en Jerusalén tuvo lugar en la Pascua, dado el altísimo grado de teologización de la historia de la Pasión en torno a la idea —antes mencionada— de que Jesús es el Cordero de Dios y por tanto su muerte sustituye por siempre a la de los corderos sacrificados en el Templo. Esta idea es muy potente incluso en el Evangelio de Juan[107], que nos ha proporcionado el argumento de las palmas.

B)   El episodio —al día siguiente de la entrada triunfal— en el que Jesús busca algo de comer entre las hojas de una higuera: «A la mañana siguiente, cuando volvía a la ciudad, sintió hambre. Viendo una higuera junto al camino, se acercó, pero no encontró nada más que hojas; entonces le dijo: "Nunca jamás brote fruto de ti". Y la higuera se secó de repente. Al verlo, los discípulos preguntaron sorprendidos: "¿Cómo es que la higuera se ha secado de repente?". Jesús les contestó: "Os aseguro que si tuvierais una fe sin reservas, no solo haríais esto de la higuera; incluso si le dijerais al monte ese 'quítate de ahí y tírate al mar', lo haría, y todo lo que pidieseis en la oración con esa fe lo recibiríais"».

---

[106] *The Gospel according to John*, Chapman, Londres, I, 1978, pág. 457 (existe versión española). Brown cita dos artículos en apoyo de esta teoría: «Para otros argumentos, véanse los artículos de J. Daniélou en la Maison-Dieu, 46 (1956), 114-136, y T. W. Manson, *Bulletin of the John Rylands Library*, Manchester, 33 (1951), 271-282» [titulado *The Cleansing of the Temple*].

[107] Juan 1, 29: «Al día siguiente vio (Juan Bautista) venir a Jesús y dijo: "He aquí el Cordero de Dios que quita el pecado del mundo"».

Este episodio, so pena de tener a Jesús por un imprudente que desconocía lo más elemental de la vida del campo[108], es muy improbable en marzo/abril, que no es época de higos, y sí probable en septiembre[109].

C) La reunión del Sanedrín en la que se toma la decisión de condenar a muerte a Jesús es colocada por el Evangelio de Juan unas cuantas semanas —no se puede precisar más— *antes de la semana de Pasión* (Jn 11, 47-50).

D) La acción de Jesús contra el Templo y su «purificación», narradas por el Evangelio de Juan al principio y no al final del ministerio público de Jesús (Jn 2, 13-22), indican al menos que la fecha de estos acontecimientos no era absolutamente segura.

Estas cuatro consideraciones, unidas al argumento de la posible compresión de eventos (11.A) y de la tendencia a la dramatización (11.B) en las narraciones evangélicas, más la inverosimilitud de que todo ocurra en la semana preparatoria de la Pascua y la fiesta de los Ácimos, nos parece que hacen plausible una entrada de Jesús en Jerusalén no una semana antes de la Pasión, sino en la fiesta de los Tabernáculos.

## Hipótesis sobre la composición de la «Historia de la pasión de Jesús» que circuló antes del Evangelio de Marcos

15. A partir del conjunto de las observaciones realizadas hasta ahora —en especial las que apuntan a una posible fuente previa/o estado

---

[108] Absolutamente improbable, pues en las parábolas de Jesús hay una clara mayoría de imágenes camperas; desde luego no se habla de la carpintería y poco de la construcción, que podrían corresponder a su oficio *tékton*, artesano de la madera y de la construcción (Mc 6, 3).

[109] Este episodio está fuertemente editado por Marcos —añadiéndole la coletilla de «puesto que no era tiempo de higos», ausente en Mateo—, precisamente para hacerlo coincidir con la época de la Pascua: Marcos 11, 12-14. Bien analizada, la explicación de Marcos haría de Jesús un caprichoso o un imprudente.

previo de la narración anterior al Evangelio de Marcos— no nos parece descabellado formular la siguiente hipótesis: a un personaje desconocido, un cristiano con evidentes muestras de talento e imaginativa literaria, que residía en Jerusalén —sede sin duda de las tradiciones sobre Jesús referentes a su estancia en la capital y a su trágico desenlace—, se le ocurrió comprimir teatral y dramáticamente *en un relato de solo una semana* una serie de hechos y dichos de Jesús que se extendieron en realidad *durante algunas semanas:* desde la entrada triunfal de Jesús en Jerusalén quizás en septiembre, durante la Fiesta de los Tabernáculos, hasta su prendimiento cerca ya de la Pascua y su muerte cerca también de esta festividad (marzo/abril: Nisán)[110]. Además, acercó el «sacrificio» de Jesús al momento del sacrificio de los corderos en el Templo, símbolo de la redención de Israel de la esclavitud en Egipto.

El esquema de compresión en una semana, o en pocos días, es un conocido recurso literario que se encuentra en todas las literaturas. Ignoramos si el desconocido autor conocía uno de los caso más sonados, el de Homero, a quien no se le ocurrió describir en la *Ilíada* toda la historia de la tremenda y duradera guerra entre griegos y troyanos, sino solo unos acontecimientos trascendentales sintetizados más o menos en una semana.

Para la narración, en la que comprimía en este breve espacio de tiempo la historia de los últimos acontecimientos de la vida de su Maestro, este autor desconocido se valió de todas las tradiciones que circulaban sobre los últimos momentos de Jesús, de las piezas litúrgicas que los judeocristianos utilizaban en sus oficios litúrgicos particulares el «día del Señor», después del sábado, del conjunto de profecías mesiánicas referidas por la comunidad creyente a Jesús en una nueva lectura de las Escrituras, y de cuantas tradiciones más o menos legendarias sobre algunos episodios concretos de estos instantes finales del Maestro pudo recabar de grupos diversos de cristianos.

---

[110] Véase más adelante la sección «La fecha de la muerte de Jesús», pág. 241.

Desgraciadamente, y como ya dijimos, es imposible reconstruir hoy al pie de la letra el relato de este escritor anónimo y avisado, que tuvo tantos y tan exitosos seguidores. Solo podemos intuir que la realidad de su obra no es una mera especulación, sino que tuvo una existencia auténtica, y que fue él el que proporcionó al primer evangelista, Marcos, un material bastante elaborado que este se encargó, a su vez, de editar dentro del marco de un relato más o menos biográfico que componía sobre Jesús.

Y sospechamos también, a partir del tenor litúrgico de algunas de las historias reunidas, que este texto para nosotros impreciso acabó muy probablemente recitándose en los oficios litúrgicos de la comunidad judeocristiana de Jerusalén, es decir, hubo de tener de inmediato un uso y fijación litúrgica, lo que ayudó a su consolidación y a que llegara a las manos del futuro evangelista Marcos.

Y fue este autor evangélico —un personaje cuya auténtica personalidad también desconocemos— el que hizo una concienzuda refundición de este «texto» anterior a él hacia el año 71 d. de C.: lo amplió, lo retocó profundamente, lo acomodó a su pensamiento teológico paulino e hizo de su producto final, al que hoy denominamos Evangelio de Marcos, un gran drama apocalíptico. Esta reelaboración era absolutamente posible, porque tras la terrible carnicería, exilio y quizá casi aniquilamiento de la comunidad judeocristiana de Jerusalén tras el año 70 d. de C., ya no había testigos fehacientes de la Pasión —o estaban muy alejados— que pudieran contradecir o poner «peros» a la versión de Marcos.

Como se ha afirmado no sin razón, el cuerpo de este Evangelio no es más que una gran introducción literaria a lo que de verdad importaba y era el centro del interés del evangelista: el relato de la Pasión de Jesús. Con ello Marcos se demostraba un discípulo fiel en lo sustancial de la teología paulina, interesada solo en verdad en el sacrificio, muerte y resurrección del Salvador.

La obra de Marcos fue recogida —y a su vez editada de nuevo y complementada con éxito renovado— por el evangelista que llamamos Mateo, unos diez años más tarde. Poco después hizo lo mismo el autor que hoy conocemos como Lucas, quien también utilizó a Marcos como una de las fuentes de su Evangelio. Los dos escritores, Mateo y Lucas, siguieron la estructura básica del relato marcano con cierta fidelidad —más Mateo que Lucas—. Pero a la vez hicieron con «Marcos» lo que este había hecho con su desconocido predecesor en la historia de la Pasión: Mateo y Lucas le añadieron nuevos episodios tomados de una tradición oral a la que probablemente no había tenido acceso su predecesor, y mudaron el sentido teológico de algunas de las secciones que habían asumido.

Por último, toda esta tradición sinóptica —¿quizá ya en la forma modelada por Marcos, según opinan muchos estudiosos, o por Lucas?, no lo sabremos nunca— fue conocida por el misterioso autor del cuarto Evangelio, que a su vez emprendió una gran tarea de repensar, reinterpretar y reescribir la tradición que tenía ante sus ojos. El resultado fue una profundísima acomodación de todo el material a su concepción teológica y mística sobre Jesús, tan diversa a la de sus antecesores.

La obra de este último evangelista, cuya recensión final —retocada por un editor postrero— ha de situarse en torno al año 100, no menciona a los autores evangélicos anteriores, no los corrige expresamente, sino que polemiza con ellos indirectamente por medio de omisiones, añadiduras y cambios a lo que probablemente tenía ante sus ojos de alguna manera. De este modo construyó su propia historia de Jesús y de su pasión intentando mostrar a sus lectores que él, y solo él, era el que mostraba al Salvador —con esta novedosa interpretación— en la plenitud de su misión, de su figura y de su gloria.

16. Finalmente, y *como mera hipótesis* que confieso de antemano más difícil de probar aún, me parece plausible que esta narración litúrgica o «historia premarcana de la Pasión de Jesús» fuera

utilizada también como una suerte de «guía turística religiosa» para mostrar a los judíos de la diáspora[111], que visitaban Jerusalén, los sucesos y los lugares en los que había padecido y triunfado el Mesías.

Era tradición entonces en el judaísmo que el Mesías —cuando viniera, o volviera, en todo su poder— se habría de mostrar primero en Jerusalén. Al parecer, había un movimiento de judíos de la diáspora, muy piadosos y creyentes en el mesías Jesús, que emprendían viaje a la capital de Israel en la creencia de que el fin de los tiempos era cercano, y con la esperanza de asistir allí al advenimiento definitivo en todo poder del mesías Jesús.

A estos y otros visitantes podía servir de guía religiosa y «turística» esta compresión dramática, breve y didáctica de los eventos de la pasión de Jesús en una semana que hemos llamado repetidas veces «historia premarcana de la Pasión», y también de itinerario para conocer los lugares en los que había estado el Salvador en los últimos tiempos de su vida mortal y en donde había acabado siendo ofrecido en sacrificio.

A lo mejor, el evangelista Marcos fue el primero en darse cuenta del enorme potencial literario y teológico que tenía el «invento» de este autor desconocido.

---

[111] Es decir, de todos los países que no eran Israel y en donde había asentamientos de judíos, desde Hispania hasta Babilonia, incluido el norte de África.

# 5

# ¿La verdadera historia de la Pasión de Jesús?

—Antonio Piñero
Universidad Complutense, Madrid

ABORDAMOS en esta segunda parte de nuestra colaboración a este libro una exposición seguida de cómo pensamos que pudo ser la historia de la Pasión de Jesús, vista no desde la imposible perspectiva de una semana, sino ampliada en el tiempo, según los presupuestos detallados en I. Como la historia de la Pasión es muy conocida, nos detendremos solamente en aquellos pasajes que consideramos más interesantes, problemáticos o dudosos.

## 1. La unción en Betania (Mc 14, 3-9 y par.)

Este episodio está situado por el Evangelio de Juan inmediatamente antes, o mejor, al principio mismo de la semana que para los evangelistas Marcos y Mateo comienza con la entrada triunfal de Jesús en Jerusalén, en un momento relativamente determinado: «seis días antes de la Pascua» (Jn 12, 1). Es posible que esta frase nos indique que para el autor del cuarto Evangelio estamos ya en el marco de la semana final de Jesús, aunque suceda —según él— *un día antes* de la entrada triunfal en Jerusalén (en contra de Marcos/Mateo: «dos días antes de Pascua», Mc 14, 3). En cualquier caso, *después* del «proceso judío» contra Jesús, que él cuenta —lo veremos luego— como sucedido inmediatamente después de la resurrección de Lázaro (Jn 11, 33-44), hacía ya semanas.

Lucas 7, 36-50, por el contrario, no sitúa la unción dentro del marco de la historia de la Pasión, sino en un momento diverso de la vida pública de Jesús y en otro entorno, en casa de un fariseo en donde Jesús es invitado a comer. Ciertamente, parece que para Lucas no se trata de Betania, cerca de Jerusalén; tampoco la mujer que unge a Jesús es María la hermana de Lázaro, sino una pecadora desconocida.

Para Marcos y Mateo la unción tiene lugar en Betania, «dos días antes de Pascua»: Mc 14, 3, en casa de Simón el leproso —el nombre coincide con el «fariseo» de Lucas (7, 44)—, y la mujer no es expresamente una pecadora, sino una desconocida.

Este caso con todas sus variantes, y sobre todo con sus diversas posibilidades cronológicas, es un ejemplo más que nos sirve de reflexión y confirmación sobre el proceso de compresión dramática de hechos y dichos de Jesús en torno a su Pasión que efectúa o bien el autor premarcano o bien en este caso Marcos mismo.

Teniendo estas indicaciones en cuenta, en verdad no sabemos en dónde situar cronológicamente el episodio de la unción. Nos parece más probable seguir la indicación del Evangelio de Lucas y pensar que ocurrió estando ya Jesús en Jerusalén por última vez, quizá inmediatamente antes de la fiesta de los Tabernáculos, y cuando aún no había entrado solemnemente en la ciudad (de acuerdo con el Evangelio de Juan).

La historia de la Pasión comienza, pues, no en marzo/abril (mes de Nisán), sino unas semanas antes, después de la fiesta más importante del año, la de los Tabernáculos, según F. Josefo, la «fiesta más grande y santa de los judíos», casi más que la Pascua.

¿Qué pensar de la historicidad de la unción? El argumento de múltiple atestiguación inclina a conceder al núcleo de la historia un grado elevado de autenticidad: la unción pudo ocurrir realmente, pero no hay seguridad respecto a quién fue en verdad la mujer que ungió a Jesús:

- María, hermana de Marta y de Lázaro (Jn 12, 3).
- Una mujer desconocida (Mc 14, 3 / Mt 26, 7).
- Una «pecadora» (Lc 7, 36).

Parece seguro que esta mujer, pecadora o no, no es María Magdalena. La tradición posterior confundió y mezcló a ambos personajes, porque:

a) Lucas dice en 8, 2 que María Magdalena acompañaba a Jesús frecuentemente, y

b) porque en el mismo pasaje el evangelista afirma que Jesús había arrojado de ella «siete demonios».

La expresión se refiere probablemente a que la había curado de alguna enfermedad grave. Sin embargo, la tradición posterior interpretó que se trataba de «siete demonios de la lujuria», y la unió con la «pecadora desconocida» de Lc 7, 37. Se creaba así el mito de María Magdalena, pecadora pública y luego mujer arrepentida, que sigue a Jesús. Al mito se le añadirá que María Magdalena estaba enamorada de Jesús, ya que las efusiones de la pecadora desconocida de Lucas 7, 37, dibujada como mujer muy emotiva, que bañaba con sus lágrimas los pies de Jesús, que los cubría de besos, y derramaba perfume sobre su cabeza y sus pies…, dibujan una escena ciertamente erótica.

Tampoco es seguro el *sentido* de la unción: Marcos, Mateo y Juan presentan a Jesús en la escena como profeta divino que conoce de antemano su muerte, pero, como diremos luego también, esto es un «vaticinio *ex eventu*», una profecía después de que se conocieron los hechos que ocurrieron más tarde. Así que las palabras de Jesús (Mt 26,12/ Mc 14, 8/Jn 12, 7) parecen no ser auténticas, sino retroproyecciones hacia la vida de Jesús de «sentencias del Maestro» forjadas por profetas cristianos pospascuales.

Es preciso ahora aclarar qué queremos decir con la expresión «profetas cristianos pospascuales».

La investigación del Nuevo Testamento da por probado que la comunidad cristiana primitiva estaba regida sobre todo por maestros y profetas, no por cargos fijos como supervisores, puesto que era un grupo ante todo escatológico, que esperaba el fin del mundo de modo inmediato y la vuelta de Jesús como juez. Y mientras esto ocurría, era creencia firme que Jesús resucitado vivía en la comunidad, y que los profetas dentro de ella, inspirados por el Espíritu de Jesús, participaban como si dijéramos de su personalidad cuando profetizaban movidos por ese Espíritu. Así aplicaban lo que creían firmemente que eran sentencias de Jesús a los momentos presentes que vivían dentro de la comunidad. Lo que dijera un profeta inspirado en esas circunstancias es como si lo dijera Jesús. Por ello hay ciertas palabras de los profetas cristianos primitivos, pronunciadas en nombre de Jesús resucitado, que se introdujeron dentro de la tradición del Jesús de la historia sin ninguna marca distintiva especial, con lo que se confunden con estas. No se dice en la tradición: «Esto afirma un profeta que dijo Jesús», sino simplemente: «Jesús dijo».

Con otras palabras: la investigación del Nuevo Testamento da por sentado que hay «palabras de Jesús» en los Evangelios que no son propiamente de este, no pronunciadas por él realmente, sino que son expresiones de los profetas primitivos que hablaron en su nombre acomodando su doctrina a los tiempos posteriores. Y afirma también que la única manera de distinguir tales «palabras de Jesús» es analizarlas y caer en la cuenta de que en ellas se expone o se trasluce una teología, o unas circunstancias, que no pudieron ser del Jesús de la historia, sino de la teología posterior, evolucionada, de sus seguidores, es decir, de la época después de la resurrección, también llamada «pospascual».

## 2. ENTRADA TRIUNFAL DE JESÚS EN JERUSALÉN (Mc 11, 1-10 y par.)

Sabemos que Jesús había decidido subir finalmente a Jerusalén como peregrino a la «fiesta» (Lc 9, 51)[112] y para proclamar en la

---

[112] «Estando para cumplirse los días de su ascensión, Jesús se dirigió resueltamente hacia Jerusalén...». El evangelista Lucas piensa ciertamente en la fiesta de la Pascua, no en la de los Tabernáculos, debido a que toma de Marcos el marco temporal comprimido de la vida pública de Jesús.

capital la inminente venida del Reino de Dios[113]. El episodio de la entrada triunfal en la ciudad en medio de la fiesta nos parece verosímilmente histórico por el criterio de múltiple atestiguación y por el de dificultad, pues contiene algunos elementos, como la proclamación de Jesús como mesías judío, no cristiano, que no deben pensarse como productos de la tradición posterior a la muerte de Jesús.

Esta escena triunfal, junto con uno de los momentos álgidos del «proceso judío», la pregunta del sumo sacerdote a Jesús sobre si es él o no el mesías (Mc 14, 61) plantea la interesante cuestión de cómo era el mesianismo de Jesús, o mejor, cómo entendía Jesús su mesianismo.

Para responder a esta pregunta trataremos los dos pasajes —la entrada en Jerusalén y la pregunta del sumo sacerdote a Jesús— conjuntamente. El tema no es tan simple como pueden suponer los cristianos de hoy, pues la mayoría de los estudiosos están divididos sobre si Jesús se proclamó o no a sí mismo como mesías y, si lo hizo, cómo entendía ese mesianismo.

A) Respecto a este tema, los elementos pertinentes de la escena de la entrada triunfal son los siguientes:

- Jesús aparece como un profeta omnisciente, que sabe que en la aldea próxima hay animales preparados para su entrada.
- Jesús entra como rey (Mt/Lc/Jn) de Sión, como hijo de David (Mt 21, 4-9). Esta expresión supone entre el pueblo judío de la época de Jesús la concepción del mesías como un guerrero ayudado por Dios que someterá a los enemigos de Israel. Pero Jesús no se muestra a lomos de un brioso corcel, sino subido en un humilde asno en cumplimiento de la profecía de Zacarías 9, 9, lo que supone la concepción

---

[113] De modo indirecto, y referido en tono general al ministerio de Jesús en Judea, esta idea de darse a conocer en Jerusalén queda clara en Jn 7, 4-5: dicen a Jesús sus hermanos, que no creían en él: «Sal de aquí (de Galilea) y vete a Judea… porque ninguno que procura darse a conocer hace algo en secreto. Manifiéstate al mundo».

de un mesías no guerrero, sino pacífico y humilde. Podría interpretarse: un mesías que para la instauración del Reino de Dios confía más en la intervención directa divina que en la fuerza de las armas humanas. Las dos concepciones no son en sí contradictorias y convivían en el seno del judaísmo en el que vivió Jesús.

- La gente lo aclama con ramos de palma (EvJn) como rey y mesías, utilizando expresiones del Salmo 118, 25, y piensa que el Reino de Dios está a punto de venir (Mc 11, 10).

- Algunos fariseos recomiendan a Jesús que contenga a sus discípulos y a las gentes alborotadas (Lc 19, 39). Jesús, por el contrario, los apoya, y no pretende en absoluto corregir las ideas mesiánicas que manifiestan respecto a su persona: «Si estos callan, hablarán las piedras» (Lc 19, 40)[114]. Ahora bien, aceptar ser aclamado como mesías sin enmendar al pueblo por sus ideas implica que Jesús está de acuerdo fundamentalmente con lo que el pueblo piensa, y que se acomoda a un cierto esquema del mesianismo y a unas exigencias sobre el mesías formadas ya en el pueblo. ¿Cómo se formaron? A base de la difusión de una reflexión sobre las Escrituras y una tradición que las interpretaba a partir sobre todo del siglo II. De no ser así, o bien Jesús obraba imprudentemente al no corregir a los que lo aclamaban, o nadie lo hubiera reconocido como mesías, tal como pintan la escena los evangelistas.

---

[114] El Jesús de Mateo, en el episodio de la purificación del Templo, es aclamado también como hijo de David. Jesús no corrige al pueblo: «Los sumos sacerdotes y los letrados, al ver las cosas admirables que hacía y a los niños que gritaban en el templo "Hosanna al Hijo de David", le dijeron indignados: "¿Oyes lo que dicen esos?". Respondió Jesús: "Sí. ¿Nunca habéis leído aquello: *De la boca de los niños y de los niños de pecho has sacado una alabanza*?" (Sal 8, 3 LXX). Y, dejándolos, salió fuera de la ciudad hasta Betania y pasó la noche allí».

B) Otros elementos del ministerio de Jesús que complementan este episodio[115]:

Los discípulos estaban convencidos de que Jesús era, o sería, el mesías tradicional que iba a liberar y restaurar Israel. Testimonio de ello son los pasajes siguientes:

- Lucas 24, 19-21: «Jesús Nazareno, que fue un profeta poderoso en obras y palabras ante Dios y ante todo el pueblo... Nosotros esperábamos que él fuese el liberador de Israel».
- La confesión de Pedro en Marcos 8, 27-30[116] rechaza cualquier posibilidad de fracaso mesiánico.
- El Evangelio de Juan testimonia la intención (Jn 6, 15) del pueblo de proclamar rey mesiánico a Jesús y que este lo rechazó de momento.

Por tanto, los seguidores de Jesús pensaron que él era el mesías de Israel y así se lo dijeron a otras personas. Por otros pasajes evangélicos sabemos que la idea de que Jesús era el mesías estaba extendida entre el pueblo: «Les dijo Pilato: "¿A quién queréis que os suelte, a Barrabás o a *Jesús llamado el mesías* (Cristo)?"» (Mt 27, 22); «A otros salvó, a sí mismo no se puede salvar. El mesías, rey de Israel, descienda ahora de la cruz para que lo veamos y creamos» (Mc 15, 32).

- Jesús (lo veremos luego, p. 194, pues ello contraría la opinión común de los cristianos de hoy) parece haberse opuesto al pago del tributo al César (Mc 12, 13-17). El Evangelio de Lucas (23, 1-2 y 14) lo confirma: «Se levantó toda la asamblea y condujeron a Jesús a presencia de Pilato. Empezaron la acusación diciendo: "Hemos comprobado que este anda

---

[115] Tomo algunas ideas de la sección «El Evangelio de Jesús», del capítulo «El "Evangelio paulino" y los diversos "evangelios" del Nuevo Testamento», A. Piñero, *Fuentes del cristianismo. Tradiciones primitivas sobre Jesús,* El Almendro, Córdoba, 1993, pág. 281 y ss.

[116] «Entonces Pedro, tomándolo aparte, se puso a reprenderlo. Pero Jesús, volviéndose y mirando a sus discípulos, reprendió a Pedro, diciéndole: "¡Quítate de mi vista, Satanás...!"».

amotinando a nuestra nación, impidiendo que se paguen los impuestos al César y afirmando que él es mesías y rey"».

- Jesús es condenado por los romanos como reo del delito de sedición contra Roma —es decir, por proclamarse rey de un país sometido al Imperio—, y se coloca sobre su cruz el motivo de su condena: «Jesús, rey de los judíos» (Mc 15, 26 y par.), título que parece histórico.

- Aunque la imagen de Jesús como un mesías guerrero tiene débil apoyo en los Evangelios, sí hay algunos indicios de lo que se ha llamado «ruido de sables», al menos entre los seguidores del Nazareno. Estos son:
  — Jesús tenía al menos a un zelote por discípulo (Lc 6, 15; véase Hch 1, 13).
  — El Jesús de Lucas 22, 36-37 incita a armarse a sus seguidores: «El que no tenga (espada) que venda el manto y se compre una… de hecho, lo que a mí se refiere toca a su fin»[117].
  — También puede interpretarse en este sentido Mateo 10, 34: «No vine a poner paz, sino espada...».
  — Igualmente, Mateo 11, 12: los violentos toman por la fuerza el Reino de Dios = Lucas 16, 16.

- Hay algunos indicios más que apoyan nuestra interpretación de un Jesús que parece dejar la acción definitiva de la instauración del Reino en manos de Dios, pero que a la vez mantiene una posición cuando menos ambigua respecto a los que se oponían activamente a los romanos:
  — En el episodio del arresto de Jesús, Judas acude, según el Evangelio de Juan, con tropas romanas a prenderlo (Jn 18, 3-12), señal de que estas lo consideraban peligroso.

---

[117] Véase Lucas 22, 49: en los momentos previos a la traición de Judas, cuando se veía venir el prendimiento, los discípulos *preguntan a Jesús*: «¿Señor, atacamos con la espada?».

— No aparece en los textos evangélicos que Jesús rehuyera el contacto con gentes que hacían de la política activa antirromana el núcleo de su existencia, ni salió de su boca ninguna condena expresa contra los que la practicaban[118].

— De lo contrario, no se explica —si es verdadera la noticia de Juan 6, 15 que hemos mencionado antes— el que algunos de sus partidarios «fueran a llevárselo para proclamarlo rey (mesiánico)».

— La exhortación a cargar cada uno con su cruz (Mc 8, 34-37) debe aclararse como una disposición para el martirio, la misma que abrigaban quienes se oponían políticamente a los romanos.

— No es inverosímil que la revuelta a la que alude Marcos 15, 7 (a propósito de Barrabás, equiparado por Poncio Pilato con Jesús) y el temor de las autoridades judías a algún acontecimiento por el estilo provocado por la turba si se prendía a Jesús durante la fiesta de Pascua (Mc 14, 2 y par; Jn 11,45-47) indiquen que Jesús estaba de algún modo comprometido, al menos indirectamente, con movimientos antirromanos. Una interpretación muy usual de los dos bandidos, crucificados junto con Jesús, es que hubiera una similitud de ideología religioso-política entre los tres.

---

[118] Hemos de considerar los textos de Mateo 26, 52: «Vuelve tu espada a su sitio» y Lucas 22, 51: «Dejadlo, hasta aquí» como añadidos redaccionales de los autores evangélicos —no como palabras auténticas de Jesús— cuando se ha iniciado ya el proceso de presentar a Jesús a la luz del mesianismo sufriente cristiano —véase más adelante—. Dentro de esta concepción, Jesús no puede manifestar oposición alguna contra su muerte: esa violencia/resistencia dejaría sin efecto el concepto de «muerte vicaria», que exige la plena aceptación por parte de la víctima (véase pág. 191).

— Por último, Jesús no condena en ninguna parte de los Evangelios, al hablar del reino divino, el ideal teocrático y nacionalista —por lo tanto, opuesto a toda dominación extranjera que impidiera su realización— que iba unido en el siglo I a este concepto de reinado de Dios.

• Por el contrario, la imagen de un Jesús que deja la acción última en las manos de Dios debía de ser también clara, para las autoridades al menos, porque lo romanos *no reaccionan de inmediato* a esta entrada de Jesús en Jerusalén con signos mesiánicos. No se desprende de los textos que la acción directa y violenta para poner en marcha el reino fuera nuclear en la predicación central de Jesús. La atmósfera que destilan los sinópticos es muy distinta de la que se percibe en los dos poemas mesiánicos de los Salmos de Salomón (17 y 18)[119], del sangriento mesías del *Targum* a Génesis 49, 11-12[120], o del que aparece en el famoso

---

[119] Véase como ejemplo Salmo de Salomón 17: «Tú, Señor, escogiste a David como rey sobre Israel; Tú le hiciste juramento sobre su posteridad, de que nunca dejaría de existir ante Ti su casa real» (v. 4). Vv. 21-25: «Mira a tu pueblo, Señor, y suscítale un rey, un hijo de David, en el momento que tú elijas, oh Dios, para que reine en Israel tu siervo. Rodéalo de fuerza, para quebrantar a los príncipes injustos, para purificar a Jerusalén de los gentiles que la pisotean, destruyéndola, para expulsar con tu justa sabiduría a los pecadores de tu heredad, para quebrar el orgullo del pecador como vaso de alfarero, para machacar con vara de hierro todo su ser, para aniquilar a las naciones impías con la palabra de su boca, para que ante su amenaza huyan los gentiles de su presencia y para dejar convictos a los pecadores con el testimonio de sus corazones.

[120] «Cuán hermoso es el rey mesías que ha de surgir de entre los de la casa de Judá. Ciñe los lomos y sale a la guerra contra los enemigos y mata a reyes con príncipes. Enrojece los montes con la sangre de sus muertos y blanquea los collados con la grasa de sus guerreros. Sus vestidos están envueltos en sangre: se parece al que pisa racimos». Traducción de M. Pérez Fernández, *Tradiciones mesiánicas en el Targum palestinense*, Valencia, 1981, pág. 136.

manuscrito Neófiti 1 del *Targum* palestinense (Éx 12, 42) en el canto de las «Cuatro Noches»[121].

C) *Un intento de interpretación del mesianismo de Jesús*
Toda tentativa de exégesis global de estos hechos ha de tener en cuenta dos realidades difícilmente cuestionables que señala Brown en *Death*[122]:

   *a)* después de su resurrección, Jesús fue llamado y considerado «mesías» por sus seguidores;

   *b)* las escenas de los Evangelios en las que Jesús es llamado o reconocido estrictamente como «mesías» son pocas y son dudosas: Otros o llaman mesías, no él respecto a sí mismo. Así:

• En Lucas 4, 41, el que dice que Jesús es el mesías es el evangelista, no el Nazareno mismo.

• Juan 4, 25-26 (la mujer samaritana pregunta a Jesús si es él el mesías y Jesús lo acepta) es considerado por prácticamente todos los intérpretes como una escena ideal en la que se ejemplifica en una samaritana el paso de la fe imperfecta a la perfecta, no histórica.

• La escena de Mateo 16, 16-17 es contradicha por su paralelo de Marcos 8, 29-30, en la que Jesús se muestra decididamente contrario a que se sepa que él es el mesías.

• La pregunta del sumo sacerdote es respondida por el Jesús del Evangelio de Marcos con un «sí», pero con evasivas en Mateo. Lo mismo pasa con el lugar paralelo de Lc 22, 67-68: «"¿Eres tú el Cristo?" Dínoslo. Y Jesús les dijo: "Si os lo dijere, no creeréis"», y el semiparalelo de Juan 10, 24-25: «¿Hasta cuándo nos turbarás el alma? Si tú eres el mesías, dínoslo abiertamente…».

---

[121] Cuarta noche: «Cuando llegue el mundo a su fin / para ser redimido, / los yugos de hierro serán / quebrados / y la generación malvada / será aniquilada. Y Moisés subirá / de en medio del desierto / y el Rey Mesías / de lo alto». Traducción de M. Pérez Fernández, *Tradiciones mesiánicas*, pág. 175.

[122] Págs. 475 y ss.

Todos estos textos dan a entender a las claras que Jesús no era nada nítido al respecto.

Así pues, no es en absoluto seguro que Jesús se hubiese proclamado mesías antes de este momento de su entrada en Jerusalén. Ni siquiera sabemos con seguridad cómo se imaginaba a sí mismo como mesías, ya que probablemente se sentía más a gusto consigo mismo como proclamador o profeta de la venida inmediata del Reino de Dios. Pero de acuerdo con lo dicho en B (pág. 183), su mesianismo no podía diferir de un modo rotundo de las concepciones de sus contemporáneos. No es sensato pensar que Jesús se proclamara mesías entrando en Jerusalén, y que la plebe lo aclamara como tal, a la vez que lo hacía en un sentido totalmente distinto al de su época —es decir, un «mesianismo cristiano» con rasgos claramente nuevos y no judíos— y a lo que pensaban los que lo coreaban.

Da, pues, toda la impresión de que, tras casi tres años de ministerio público, según el Evangelio de Juan, fueron sus partidarios galileos los que animaron a Jesús para entrar en Jerusalén realmente como mesías y liberador de Israel, y que Jesús acabó aceptando la idea. Esta es la marcha triunfal que describen los cuatro evangelistas.

Deseo recalcar que, probablemente también, debe darse por sentado, conforme a lo dicho anteriormente, que Jesús era de los que esperaban que Dios, o algún ayudante suyo, se encargaría prácticamente de todo, al final, momentos antes de la llegada del Reino. Y da la impresión también de que Jesús no esperaba casi nada, o apenas nada, del uso de las armas para conseguir este fin, aunque entre sus discípulos hubiese quien fuera afecto a ellas (véase antes Lc 22, 49-50).

Debe, pues, interpretarse que el último acto de la instauración del Reino divino quedaba —según Jesús— en manos de Dios, mientras que los hombres tenían que prepararse para ese evento, sobre todo por medio de la conversión y la penitencia.

Confirma esta interpretación de la tesitura de Jesús el que la tradición sinóptica —que, como hemos visto, habla también de la violencia— no mencione ninguna implicación de Jesús en la política de su país. Interpretamos que el Nazareno, al parecer, estaba interesado más en la división entre el Israel justo y el pecador, aún no preparado para el Reino, que en la división entre el Israel oprimido por Roma y el Israel libre. La sumisión de Israel a Roma era una de las expresiones de la sumisión de Israel a Satán. Cuando viniera el Reino, esta sumisión quedaría automáticamente resuelta por la intervención divina.

¿Cómo se imaginaba Jesús tal actuación? Quizá haya una pista en el dicho recogido por Mateo 26, 54: «¿Acaso piensas que no puedo orar a mi Padre y que él no me daría más de doce legiones de ángeles?». Como buen profeta escatológico-apocalíptico, Jesús debía de tener presente lo que decía la profecía del Libro de Daniel 2, 34-35: la estatua del rey Nabucodonosor, que representa simbólicamente todo el poderío de los paganos/romanos, quedó derribada por una piedra «no lanzada por mano de hombre», es decir, impulsada por Dios.

Por otro lado, interpretamos también que no hay ningún indicio seguro de que Jesús pensara que su mesianismo fuera un «mesianismo sufriente», como luego teologizaron sus seguidores, ni tampoco que esperase una muerte segura para sí mismo, y menos su resurrección. Su entrada en Jerusalén y su marcha por el monte de los Olivos, interpretadas a la luz del profeta Zacarías (14, 4-5: «Se afirmarán aquel día los pies de Yahvé sobre el monte de los Olivos... y vendrá entonces Yahvé con todos sus santos»), significaban para él que pronto, de inmediato, quizá apresurado por su entrada triunfal, vendría el reino de Dios y que él sería algo así como su virrey[123].

Por tanto, creemos que la teología de un mesías sufriente es puramente cristiana y que no corresponde al Jesús histórico: es un producto de «la teología de la comunidad pospascual». Se trata del

---

[123] «En la historia de la petición de los dos hijos de Zebedeo (o de su madre), ambos evangelistas, Mateo y Marcos, se refieren al *reino de Jesús* (Marcos: "gloria") (Mt 20, 21/Mc 10, 37). El pasaje de la parusía (Mt 24, 30/Mc 13, 26/Lc 21, 27) hace referencia al *Hijo del hombre* (así también Mt 16, 27 y par.). Supongo que, puesto que los discípulos de Jesús eran judíos, cuando discutían sobre el *reino de Jesús* entendían "el reino de Dios con Jesús como virrey". Creo que no puedo ir más allá de esto»: E. Sanders, *Jesús y el judaísmo*, Trotta, Madrid, 2004, pág. 441.

mesianismo nuevo de un siervo de Dios doliente, condenado a muerte por los hombres con la anuencia divina, y que ha de resucitar a
los tres días (Mc 8, 31); de un Hijo del hombre que debe padecer
mucho y ser reprobado por los ancianos, sumos sacerdotes y escribas del pueblo *(ibidem);* de un mesías, hijo amado de Dios, que
no quiere ser reconocido como tal (el secreto mesiánico) hasta después «que resucitara de entre los muertos» (Mc 9, 9); de un mesías
cuya muerte expiatoria[124] habría de salvar al mundo de sus pecados
(cf. Jn 1, 29-30); un mesías que no fue de hecho reconocido por sus
discípulos, quienes eran incapaces de captar la necesidad salvífica de
la crucifixión (cf. Mc 9, 32)[125].

En todo caso, según el trasfondo de las tres predicciones de su
muerte tal como aparecen en los sinópticos (Mc 8, 31; 9, 31; 10,
33-34 y par.)[126], Jesús podía pensar que la vida de un profeta podía
terminar mal…, y que incluso su muerte podría acontecer antes de
que viniera el Reino de Dios. Pero nada más.

---

[124] H. Merklein escribió sobre el tema un artículo importante, «Der Tod Jesu
als stellvertretender Sühnetod. Entwicklung und Gehalt einer zentralen
neutestamentlichen Aussage», en *Studien zu Jesus und Paulus*, de 1992, págs.
181-191. La noción expresa de la muerte vicaria es pospascual: Merklein
opina (pág. 184) que la especulación sobre la muerte vicaria partió de 1
Corintios 15, 3, texto en el que la creencia en la resurrección de los muertos,
atribuida al poder de Jesús, debió de unirse pronto —en suelo palestino,
después de Pascua, pero sin distinguir demasiado entre judeocristianos o
helenistas— con la creencia en la virtud de la muerte expiatoria, que es
judía. De un modo parecido, M. Hengel, *The Atonement. The Origins of
the Doctrine in the New Testament*, Filadelfia, 1981.

[125] *Fuentes del cristianismo*, pág. 300.

[126] Casi todos los intérpretes, incluidos los católicos, opinan que estas «predicciones» son un producto de la Iglesia posterior —como antes dijimos, de
los profetas cristianos—, una vez solidificada la creencia en que Jesús había
resucitado, es decir, una suerte de moldeado en plan de profecía de algunas
palabras auténticas del Jesús histórico en las que él —que sabía que tenía
a las autoridades judías y romanas en contra— había dado expresión a sus
temores de que estos tomaran venganza de él.

## La noción de un sacrificio vicario

Estoy profundamente de acuerdo con Henk S. Versnel en que la mentalidad griega de la época, en la que empieza a fraguarse la teología del Nuevo Testamento, es la que proporciona la base para la creación por parte de la comunidad primitiva, por Pablo sobre todo[127], de una teología de que Jesús aceptó previa y conscientemente su muerte como parte de un plan divino, y que esa muerte habría de ser redentora, vicaria por la humanidad entera. En efecto, había en el mundo griego —y de ningún modo en el judío— «una conciencia generalizada… de que era *posible y eficaz* que una persona asumiera el sufrimiento, la muerte o el destino de otra, de modo que mediante su propia muerte pueda salvar a ese otro»[128]. El cristianismo primitivo se enfrentaba al problema de que el mesías había muerto antes de haber podido cumplir sus promesas de traer el Reino de Dios. Y Pablo en concreto sentía lo agudo del caso de que, acercándose el final de los tiempos, el Israel que se iba a salvar no podía hacerlo —según los profetas posteriores al exilio— si de algún modo no se incorporaban (algunos) paganos al Israel final[129].

¿Por qué escogió el apóstol el concepto de «muerte vicaria»[130] para explicar el sentido de la muerte del mesías? Podía haber escogido otros, como «la muerte del último de los justos como anuncio de la venida del Reino de Dios». Pues lo escogió por esa concien-

---

[127] «Cristo murió por nosotros»: Romanos 5, 8; «Uno murió por todos»: 2 Corintios 5, 14-15; Marcos 10, 45: Jesús «dio su vida como rescate por todos».

[128] «La muerte de Jesús como acontecimiento de salvación: influencias paganas en la doctrina cristiana», en E. Muñiz y R. Urías (eds.), *Del Coliseo al Vaticano*, Fundación J. M. Lara, Sevilla, 2005, 33-55; aquí pág. 55.

[129] Véase Sanders, *Jesús y el judaísmo*, págs. 127 y ss.; *Guía*, págs. 266 y ss.

[130] «Por muerte vicaria o soteriológica entiendo aquella muerte deliberadamente buscada o aceptada, que debe ser incondicional y al mismo tiempo dirigirse explícitamente —o interpretarse *a posteriori* como dirigida— a garantizar la salvación de otro u otros del destino o de la muerte presente o venidera», Versnel, pág. 41.

cia de muerte noble y eficaz salvíficamente, que hemos mencionado anteriormente, y que era propia del mundo romano y griego. Esta idea básica, procedente del misticismo de la religión pagana circundante, se complementó con otras nociones judías como la del siervo sufriente de Yahvé, del segundo Isaías (capítulos 42.49-53), y que la expiación «por mucha gente, o por todo el mundo o de sus pecados, es decir, la salvación de la ira de Dios... cuyo rastro aparece en las historias de los mártires del libro segundo de los Macabeos que mueren por sus propios pecados y por los del pueblo»[131].

### 3. Otras acciones y dichos de Jesús entre la entrada triunfal en Jerusalén y la «purificación» del Templo

Entre la «purificación» del Templo y las importantes palabras de Jesús sobre la función de este (Mc 13, 1) —que nosotros hemos colocado cronológicamente antes de que empiece en verdad la semana de la Pasión—, el Evangelio de Marcos señala una serie de acciones y dichos de Jesús cuya cronología exacta es difícil de precisar. Debieron de transcurrir durante los meses siguientes a la entrada triunfal en Jerusalén, y en la ciudad misma sobre todo, más que en sus alrededores. Es de destacar de nuevo cómo las autoridades no actúan contra Jesús de inmediato.

Estos episodios han sido ya señalados: la maldición de la higuera, que luego se seca; insidias de las autoridades judías contra Jesús entre las cuales el Evangelio de Juan menciona una reunión importante en la que se decide la muerte de aquel; unos griegos quieren ver a Jesús, pero este no los recibe. Con estos hechos va unida una dilatada tarea de *enseñanza* de Jesús en el Templo, o en sus cercanías (Mc 11, 27), con los episodios polémicos siguientes, también ya mencionados: disputa sobre el poder de Jesús y el bautismo de Juan; discursos diversos en los que van incluidas las parábolas siguientes: de

---

[131] Versnel, pág. 55.

los dos hijos, de los malos viñadores, de los invitados a las bodas reales, una disputa con los saduceos sobre la existencia o no de la resurrección, una aclaración sobre cuál es el precepto más importante de la Ley, otra disputa acerca de las dificultades de creer al pie de la letra que el mesías debe ser descendiente directo y carnal de David[132] y un feroz discurso de Jesús contra escribas y fariseos.

De estas acciones y dichos de Jesús no podemos tratar aquí por razones de espacio, y el lector ha de leerlos por su cuenta o ayudándose de un buen comentario.

### 4. EN ESTE AMPLIO CONTEXTO DE MESES DEBEMOS SITUAR LOS PASAJES SINÓPTICOS SIGUIENTES QUE NO APARECEN EN EL EVANGELIO DE JUAN

- Una disputa muy importante de Jesús con los fariseos sobre si es lícito o no pagar el tributo al César.
- La Última Cena.
- El Sanedrín decide la muerte de Jesús. El Evangelio de Juan (11, 47-53) ofrece una misteriosa reunión de sinedritas, sacerdotes saduceos y fariseos, que deciden la muerte de Jesús en ausencia de este.

Trataremos aquí de estos temas, a los que añadiremos el complemento necesario del «proceso judío» de Jesús en los Evangelios

---

[132] La mayoría de los intérpretes ven en esta perícopa (Mc 12, 35-37a) una diatriba cristiana antigua entre los que sostenían que Jesús era descendiente directo de David (posición mantenida por Mateo —genealogía de Jesús: 1, 1-17; Lucas, igualmente: 3, 23-37/Hechos 13, 34, y Pablo: por ejemplo, Rom 1, 3— y su escuela: 2 Tim 2,8) contra Marcos (quien defiende probablemente que Jesús era un hombre, un galileo, no de la ciudad davídica de Belén, corriente hasta que fue adoptado por Dios en su bautismo) y contra Juan, quien no menciona en absoluto la encarnación y parece afirmar, por boca de las gentes, que Jesús era oriundo de Galilea, no de Belén, 7, 42, por tanto no descendiente de David.

sinópticos que debe quizá ser la misma acción que la referida por Juan (acción solo incoada en este Evangelio, pues el reo no está presente), contada desde otra tradición y otra óptica. Comenzamos por el episodio del pago de los impuestos al Imperio romano por parte de los ciudadanos de Israel.

## 5. ¿Es lícito pagar el tributo al César?

El caso del pago del tributo al César (Mc 12, 13-17/Mt 22, 15-22/ Lc 20, 20-26) es un historia bien conocida, sobre todo por el final con la enigmática y luego famosa frase de Jesús. El pasaje fundamental —en el que fariseos y herodianos tienden una trampa dialéctica a Jesús— reza así: «"¿Está permitido pagar tributo al César o no? ¿Lo pagamos o no lo pagamos?". Jesús, consciente de su hipocresía, les dijo: "¿Por qué queréis tentarme? Traedme una moneda que yo la vea". Se la llevaron, y él les preguntó: "¿De quién son esta efigie y esta leyenda?". Le contestaron: "Del César". Jesús les dijo: "Lo que es del César, devolvédselo al César, y lo que es de Dios, a Dios". Y quedaron maravillados».

La interpretación tradicional de este episodio es: Jesús, de una manera sutil, afirmó que los judíos debían pagar el tributo al emperador. De este modo se alineaba de antemano con el pensamiento que Pablo de Tarso habría de expresar más tarde a los romanos: «Es preciso someterse a las autoridades temporales no solo por temor al castigo, sino por conciencia. Por tanto, pagadles los tributos, pues son ministros de Dios ocupados en eso» (Rom 13, 5-6).

Esta exégesis tradicional tiene, sin embargo, un punto oscuro: contradice palmariamente lo que Lucas afirma taxativamente en 23, 2 que dijeron las autoridades judías contra Jesús al acusarlo ante Pilato: «Hemos encontrado a este pervirtiendo a nuestro pueblo: *prohíbe pagar el tributo* al César y dice ser el mesías», frases que la inmensa mayoría de los investigadores afirman ser históricamente fidedignas. ¿Cómo es posible que, según Marcos, Jesús hubiese permitido pagar el tributo al César y que luego se le acusase de lo contrario? Esto supondría que Jesús se contradijo palmariamente en poco tiempo.

La solución a esta dificultad se halla en una recta interpretación del pasaje del Evangelio de Marcos y de sus paralelos en Mateo y Lucas. La exégesis aclaratoria que más me convence de cuantas he leído es la realizada por G. Puente Ojea[133], que resumo a continuación. Para entender bien la situación ofrece mejores pistas que la de Marcos la versión paralela de Lucas. Los fariseos, que conocen bien el pensamiento de Jesús, se mantienen al acecho mientras envían a unos delegados que formulan a este una pregunta trampa de modo que tenga que exponer «ante el pueblo», en público (Lc 20, 26), una enseñanza políticamente peligrosa. Esa doctrina —bien conocida, pero no expresada manifiestamente por el evangelista— constituye las premisas teológicas de la pregunta: el pueblo sabe y acepta que la tierra entera y los ciudadanos de Israel son propiedad de Dios. El pago del tributo al César supone admitir a este como señor y por tanto ser infieles a la alianza con Yahvé, el único Señor. Que aquella doctrina era también propia de Jesús lo dan por supuesto los fariseos que articulan la estratagema, y lo saben a ciencia cierta ya que es la enseñanza mantenida por todos los judíos piadosos desde hacía muchos años (luego atribuida a los zelotes)…, y Jesús era un piadoso.

La cuestión no es, pues, propiamente una pregunta para informarse, porque saben de antemano que Jesús está de acuerdo con las ideas expuestas que implican no declarar «señor» al César y por tanto el no pago del tributo. Se trataba solamente de «obtener de Jesús una declaración pública y solemne en la capital religiosa de Israel por la que se rechazase abiertamente el pago del tributo a un Señor extranjero». De este modo, Jesús estaba metido en una verdadera trampa: si decía que sí había que pagar, arruinaba públicamente toda su predicación sobre el Reino de Israel, que estaba de acuerdo con las premisas teológicas antes expuestas. Si decía que no, con los romanos al lado y vigilantes, sería reo de un delito de sedición contra el Imperio. Podría ser apresado y condenado de inmediato a

---

[133] *El Evangelio de Marcos. Del Cristo de la fe al Jesús de la historia*, Siglo Veintiuno, Madrid, 1992, con reediciones, págs. 108-116.

muerte. Por eso le preguntan si es lícito a los judíos pagar el tributo (Mt 22, 17/Lc 20, 22)…, lícito *religiosamente* se entiende, porque *políticamente* ya sabían la respuesta: había que pagar el tributo so pena de cárcel y muerte.

Jesús entiende la naturaleza de la trampa y su respuesta a ella será un «no» —los judíos no deben pagar—, pero un «no» solo claro para quienes supieran de qué iba la cosa, aunque para los romanos —que no conocían bien la teología de que Israel era solo propiedad de Dios— la respuesta podía darse como satisfactoria, ya que no predicaba públicamente un no.

Aparentemente Jesús da la razón a estos últimos; pero en el fondo, tal respuesta se la quita, pues es una negativa a los ojos de los que entienden. Para lograr escaparse del aprieto —una prueba más de que no deseaba su muerte—, Jesús opone estratagema a estratagema[134]. Ordena que le muestren la moneda en la que se paga el tributo, un denario. En él está impresa la efigie del César. Entonces Jesús dice: «Devolved al César lo que es del César (esta moneda o cualquier otra con esta efigie), y a Dios lo que es de Dios (el pueblo y la tierra de Israel, y los frutos de esa tierra = el importe del tributo)».

Así pues, el doble sentido, engañoso voluntariamente, «se centra en la moneda: como ostenta la efigie del César, puede tomarse a

---

[134] La historia de la Pasión pinta otra escena en la que se observa de nuevo a un Jesús muy astuto. Se trata de la cuestión sobre sus poderes: «Mientras él iba andando por el Templo, se le acercaron los sumos sacerdotes, los letrados y los senadores y se pusieron a preguntarle: "¿Con qué autoridad actúas así? ¿Quién te ha dado la autoridad para actuar así?". Jesús les respondió: "Os voy a hacer una sola pregunta; contestádmela y entonces os diré con qué autoridad actúo así. El bautismo de Juan ¿era cosa de Dios o de los hombres? Contestadme". Ellos razonaban diciéndose unos a otros: "Si decimos 'de Dios', dirá: 'Y, entonces, ¿por qué no lo creísteis?'; pero si decimos 'de los hombres', habría que temer al pueblo"… (porque todo el mundo pensaba que Juan había sido realmente un profeta). Y respondieron a Jesús: "No lo sabemos". Jesús les replicó: "Pues tampoco yo os digo con qué autoridad actúo así"».

primera vista como una cosa que pertenece a él; pero el tributo no es la moneda, que es un simple medio de pago», sino el esfuerzo, el trabajo, los frutos de la tierra de Israel (que pueden traducirse a cualquier moneda, por ejemplo el estáter/didracma fenicio o griego utilizado como modo de pago corriente del tributo al Templo: Mateo 17, 24), y todo eso es solo de Dios. Por consiguiente, Jesús vino a decir en el fondo: si hay por ahí denarios, podéis dárselos al César, pues son suyos, pero el fruto de la tierra de Israel, el tributo, eso es solo de Dios. Por tanto, no debe pagarse el impuesto.

La estratagema fue, por lo visto, tan brillante, que Marcos y los otros dos evangelistas que le siguen escribieron que los enemigos «quedaron absolutamente maravillados» por ella[135].

## 6. Acciones y dichos de Jesús antes de la Última Cena y del proceso judío

- Como *acciones* se cuentan dos episodios. Uno que solo aparece en el Evangelio de Juan (12, 20-36): unos griegos quieren ver a Jesús, pero este no los recibe, lo que da pie a un discurso del Salvador sobre el sentido de su muerte, con motivos que luego aparecen en el trance de Getsemaní en los sinópticos (angustia de Jesús; voz del cielo que lo conforta; la copa que ha de beber). Otro, relatado por los cuatro evangelistas: la unción de Jesús en Betania (Mc 14, 3-9 y par.), que ya hemos tratado, situándolo antes de la última semana de Jesús.

- Como *dichos* encontramos los siguientes: un largo discurso apocalíptico de Jesús sobre el fin de los tiempos (llamado el «apocalipsis sinóptico») con el anuncio de las persecuciones

---

[135] G. Puente añade que Marcos, que omite voluntariamente las premisas de la argumentación, toda la teología farisea-zelota de que la tierra de Israel y sus frutos son solo de Dios, adopta esta actitud para presentar ante los romanos —después de la Gran Guerra del 66 al 70— a Jesús como un judío que no se oponía al pago del tributo: págs. 115-16.

que sufrirán sus seguidores, y predicciones sobre la vuelta de la misteriosa figura del Hijo del hombre —que trataremos luego—. Mateo y Lucas recogen además una serie de sentencias de Jesús que forman como la conclusión de su ministerio público antes del comienzo de la Pasión propiamente dicha con la escena de la unción, la Última Cena y el episodio en el huerto o finca Getsemaní. Estos dichos constan sobre todo de parábolas: sobre el Diluvio y exhortación a la vigilancia; sobre los siervos fiel e infiel; las diez vírgenes; los talentos/minas; sobre el juicio final. Hay también palabras sobre la incredulidad del pueblo judío (en los cuatro Evangelios) y sobre el juicio del Padre sobre el mundo por no haber creído en Jesús (solo en el Evangelio de Juan).

No trataremos de estos temas por razones de espacio. Consignaremos únicamente lo que nos parece esencial de lo que viene a continuación.

### 7. La Última Cena de Jesús. ¿Una cena pascual? ¿Instituyó Jesús la Eucaristía?

Después de la unción de Jesús tanto los Evangelios sinópticos como el de Juan hablan de la Última Cena de Jesús, pero la presentan con luces totalmente distintas. La institución de la Eucaristía aparece en Marcos, a quien siguen Mateo y Lucas, pero está ausente en Juan, el cual a su vez tiene temas eucarísticos claros en su capítulo 6… Por otro lado, el primer relato cronológicamente de la institución aparece en 1 Corintios 11, 23-25, pero en el cristianismo primitivo de los Hechos de los apóstoles y en otros escritos cristianos la eucaristía no parece desempeñar papel alguno. Para ayudar a desentrañar un tanto este enigma, veamos los textos en su secuencia cronológica:

1. Pablo de Tarso escribe entre el 54-58 d. de C. su Primera Carta a los Corintios. En 11, 23-25, leemos: «Porque yo recibí

del Señor lo que os transmití a vosotros: que el Señor Jesús, la noche en que iba a ser entregado, tomó pan, dio gracias, lo partió y dijo: "Esto es mi cuerpo, que se entrega por vosotros; haced lo mismo en memoria mía". Después de cenar, hizo igual con la copa, diciendo: "Esta copa es la nueva alianza sellada con mi sangre; cada vez que bebáis, haced lo mismo en memoria mía". Pues de hecho, cada vez que coméis de ese pan y bebéis de esa copa, proclamáis la muerte del Señor hasta que vuelva. Por consiguiente, el que come del pan o bebe de la copa del Señor indignamente tendrá que responder del cuerpo y de la sangre del Señor».

2. Marcos 14, 22-26 (hacia el 71 d. de C.): «Mientras estaban comiendo, cogió un pan, lo bendijo, lo partió y se lo dio, diciendo: "Tomad, este es mi cuerpo". Y, tomando una copa, pronunció una acción de gracias, se la pasó y todos bebieron de ella. Y les dijo: "Esta es la sangre de mi Alianza, que se derrama por muchos. Os aseguro que ya no beberé más del producto de la vid hasta el día aquel en que lo beba de nuevo en el reino de Dios". Y después de cantar salieron para el monte de los Olivos».

3. El texto de Lucas 22, 15-20 (unos diez o quince años después de Marcos), tiene de notable que presenta dos versiones, un texto largo y otro más breve.

He aquí el breve[136]: «Cuando llegó la hora, se recostó Jesús a la mesa y los apóstoles con él. Y les dijo: "¡Cuánto he deseado comer con vosotros esta Pascua antes de mi pasión! Porque os digo que no la volveré a comer hasta que tenga su cumplimiento en el reino de Dios". Y tomando una copa pronunció la acción de gracias y dijo: "Tomad, repartidla entre vosotros; porque os digo que desde ahora no beberé más del producto

---

[136] Tal como aparece en un manuscrito muy importante del Nuevo Testamento, llamado Códice Beza, y en las antiguas versiones ítala y siríaca del mismo Nuevo Testamento.

de la vid hasta que no llegue el reinado de Dios". Y tomando un pan pronunció una acción de gracias, lo partió y se lo dio a ellos diciendo: "Esto es mi cuerpo"».

El texto largo añade los vv. 19b y 20: «"Que se entrega por vosotros; haced lo mismo en memoria mía". Después de cenar hizo igual con la copa diciendo: "Esta copa es la nueva alianza sellada con mi sangre, que es derramada por vosotros"».

4. Los Hechos de los apóstoles (de la misma época que el Evangelio, del que constituyen la segunda parte) mencionan la «fracción del pan» en diversos pasajes: 2, 42-46; 20, 7-11; 27, 35. El más interesante es 2, 46: «Diariamente acudían unánimemente al Templo, partían el pan en las casas y tomaban su alimento con alegría y sencillez de corazón». El resto de los pasajes dicen exactamente lo mismo, «partir el pan», sin ninguna mención a lo que hoy entendemos por eucaristía con su referencia al cuerpo y sangre de Cristo.

5. La *Didaché* o «Doctrina de los Doce Apóstoles», un documento judeocristiano muy antiguo, del 110 aproximadamente —anterior incluso a la Segunda Epístola de Pedro (compuesta hacia el 120)— y que a punto estuvo de entrar en el canon de Escrituras Sagradas del Nuevo Testamento, menciona una liturgia judeocristiana primitiva, que se llamaba «eucaristía»[137], en los capítulos 9 y 10. Es una ceremonia parecidísima a una comida comunal judía en un día festivo, un sábado por ejemplo, denominada *qiddush*, que consta en primer lugar de una bendición sobre el vino, como paso previo y anterior a la comida propiamente dicha, y de una bendición sobre el pan (en hebreo «pan» significa a veces todo tipo de alimento, comida en general), que es el inicio de la comida propiamente tal. En el texto de la *Didaché* sobre esta «eucaristía» hay oraciones de acción de gracias a Dios, hay plegarias por la Iglesia y se

---

[137] Es este un vocablo ciertamente griego, pero usado por los judíos de lengua griega para expresar «una oración de acción de gracias».

expresa el anhelo cristiano común de que se acabe el mundo cuanto antes y que venga el Señor. No hay mención alguna a la sangre y cuerpo de Jesús, ni a «comunión» alguna, tal como suele entenderse la Eucaristía después de leer detenidamente a Pablo y el relato evangélico de su institución en una tradición continua que sigue hasta hoy día.

## ¿Cómo entender el conjunto de estos textos?[138]

Respecto a 1, parece muy claro que Pablo afirma con rotundidad que él ha recibido la interpretación de la Última Cena de Jesús de parte del «Señor» mismo, es decir, por medio de una visión, al igual que él afirma que su «evangelio» no procede de «carne y de sangre», sino directamente por revelación de Jesucristo (véase Gál 1, 11; véase también 2, 2). Naturalmente, esta interpretación obvia supone que el origen de la tradición sobre la institución de la Eucaristía no procede directamente de la Iglesia primitiva, es decir, del grupo de Jerusalén, sino de Pablo, y en concreto de una visión divina.

Es importante también que el lector caiga en la cuenta del orden de la acción eucarística en esta tradición que —afirmamos— tiene su origen en Pablo: primero ha de pronunciarse la bendición sobre el pan y luego sobre el vino. El orden es pan-vino = cuerpo-sangre de Cristo. Este orden es contrario a la costumbre judía en cualquier comida solemne: primero bendición sobre el vino, luego sobre el pan, como ya hemos visto en el texto de los Hechos.

Tal afirmación de que Pablo transmite el contenido de una visión por él tenida enciende las alarmas de la Iglesia, porque en el fondo pone en duda la historicidad de lo que cuentan los Evangelios, a

---

[138] Para la exégesis de estos pasajes soy deudor de Hyam Maccoby, en su libro *Paul and Hellenism*, capítulo «Paul and the Eucharist», SCM, Londres, 1991, págs. 90-127. Leí este libro hace más de diez años y lo he vuelto a releer al redactar estas páginas. Cada vez me convencen más sus argumentos, que sintetizo en buena parte.

saber, que fue Jesús mismo el que instituyó la Eucaristía y ordenó a sus discípulos que repitieran el acto en su memoria, cosa que cumplió la Iglesia primitiva, la cual transmitió esta doctrina a Pablo. El apóstol —según esta opinión— solo estaría transmitiendo algo que él previamente había recibido de la Iglesia por tradición. El fundamento científico de esta afirmación —que contraría el sentido obvio del texto— es que Pablo está utilizando unos términos técnicos, «recibir» y «entregar/transmitir» (en griego *paralambánein*/hebreo *qibbel* — griego *paradidónai*/heb. *masar*), que se usan en ambiente rabínico *solo* para expresar el acto de transmisión de tradiciones previas comunitarias. De ahí que este pasaje «Porque yo recibí del Señor lo que os transmito…» se suele traducir como «Porque lo mismo que yo recibí, y que venía del Señor, os lo transmití a vosotros» (por ejemplo, Nuevo Testamento de Editorial Cristiandad: traducción de Juan Mateos).

Esta versión al castellano no es, sin embargo, literal, sino interpretativa y, en mi opinión, errónea, porque se basa en un supuesto falso: que esos términos técnicos se emplean solo para tradiciones humanas, recibidas de una comunidad. Léase, si no, el comienzo de uno de los más célebres textos del judaísmo, el inicio del tratado *Abot*, «Padres», de la Misná: «Moisés recibió (*qibel*) la Torá (la Ley) del Sinaí (es decir, de Dios) y la transmitió (*masar*) a Josué, Josué a los ancianos, los ancianos a los profetas…»[139]. Es evidente que el uso de estos términos no siempre representa una tradición recibida de mano de hombres. En este caso es clarísimamente de Dios… lo mismo —nos parece— que en Pablo, como dice literalmente el texto.

Otros argumentos filológicos para probar la opinión tradicional son igualmente débiles e inoperantes, pero hago gracia al lector de ellos, pues resultan demasiado técnicos.

Por tanto, la conclusión es: Pablo es el iniciador de una tradición propia, recibida directamente del cielo (visión) que interpreta una

---

[139] Trad. de Carlos del Valle, *Misná*, Sígueme, Salamanca, 1997, pág. 935.

parte importante de la Última Cena como Eucaristía, afirmando que Jesús le ha revelado que en ella él la había instituido.

Respecto a 2 (Mc 14, 22-26), el evangelista afirma lo mismo que Pablo. Teniendo en cuenta que la mayoría de la investigación opina que Marcos es un teólogo «paulino», no es improbable que el evangelista esté repitiendo, convenientemente dramatizado —técnica que ya conocemos—, lo que afirmó el apóstol.

Hay otro aspecto que debemos considerar: es extremadamente curioso que Marcos (y Lucas, que sigue a Marcos) afirme que se trata de una «Cena pascual», pero en ella no se habla ni del cordero ni de las hierbas amargas, esenciales en toda comida de Pascua.

Obsérvese, además, que si del texto de Marcos se eliminan las escasas palabras de la «institución» y se invierte simplemente el orden pan/vino, pasándolo al tradicional judío vino/pan, el texto se transforma en una cena judía absolutamente tradicional, un *qiddush*, la misma comida aludida en los Hechos de los apóstoles.

El pasaje quedaría así:

> Tomando una copa, pronunció una acción de gracias, se la pasó y todos bebieron de ella. «Os aseguro que ya no beberé más del producto de la vid hasta el día en el que lo beba nuevo en el reino de Dios». (Luego) tomó un pan, lo bendijo, lo partió y se lo dio.

Por último, nótese que las palabras que comienzan por «Os aseguro…» son una alusión al evento escatológico: la venida inmediata del Reino de Dios en el que Jesús piensa beber de nuevo el vino en el banquete mesiánico. No hay alusión alguna a su muerte.

Respecto a 3 (Lc 22, 15-19a: versión breve), obsérvese que hay también una mención a la Pascua, en forma de sentencia de Jesús, que proporciona el marco a la Cena, pero que tampoco hay mención al cordero pascual, ni a las hierbas amargas. Como señalan los estudiosos, los evangelistas se olvidan luego en absoluto, para el resto del relato de la Pasión, de que están narrando cosas que ocurren el día de Pascua. Como veremos posteriormente, cuando tratemos del día en el que murió Jesús (véase p. 241), parece evidente que la alusión a la Última Cena como comida pascual es un añadido de la tradición cristiana primitiva —contradicha por el Evangelio de Juan— motivada por una teología cada vez más común que hace de Jesús y de su sacrificio en la cruz el sustituto del sacrificio de la pascua judía: Jesús, el Redentor, como Cordero de Dios, fue sacrificado de una vez por todas. Y así como la sangre del sacrificio del cordero pascual liberó a los israelitas de perecer a manos del ángel en el éxodo de Egipto, del mismo modo la sangre de Cristo libera a la humanidad de perecer en las manos de Dios en el éxodo de la vida. Los seres humanos somos salvados por la sangre redentora del cordero divino.

Si esta hipótesis es correcta, y así lo parece, es posible eliminar como tema secundario, no primitivo, del texto de Lucas la alusión a la Pascua. Segundo: si Lucas copia o sigue a Marcos, es posible también considerar como paulina la tradición de la institución eucarística. Si las palabras que aluden a ella se eliminan momentáneamente del texto lucano (del texto breve, más las añadiduras del texto largo), el resultado es sorprendente: queda también la descripción de un *qiddush* judío con un tono escatológico clarísimo: «Cuando llegó la hora, se recostó Jesús a la mesa y los apóstoles con él. Y les dijo: "No la volveré a comer —es decir, no tendré otro banquete con vosotros— hasta que tenga su cumplimiento en el reino de Dios". Y tomando una copa pronunció la acción de gracias y dijo: "Tomad, repartidla entre vosotros; porque os digo que desde ahora no beberé más del producto de la vid hasta que no llegue el reinado de Dios. Y tomando un pan pronunció una acción de gracias, lo partió y se lo dio"».

El resto de los textos, números 4 y 5 (Hechos y *Didaché*), ha sido suficientemente comentado.

La conclusión de este breve análisis puede sintetizarse en la formulación de una hipótesis que explique el conjunto de los textos con sus diferencias. Tal hipótesis puede ser la siguiente: lo que ocurrió en verdad explica pasablemente bien el origen de los textos: es muy probable que Jesús, imaginándose que su enfrentamiento con las autoridades podía costarle caro, se reunió con sus discípulos en una cena más bien solemne, un *qiddush*, cerca temporalmente de la festividad de Pascua, y les dijo que, si pasaba algo, no volvería a comer y beber con ellos hasta que viniera el Reino de Dios, que sería de inmediato. Si a él le pasara algo, contaba con la resurrección inmediata para participar del Reino (para esta concepción, véase 1 Tes 4, 13-18).

O bien, si la hipótesis de que Jesús se imaginaba un final trágico para su vida de profeta no es correcta, el Nazareno pensó que el Reino de Dios estaba tan cercano que el siguiente banquete con sus discípulos sería muy pronto, ya instaurado el Reino.

En cualquiera de las dos hipótesis, no se trataba de una *cena pascual*, sino de una cena de «despedida».

No piense el lector que estoy dando expresión aquí a una hipótesis que sería un solemne disparate. El teólogo y exegeta católico R. E. Brown sitúa más o menos tentativamente estos acontecimientos de la Última Cena el martes de la semana de Pasión, no el jueves[140], y reconoce lo siguiente:

1.  Que puede haber dudas razonables de que esa cena no fuera pascual como afirman los evangelistas, sino una comida de hermandad con sus discípulos.

2.  Que este posible cambio de cena normal a cena pascual constituye un «teologuema», es decir, una idea teológica introducida dentro de una narración que pretende ser histórica y que la gobierna transformándola. Probablemente, este teologuema se había introducido ya en la Pasión premarcana.

3.  Por tanto, que la presentación de la Última Cena como una comida pascual podría ser una dramatización por parte de Marcos y los que le siguen de la proclamación cristiana anterior a la formación de los Evangelios —en nuestra interpretación, más concretamente a partir del uso de las Iglesias paulinas— que presenta a Jesús como el cordero pascual, noción aceptada así por Marcos.

---

[140] Para el desarrollo y la base de esta argumentación, véase *Guía,* págs. 266 y ss.

4. Que este evangelista acomoda a ella toda la cronología de la Pasión a pesar de las dificultades que supone situar en un día de fiesta, el día de Pascua, el viernes 14 de Nisán en su caso, una serie de actividades extremadamente difíciles de emplazar en ese día festivo.

5. Que una vez que ha aceptado desde fuera esta interpretación de la Última Cena como cena pascual, Marcos se olvida de esta cronología y desarrolla su relato de un modo más acorde con la cronología del Evangelio de Juan[141], sin mención alguna a que ese día era la Pascua.

Así pues, no parece descabellado en absoluto pensar que sobre un relato escatológico primigenio de una comida de despedida de Jesús se ha impuesto por encima la interpretación de la Cena como pascual y se le ha añadido la institución de la Eucaristía.

En síntesis: el recuerdo de esta Última Cena, simplemente de despedida, de tono escatológico claro, sin institución alguna de la Eucaristía, es el que se ha conservado en la narración —quizá premarcana, según nuestra hipótesis general— que subyace al relato de Marcos, y al de Lucas y Mateo, que copian de aquel. Esta Cena no fue pascual por la sencilla razón de que se celebró antes de la Pascua. Ello explica la ausencia de mención al cordero pascual y a las hierbas amargas. Esta cena se parece mucho a un *qiddush* o cena festiva judía de la época.

Sobre ese relato de una Cena de despedida, Marcos y su dos seguidores, Mateo y Lucas, añadieron —o mejor superpusieron— la institución de la Eucaristía. Esta interpretación o bien la habían recibido de Pablo directamente, o bien era una tradición ya firme de las iglesias paulinas. Téngase en cuenta que cuando escribe Marcos su Evangelio, probablemente hacia el año 71, ya la influencia de la

---

[141] Véase más adelante el apartado *El día de la muerte de Jesús*. Así, por ejemplo, Marcos se olvida de acomodar lo que dice en 14, 2: «¡No hay que prender a Jesús en un día de fiesta!».

Iglesia de Jerusalén había desaparecido, por lo cual una tradición sobre Jesús generada lejos de ella podía ser bien recibida.

El que la Última Cena no contuviera ninguna institución de la Eucaristía explica perfectamente la ausencia de esta en los Hechos de los Apóstoles y en la *Didaché*. No convencen en absoluto los argumentos de muchos investigadores, que siguen a Joaquim Jeremias, de que estos textos primitivos no citan la Eucaristía porque era un «secreto» que había que guardar ante los paganos, como hacían los adeptos de las religiones de misterios. En nuestra opinión, ocurría exactamente lo contrario —como veremos enseguida—: los cristianos paulinos estaban interesadísimos en sostener ante esos adeptos a los misterios que la Eucaristía cristiana era muy superior en todos los sentidos a sus molestas, costosas y largas iniciaciones: la participación en la Eucaristía ofrecía, según Pablo, una salvación y garantía de inmortalidad más completa, más sencilla que una iniciación…, y además gratis[142].

Otra razón que refuerza esta hipótesis de que la institución de la Eucaristía no procede de Jesús, o mejor, no se le pudo pasar a Jesús por la cabeza, es: aceptar la Eucaristía tal como lo presentan Pablo y los Evangelios supone romper todos los esquemas sacramentales del judaísmo. Este no tenía propiamente en el siglo i ninguna concepción parecida a la de «sacramento» que desarrollarán más tarde los cristianos pasado el tiempo, pero sí la idea básica: toda acción que conllevara el perdón, la gracia divina o la presencia divina había de hacerse en el Templo y por medio de los sacerdotes de la estirpe de Aarón y Sadoq. Segundo: en el judaísmo no cabe ni por asomo la idea de la «comunión o ingestión del dios». Y la Eucaristía cristiana, con su ingestión de vino y pan como sangre y cuerpo de Cristo, se parece muchísimo a este concepto.

De este conjunto se deducen dos cosas:

Primera: como parece probado por la investigación sobre el Jesús histórico que este jamás rompió los lazos con el judaísmo, ni se le

---

[142] Para el desarrollo y la base de esta argumentación, véase *Guía,* págs. 266 y ss.

ocurrió fundar religión nueva alguna, resulta bastante improbable que fuera él el que instituyera un rito que rompía los moldes del judaísmo.

Segunda: que los judeocristianos que frecuentaban el Templo, es decir, los cristianos primitivos dibujados en los Hechos de los Apóstoles, no podían a la vez ser piadosos judíos y participar en una Eucaristía paulina. También ellos romperían con el judaísmo…, y sabemos con toda seguridad que eso no fue así en absoluto.

¿De dónde procede, pues, en Pablo la idea germinal de interpretar la Última Cena como una comida con sus discípulos —ciertamente, eso estaba en la tradición, en lo que hemos llamado estrato escatológico premarcano— en la que Jesús instituye la Eucaristía?

La respuesta es: esta idea va unida a toda la teología de Pablo[143] y en concreto a su noción de que al verdadero Israel han de unirse en el fin de los tiempos algunos (luego, todos) paganos convertidos a la fe en el mesías Jesús. Pablo busca a sus futuros conversos entre aquellos gentiles más dispuestos a aceptar las ideas judías, es decir, entre los paganos simpatizantes con el judaísmo. Y cuando entre estos, a los que los Hechos de los Apóstoles llaman «temerosos de Dios» (Hch 10, 2-22-35), no le ofrecen el número suficiente, vuelve sus ojos hacia otros paganos muy religiosos que buscaban en las iniciaciones de las «religiones de misterios» las posibilidades de asegurarse la salvación y la inmortalidad. Es sabido que uno de los ritos que había en estas religiones era hacer visible la comunión con el destino de la divinidad —una divinidad que de alguna manera sufre muerte o pasión, pero luego vuelve a la vida también de algún modo— por medio de la ingestión de algo que simbolizara a esa deidad. Entre los adeptos a los misterios de Dioniso la ingestión era la carne de un cabrito que simbolizaba al dios, y entre los misterios de Atis se ingería una mezcla de pan y líquido.

Pablo estaba seguro de que en su «evangelio», es decir, en su mensaje sobre Jesús mesías y la salvación a él vinculada que Dios le

---

[143] Para el trasfondo de toda esta explicación, véase el capítulo 11, «Pablo de Tarso», de la *Guía para entender el Nuevo Testamento*.

había revelado, había también algo que ofrecía una posible semejanza con estos ritos de las religiones mistéricas..., y ello estaba en
los banquetes que Jesús celebraba con sus discípulos si se entendían
bien. La revelación divina le abrió los ojos para ver que en el último
banquete de Jesús —al que Pablo, también por revelación y por la
recepción de la teología cristiana, consideraba ya un ser divino—,
antes de sufrir la muerte, había instituido una conmemoración de
su presencia, espiritual, para el caso de que durante algún tiempo
él debiera estar ausente, hasta que volviera en su definitiva parusía.

La revelación divina a Pablo consistió en que este viera que en la
ingestión del pan y del vino de la comida comunal cristiana llamada
«fracción del pan» había algo más. La ingestión de esos alimentos era
como participar simbólicamente de la Pasión de Jesús. Lo mismo que
el bautismo era sumergirse en el agua (= muerte de Cristo, Rom 6,
1 y ss.) para luego surgir a la superficie y al aire (= la nueva vida, cuya
primicia era la resurrección de Cristo), del mismo modo la ingestión
del pan y del vino en las comidas que se hicieran en recuerdo de la
Última Cena del Señor significaba participar simbólica y mística-
mente de la muerte y resurrección de Jesús.

Y así se lo transmitió a sus conversos más o menos con estas palabras: «Cada vez que comáis este pan y este vino recordáis la muerte
del Señor hasta que venga y os hacéis partícipes de su destino: con-
firmáis la suerte de vuestro bautismo». Y a los posibles candidatos
a la conversión, a los adeptos de las religiones de misterio, les diría:
«Esta ingestión simbólica de Jesús como ser divino tiene los mismos o
mejores efectos de inmortalidad que si os iniciarais en las costosas iniciaciones de vuestras religiones. Y además, es más fácil y más barato».

De este modo, debió de crearse una liturgia en las comunidades
paulinas[144] dentro de la cual se dramatizó esta idea en forma de escena tal como luego la recogieron los evangelistas a partir de Marcos.

---

144 De este modo se explica que en el relato de la institución de la Eucaristía
en Pablo y en Lucas aparezcan palabras de tono litúrgico, o vocablos no
empleados en otros contextos.

Esta suerte de competencia con las religiones de misterio es lo que hizo que Pablo llamara a esta ceremonia «Cena del Señor» (1 Cor 11, 20) y no *qiddush* o *eucharistía* (así, en griego entre los judíos helenistas), etc., o cualquier otro término en uso entre las comunidades judías…, porque esa era la terminología propia de las religiones de misterios. Y la asimilación, en competencia a estas ceremonias, hizo que Pablo cambiara el orden tradicional judío de una celebración festiva: «vino-pan», en el orden típico de las religiones de misterios «pan-vino» = carne y sangre del dios.

Parece, pues, en conclusión, que no es nada probable que Jesús instituyera la Eucaristía tal como la entendemos comúnmente, sino que esta procede de una tradición paulina, la cual reinterpreta lo que realmente ocurrió en esa cena última de despedida. Pablo, que está seguro de lo que dice por haberlo recibido en una visión de Jesús, transmite a sus comunidades lo que cree que en verdad ocurrió y la dramatización de ello en forma de historia pasa a la liturgia de los grupos paulinos.

## 8. EL TRAIDOR DESENMASCARADO

Dentro del episodio de la Última Cena, los cuatro evangelistas indican al unísono que Jesús señaló a uno de los discípulos como traidor. Mateo y Juan afirman que Jesús apuntó expresamente a Judas (Mt 26, 25, y Jn 13, 26-27). Esta última acción parece totalmente inverosímil, sobre todo en la versión joánica, donde se da pie a pensar (piénsese en *El Evangelio de Judas*)[145] que Jesús mismo incitó al traidor a la acción: «Uno de sus discípulos… reclinándose entonces sobre el pecho de Jesús, le preguntó: "Señor, ¿quién es?". Jesús contestó: "Es aquel para quien yo voy a mojar el trozo y a quien se lo voy a dar". Mojando, pues, el trozo se lo dio a Judas de Simón

---

[145] Véase A. Piñero-S. Torallas, *El Evangelio de Judas*, edición, traducción y comentario, Vector-Puzzle, Madrid, 2006, págs. 57 y 155.

Iscariote. Y en cuanto recibió el trozo, entró en él Satanás. Por eso le dijo Jesús: "Lo que vas a hacer, hazlo pronto"» (Jn 13, 24-27). Trataremos también del tema «Judas» en el número siguiente.

So pena de considerar a Jesús —desde el punto de vista de la fe, no de la historia— como un ser divino, no es posible aceptar como histórico el que el Nazareno tuviera una prognosis absolutamente exacta de lo que le iba a ocurrir. Por tanto, esta predicción de la traición de Judas, con sus maldiciones posteriores («Ay de aquel por el que el Hijo del hombre va a ser entregado…», Mt 26, 24), es lo que se denomina técnicamente un *vaticinium ex eventu,* es decir, una «profecía» atribuida a Jesús por el evangelista —o su fuente— una vez sucedidos los hechos. Tampoco parece histórica la dramatización del evento realizada por el autor del Evangelio de Juan, que responde con exactitud a su teología de un Jesús que entrega su vida porque quiere y con plena consciencia (Jn 18, 8-11). La dramatización literaria alcanza su punto álgido en el final de la historia: «Era de noche»: Jn 13, 30: el triunfo —aparente y momentáneo— de las tinieblas contra la Luz.

## 9. Discursos de Jesús durante la Última Cena, según el Evangelio de Juan

El Evangelio de Juan añade en el episodio de la Última Cena un gran discurso de Jesús que dura hasta el final del capítulo 17 (13, 31-17, 26), interrumpido en 13, 36-38 por un diálogo breve con Simón Pedro y la predicción de sus negaciones.

Este discurso, casi un monólogo, es claramente una composición del evangelista: en él Jesús habla como presente aún en la tierra la mayoría de los momentos, pero en otros como ya resucitado (cf. 17, 11-12). El tema general del discurso es explicitar de nuevo quién y cómo es verdaderamente el Salvador, y cómo han de ser las relaciones del creyente con Él gracias a su presencia futura entre sus discípulos después de su muerte. También se indica repetidas veces que la obra reveladora de Jesús culmina con su «exaltación» en la cruz. Con su muerte puede Jesús volver al Padre, y su marcha garantiza la venida de un consolador, abogado o Paráclito que hace las veces de Jesús mismo en su ausencia.

Los temas teológicos más prominentes que el Revelador desarrolla en las dos primeras partes de su discurso (13, 31-16, 33) son los siguientes: él es «el camino, la verdad y la vida»: 14, 6; el envío del *Paráclito* o «consolador», que actúa como maestro, abogado, explicador y recordatorio de lo dicho por Jesús: 14, 26. Solo vendrá tras la muerte y retorno al cielo de Jesús (16, 7), pero con su ayuda el creyente acabará de comprender en profundidad cómo fue el Salvador, su misión y su figura; Jesús va a morir, pero su muerte es su nacimiento como mesías que ha de retornar: 16, 20-22, y este retorno será un gran gozo. Tras su muerte, Jesús continuará viviendo en los discípulos. Esta idea se expresa con el simbolismo de la vid (Jesús) y los sarmientos (los creyentes): 15, 1-17. Con las palabras puestas en boca del Revelador: «Dentro de poco no me veréis y poco después me volveréis a ver» (16, 16-17, 23), el autor del Evangelio cree que la parusía está próxima.

Como podrá confirmar el lector con una simple comparación con el modo, los temas y el vocabulario de otros dichos de Jesús en los Evangelios sinópticos, estos discursos de Jesús no pueden ser históricos, sino propiamente composiciones del evangelista puestas en boca del Revelador. Sus palabras, más que expresar un hecho histórico propiamente dicho, manifiestan la interpretación de Jesús que sostiene el grupo teológico que se halla detrás del Evangelio.

La tercera parte del gran discurso de la Última Cena (17, 1-26) es usualmente denominada «oración sacerdotal» o «por la Iglesia», porque Jesús se presenta como un sacerdote que se consagra a sí mismo en sacrificio (17, 19) y pide especialmente por el grupo de sus seguidores, sus discípulos y los continuadores de los discípulos, la Iglesia en general (17, 9-20). Los comentaristas consideran también, casi unánimemente, esta sección como no histórica, al igual que las otras dos.

Por el contrario, no hay motivos serios para negar la existencia de Judas Iscariote, cuya traición anunciaba Jesús de modo tan inverosímil y dramatizado en este cuarto Evangelio, ni su pertenencia al círculo de los doce, como han propuesto algunos comentaristas en exceso escépticos. Nos parece que tampoco ha de considerarse su figura como meramente simbólica, es decir, una dramatización de la falta de comprensión y cerrazón de los discípulos de Jesús llevada al extremo, tópico que discurre a lo largo de los Evangelios para resaltar más vívidamente el plan divino de la redención y el nuevo concepto de mesianismo que Jesús traía, según los evangelistas. Estas hipótesis negativas sobra la figura de Judas no parecen tener fundamento sólido en los textos ni en las probabilidades históricas.

Sin embargo, están indudablemente teatralizadas por los evangelistas las escenas —y por tanto de dudosa historicidad tal cual aparecen— en las que este Judas traidor interviene: predicción exacta de Jesús de su traición y su papel en ella y ya antes, en la Última Cena; el acompañamiento de demasiada gente con armas (nada menos que una cohorte = 600 hombres) en el prendimiento —aunque no negamos, por supuesto, que intervinieran soldados en él—, que sirve para resaltar teológicamente la potencia divina de Jesús: al decir ese «Yo soy», logra que todos caigan en tierra (Jn 18, 6); la expresión concreta de los motivos de su traición (Mc no indica ninguno; Mt 26, 14-15 y Jn 12, 4-6 solo hablan de su avaricia); y, por supuesto, la doble versión de su muerte absolutamente novelesca. Por cierto, los evangelistas se hallan aquí en una tradición totalmente judía, ignorando por completo el concepto grecorromano de «muerte noble», el suicidio en compensación por el mal infligido, que —aunque no lava la culpa— rehabilita moralmente al personaje[146]. El núcleo histórico deducible de toda esta doble historia de la muerte de Jesús es quizá que Judas falleció pronto tras la muerte de Jesús y que los cristianos lo supieron.

---

[146] En el mundo clásico hay pocas historias de suicidio, unas 127, según cálculos fiables. En todas ellas sin excepción el acto de autoinfligirse la muerte rehabilita al personaje. No quita importancia al crimen cometido (en los casos en los que los haya), pero hace que la figura del autor quede rehabilitada. No es este el caso de Judas: en la tradición judía y luego cristiana el suicidio añade culpa sobre culpa.

## 10. La llamada «Purificación del Templo»

Otro episodio que debe atraer nuestra atención por su enorme importancia es la llamada «Purificación de Templo», a nuestro parecer a veces mal interpretada.

Los sinópticos sitúan este suceso después de la entrada triunfal en Jerusalén, pero el Evangelio de Juan al comienzo del ministerio de Jesús. Debió de producirse más tarde de lo que piensa el autor del cuarto Evangelio (de acuerdo con nuestra hipótesis de que la entrada se produjo unas semanas antes), pues debió de tener consecuencias casi inmediatas en el prendimiento de Jesús. El evangelista Marcos comenta: «Llegó todo esto a oídos de los príncipes de los sacerdotes y de los escribas y buscaban cómo perderlo; pero le temían, pues toda la muchedumbre estaba maravillada de su doctrina» (11, 18). Ahora bien, la diferencia cronológica entre los evangelistas es tan grande que no sabemos exactamente dónde colocarlo cronológicamente.

Comentaristas católicos y protestantes han argumentado muchas veces que la predicción de la destrucción del santuario y la acción de la expulsión de los mercaderes, etc., por parte de Jesús supone que este declara solemnemente superado el culto en el Templo (y por tanto el judaísmo). Esta interpretación nos parece sesgada, errónea y en nada apropiada. La intención de Jesús es, a nuestro parecer, exactamente la contraria: el que «purifica» una institución, el que dice que ella será sustituida por mano de Dios por otra igual pero con mejores funciones, no solo no suprime nada ni declara abolido nada, sino que proclama la excelencia del lugar como sitio de encuentro con Dios, e indirectamente también la validez de la religión judía cuyo centro litúrgico era el Templo. Jesús, como profeta escatológico, anuncia solo que en el futuro inminente del Reino de Dios el Templo recobrará todo su esplendor y validez.

El episodio del Templo, con sus dichos sobre él, nos parece auténtico desde el punto de vista de la historia, por su atestiguamiento múltiple, y porque fue la acción clave que desató la ira de las autoridades judías que condujo en último término al ajusticiamiento de

Jesús: Jesús atacó, como revolucionario religioso, el centro más sólido de poder político y económico de la aristocracia sacerdotal judía. Según palabras de G. Vermes, Jesús hizo «lo que no debía» —atacar uno de los emblemas del judaísmo—, «donde no debía» —en la capital, Jerusalén, foco de atención social y política— y «cuando no debía» —en medio de una fiesta en la que el flujo de peregrinos era enorme y una acción de este estilo multiplicaba su valor positivo o negativo—. Los estudiosos suelen señalar también que es necesario relacionar este suceso con la mención del Evangelio de Marcos al temor de una revuelta en el pueblo si se detuviera y procesara a Jesús en un momento álgido de gentes (14, 2: «No durante la fiesta, no sea que se alborote el pueblo»)[147].

No debemos imaginarnos el episodio como algo sencillo y sin consecuencias: hubo de producirse un notable disturbio, agresiones y peleas entre discípulos de Jesús y comerciantes y cambistas agredidos, la intervención de la policía del Templo, quizá de los romanos, la dispersión, la dispersión de los litigantes y la rapidísima huida de Jesús de Jesús con los suyos fuera de los muros de Jerusalén hacia Betania (Mc 11, 11b). Ulterior información sobre este episodio puede encontrarla el lector en el capítulo 3, sección III, «La expulsión de los mercaderes».

### 11. Los dichos de Jesús sobre la destrucción del Templo y su reconstrucción

Relacionado con el episodio de la «purificación» del Templo se halla un problema importante: ¿qué fue lo que en verdad dijo Jesús acerca de su destrucción? La cuestión es seria porque, basándose en las palabras de Jesús al respecto, es como se ha pretendido probar que Jesús anunció el fin del judaísmo.

---

[147] Véase G. Puente Ojea, *El Evangelio de Marcos*, Siglo Veintiuno, Madrid, 1992, con reed., pág. 80.

El problema radica en establecer por medio de la crítica literaria qué fue lo que dijo Jesús exactamente sobre el Templo. El dicho se ha transmitido de una manera compleja:

1. Marcos 13, 2. Habla Jesús al comienzo de su discurso escatológico: «Jesús le respondió: ¿Ves esas grandiosas construcciones? *Pues no quedará aquí piedra sobre piedra que no sea destruida*».

2. Marcos 14, 58. Hablan los testigos en el proceso judío contra Jesús: «Nosotros le hemos oído decir: *Yo destruiré este Templo hecho con manos humanas y al cabo de tres días construiré otro no hecho con manos humanas*».

3. Mateo 26, 61. Habla otro testigo en la misma escena: «Este dijo: *Puedo destruir este Templo de Dios y reconstruirlo al cabo de tres días*».

4. Marcos 15, 29. Burlas a Jesús en la cruz: «¡Eh, *tú que destruías el Templo y lo reconstruías en tres días*! Baja de la cruz y sálvate a ti mismo!».

5. Hechos 6, 14. Los acusadores de Esteban dicen: «Le hemos oído decir (a Esteban), que *Jesús el Nazareno destruirá este lugar* (el Templo) y cambiará las costumbres que nos transmitió Moisés».

6. Juan 2, 18-22: «Los judíos le preguntaron: "¿Qué señal nos muestras para poder hacer esto?". Jesús les respondió: *Destruid este templo y en tres días lo levantaré*. Dijeron los judíos: "Se ha tardado cuarenta y seis años en edificar este Templo, ¿y tú lo levantarás en tres días?". Pero él hablaba del templo de su cuerpo. Por eso, cuando resucitó de entre los muertos, sus discípulos recordaron que había dicho esto y creyeron a la Escritura y a la palabra que les había dicho Jesús».

Aunque se trata del mismo dicho de Jesús, se observa que hay muchas variantes: unas se deben al proceso mismo de la tradición oral, que modifica inevitablemente, pues se cita de memoria; otras se deben a la mano de los redactores evangélicos que editan el dicho de Jesús al incorporarlo al conjunto de su obra. Esta mano editora se observa con cierta facilidad en el n.º 1 —que solo menciona la destrucción— y en el 6 —que tiene comentarios claramente del evangelista.

Tras un análisis detallado, redaccional, es decir, del modo de contar por parte de los evangelistas y de su manejo de la tradición, los especialistas llegan a reconstruir el dicho primitivo de Jesús, que debió de ser el siguiente: *Yo destruiré este Templo y al cabo de tres días (lo re)construiré*. En esta sentencia Jesús habla como profeta en nombre de Dios y emplea solemnemente un «yo» que debe atribuirse a la divinidad. Es como si Dios, por boca de su mensajero, dijera: «Haré otro Templo nuevo».

Este dicho parece auténtico, sobre todo por el criterio de dificultad: se trata de una profecía de Jesús que no se realizó de inmediato (de hecho, la segunda parte aún no se ha cumplido), y sin embargo la comunidad primitiva no tuvo más remedio que recogerlo como algo pronunciado efectivamente por Jesús. Pero lo importante es señalar que la sentencia completa no consistió solo en la destrucción del Santuario, sino en su reconstrucción... por mano divina. Luego el Templo y sus funciones debían seguir. Jesús no intentó fundar ninguna religión nueva, sino profundizar y refinar la religión judía.

## 12. Proceso judío contra Jesús

Juan 11, 47-53 cuenta la reunión que se celebró después de la resurrección de Lázaro, a resultas de la cual «muchos judíos habían creído en Jesús», de la siguiente manera: «Los sumos sacerdotes y los fariseos reunieron entonces una sesión del Consejo y dijeron: "¿Qué hacemos?, porque ese hombre realiza muchas señales. Si lo dejamos seguir así, todos van a darle su adhesión y vendrán los romanos y quitarán de en medio nuestro lugar sagrado e incluso nuestra nación". Pero uno de ellos, Caifás, que era sumo sacerdote aquel año, les dijo: "Vosotros no sabéis nada; ni siquiera calculáis que os conviene que un solo hombre muera por el pueblo antes que perezca la nación entera". Esto no lo dijo por cuenta propia, pues siendo sumo sacerdote aquel año, profetizó que Jesús iba a morir por la nación; y no solo por la nación, sino también para reunir en uno a los hijos de Dios dispersos. Así aquel día acordaron matarlo».

Es esta una escena probablemente ideal, imaginada o reconstruida por la tradición que llegó al evangelista. Pero contiene muy probablemente también elementos verdaderos de lo que pudieron ser los primeros momentos de un proceso (en este momento sin el reo, según Juan) contra Jesús. La argumentación equipara implícitamente la peligrosidad pública-política de Jesús de Jesús con lo que sabemos de la peligrosidad de su maestro, Juan Bautista: según el conocido relato de Flavio Josefo[148] había que acabar con él cuanto antes por temor a una revuelta de sus seguidores. Las autoridades judías temían una intervención violenta de los romanos para restablecer el orden y que ello costara mucha sangre entre el pueblo. El presidente del Sanedrín, el sumo sacerdote Caifás, acuñó entonces una sentencia célebre: «Es mejor que muera un solo hombre (Jesús) que no que perezca el pueblo entero».

La frase está ciertamente cargada de teología joánica, pero su sustancia pudo ser verdadera. Ahora bien, nunca podremos estar seguros de su historicidad, pues cuando la verosimilitud histórica se une a las

---

[148] «Pero a algunos de los judíos les pareció que el ejército de Herodes había perecido por mano divina, quien lo castigó muy justamente tomando venganza por Juan, llamado el Bautista. Pues Herodes le había dado muerte, aunque era un buen hombre y exhortaba a los judíos a practicar la virtud y la justicia los unos para con los otros, a ser obedientes a Dios y a recibir el bautismo. Pues creía que el bautismo era grato (a la divinidad) si lo practicaban no para renunciar a pecado, sino para limpiar el cuerpo una vez que el alma esté ya limpia por la práctica de la justicia. Pero como los otros acudían a él y se enardecían (lit. «les entraba fiebre») oyéndolo, Herodes temió que su enorme influencia en la gente los condujera a una revuelta, pues al parecer seguían en todo su consejo, y estimó que era mucho mejor acabar con él antes de tener que afrontar problemas y luego tener que arrepentirse. Por la sospecha de Herodes, Juan fue enviado preso a Maqueronte, que hemos mencionado anteriormente, y allí fue ejecutado. Pero los judíos opinaron que el ejército (de Herodes) había perecido en venganza por la suerte de aquel, ya que Dios quiso castigar a Herodes»: *Antigüedades judaicas*, XVIII, 116-119.

tendencias teológicas de los evangelistas —que pueden distorsionar los relatos—, es muy difícil alcanzar una certeza sobre la historicidad.

En nuestra opinión esta «reunión del Sinedrio/Sanedrín» (Jn 11, 47) son los inicios previos al «proceso» judío contra Jesús, aunque tampoco estamos seguros de que hubiera uno tal cual lo afirman los evangelistas. Este ha de complementarse con la escena central del «juicio» que Marcos y los demás evangelistas sitúan, como sabemos, dentro de la «semana trágica» y que creemos que tuvo lugar antes, sin poder precisar cuándo exactamente, véanse Mc 14, 53-65/Mt 26, 57-68/Lc 22, 54-71/Jn 18, 13-24 = solo un interrogatorio ante Anás y Caifás que enlaza con lo descrito en el texto del capítulo 11 que acabamos de comentar.

Dentro de este «proceso» nos parece históricamente muy probable solo su núcleo, a saber, que las autoridades judías tomaron la decisión de condenar a Jesús, y de no tomarse la justicia por su mano —ya que el caso era más bien de orden público y sobre eso no tenían jurisdicción—, entregándolo a Pilato, del que pensaban que lo condenaría sin problemas.

No nos parecen históricos, sin embargo, los siguientes detalles:

1. Que el tal «proceso» se celebrara por la noche.
2. Que los sinedritas buscaran expresamente falsos testimonios contra Jesús, y que «muchos» testigos se prestaran a este juego falso.
3. Que el sumo sacerdote preguntara al reo expresamente «si era hijo de Dios» (Mt 26, 63: «hijo del Bendito» = Mc 14, 61; Lucas omite la pregunta).
4. Que consideraran una blasfemia la respuesta de Jesús, más o menos evasiva («Tú lo has dicho», según recoge Mt 26, 64), de que él «era el mesías y el hijo de Dios».

Los motivos para este rechazo son nítidos:

1 y 2 son inverosímiles teniendo en cuenta la práctica judía común en los procesos que concluían con pena capital (véase capítulo anterior, p. 165).

3 es también muy improbable, pues aunque en el Nuevo Testamento se denomina a Jesús muchas veces «Hijo de Dios», nunca se le llama así *durante su vida o ministerio público*[149], por lo que es muy dudoso que el sumo sacerdote preguntara por algo que Jesús, al parecer, no había afirmado nunca. La expresión de Mateo refleja la teología pospascual, es decir, posterior a la muerte de Jesús y a la creencia en su resurrección.

4 es también muy improbable, porque en la práctica judía del siglo I no se consideraba blasfemia declararse mesías, sino solo pronunciar indebidamente el nombre de Dios, cargo que no se esgrime contra Jesús en el proceso.

## Jesús como el Hijo del hombre

Como ya hemos abordado el tema del mesianismo de Jesús (véase p. 187), y muy brevemente la inverosímil alusión a él como «Hijo de Dios» en boca del sumo sacerdote, resta solamente interpretar la mención al Hijo del hombre hecha por Jesús en el proceso judío según Marcos 14, 62, seguido por Mateo y Lucas: «"¿Tú eres el mesías, el hijo de Dios bendito?". Contestó Jesús: "Yo soy. Y *veréis al Hijo del hombre sentado a la derecha del Poder y cómo llega entre las nubes del cielo"*» (Dan 7, 13).

El modo acerca de cómo hay que interpretar este dicho, y en general el tema del Hijo del hombre en los Evangelios, es una de las cuestiones exegéticas más disputadas en torno a la personalidad de Jesús y a la comprensión que él tenía de sí mismo. En nuestra opinión, el tema es en verdad insoluble, dado que nuestras fuentes han pasado por el tamiz de los evangelistas, por lo que los datos se hallan mezclados con la teología posterior a Jesús. No hay respuesta satis-

---

[149] No debe tenerse en cuenta Juan 10, 22-38, donde Jesús se declara «hijo de Dios», pues estamos en el Evangelio de Juan y el pasaje no es estrictamente histórico.

factoria en nuestro parecer a todas las perspectivas y observaciones diferentes, bien fundadas, hechas por los especialistas a lo largo de los últimos doscientos años. Nuestra opinión ha sido expuesta ya en otra parte[150], por lo que aquí no nos extenderemos en ella. En síntesis pensamos lo siguiente:

- Jesús empleó esta enigmática frase para autodenominarse, para aludir modestamente a sí mismo, para evitar un enojoso «yo» en ciertas circunstancias.
- La fórmula «Hijo del hombre» no era de ningún modo corriente como título mesiánico en el judaísmo popular de tiempos de Jesús; es decir, las gentes al oírla no pensaban de inmediato en la imagen de un mesías investido también de las funciones de juez de los momentos finales.
- Los dichos sobre el Hijo del hombre en los Evangelios pueden dividirse en tres clases:

  *a)* Los que se refieren a la actuación de Jesús sobre la tierra en su momento presente, que son intercambiables por un «yo» o por «este hombre que está aquí». Así, Mc 2, 28; 3, 28; 10, 45a; 14, 21b.

  *b)* Los que hablan de la pasión del «Hijo del hombre» seguida de su resurrección. Así, por ejemplo, Mc 8, 31; 9, 31 y s.; 10, 33 y s.

  *c)* Aquellos que se refieren a la parusía o «segunda» venida del Hijo del hombre como juez de vivos y muertos. Así, por ejemplo, Mc 8, 38.

- Solo pueden considerarse auténticos los dichos agrupados en el epígrafe *a)*. Los señalados en *b)* y *c)* son creaciones posteriores, pospascuales —sin duda, no creaciones a partir de nada, sino sobre la base de algún dicho del Jesús de la historia—, de los profetas cristianos primitivos que hablaron «en el Espíritu» en

---

[150] *Fuentes del cristianismo*, págs. 303-308; *Guía para entender el Nuevo Testamento*, págs. 206-210.

nombre de Jesús y que pasaron *sin marca alguna*[151] al flujo de las tradiciones sobre el Jesús de la historia.

- Los de la clase *c)* deben interpretarse como una referencia de Jesús a un personaje celeste *que no es él mismo*, sino a un agente divino inspirado en una teología de «uno como hijo de hombre» (Dan 7, 10), que olvida que el autor mismo del Libro de Daniel interpreta como el conjunto del pueblo judío (Dan 7, 18-22), y *que actúa como intermediario de Dios en los momentos trascendentales del Juicio.* Y la razón es que, aparte de estos dichos, en toda la tradición sinóptica no se contiene palabra alguna de Jesús en la que él afirme que habría de *retornar* en un futuro próximo, y menos como juez futuro universal.

- Por tanto, estimamos que la teología del Hijo del hombre es una creación cristiana que entiende por su cuenta «hijo de hombre» —utilizada ciertamente por Jesús en el sentido del epígrafe *a)* anteriormente— como un título mesiánico, que luego retroproyecta y atribuye al Jesús de la historia. Nos parece muy probable, pues, que Jesús se consideró a sí mismo un mero «ser humano», y que nunca dijo de sí mismo —ni se consideró— que él era el juez mesiánico que vendría al fin de los tiempos a juzgar a todas las naciones.

- La teología judía de «un hjo de hombre» de los capítulos 37-71 del Libro I de Henoc (que deben fecharse en el siglo I d. de C.) y la formada en torno a la misteriosa figura del Hombre que surge del mar y que vuela con las nubes del cielo, en el capítulo 13 del Libro IV de Esdras, son una creación tardía del judaísmo del siglo I d. de C. con el propósito de oponerse expresamente a la teología cristiana sobre Jesús entendido ya como el «Hijo del Hombre» en sentido de título mesiánico.

---

[151] Es decir, como hemos explicado en pág. 179, sin advertir que el dicho era pronunciado en verdad por un profeta que hablaba en nombre de Jesús. Con otras palabras: no se transmitieron del modo siguiente: «un profeta dice que Jesús dijo…», sino simplemente «Jesús dijo…».

- La creación por parte de los cristianos de esta teología se realizó en un proceso del que no sabemos nada estrictamente, pero que podemos reconstruir hipotéticamente como compuesto de tres pasos:

1. Se partió de lo afirmado en *a):* Jesús se refirió a sí mismo sin duda como «hijo de hombre» (en arameo, sin artículo ninguno) para significar algún aspecto de su manera de actuar en vida en sustitución de un «yo» o «este hombre que está aquí y que soy yo». Este uso es de *tipo neutro*, no mesiánico. No significaba que Jesús aludiera a sí mismo como «juez que ha de venir para juzgar a vivos y muertos».

2. Cuando los dichos de Jesús se tradujeron del arameo al griego por necesidades del proceso misionero de la iglesia primitiva, hubo de traducirse necesariamente con dos artículos para que fuera bien entendido por los lectores de lengua griega. Pero esta versión tuvo sus consecuencias. En vez de «Hijo de hombre» (sin artículo ninguno) se tradujo «el Hijo del hombre», *con dos artículos.* Esto llevó a pensar que la frase significaba no simplemente «un ser humano», sino un ser humano con características especiales; es decir, que «Hijo del hombre» era un título.

3. La traducción al griego de la frase aramea condujo muy pronto a relacionar la expresión «*el* Hijo *del* hombre» con una misteriosa figura de «un como hijo de hombre» del Libro de Daniel (7, 13 y con el misterioso hombre vestido de lino del capítulo 10 del mismo libro). Daniel 7, 13 se refiere a un extraño personaje, que desciende a la tierra desde el cielo y que en ella «recibe el imperio, el honor y el reino», es decir, implanta el reino de Dios. Naturalmente, después de haberse extendido la firme creencia en la resurrección de Jesús, los profetas cristianos primitivos afirmaron que este Jesús, como mesías especial e «Hijo *del* Hombre» (¡él había utilizado la expresión sin artículo!), habría de venir sobre las nubes del cielo (Dan 7, 13)… para juzgar a todas las naciones, como se deduce de la continuación de este versículo en el mismo pasaje de Daniel.

Estos dichos —*pronunciados de hecho por los profetas cristianos en nombre de Jesús*— pasaron luego a la tradición de este sin señal o marca alguna, como si los hubiera dicho realmente él en su vida terrena. De este modo la expresión pasó de ser una mera designación a título mesiánico con características especiales (las que le atribuye el Libro de Daniel). Fue entonces, además, cuando se reinterpretaron los dichos del Jesús histórico que contenían esa expresión de tipo neutro añadiéndosele (naturalmente también por obra de profetas cristianos) otros dichos nuevos sobre su muerte y resurrección (clase b) y su venida como juez de vivos y muertos en los momentos del fin del mundo (clase *c*).

En conclusión: en el «proceso judío», Jesús se refirió al Hijo del hombre —una figura distinta a él mismo e inmediatamente cercano a Dios— como un agente divino de los últimos tiempos, que habría de venir pronto como juez, una vez instaurado el reino de Dios, para pedir cuentas a quienes lo estaban condenando a muerte injustamente.

### 13. La negación/Negaciones de Pedro

Imbricado en este «proceso» judío se halla el episodio de la triple negación de Pedro (Mt 26, 69-75 y par.). No hay razón alguna para negar la historicidad a este hecho, que no era precisamente un signo de gloria —a pesar del posterior arrepentimiento— del que luego sería el príncipe de los apóstoles. La tradición, quizá a su pesar, ha conservado el hecho de la negación de Pedro, y esto se halla atestiguado por el testimonio múltiple de todos los evangelistas. Lo que sí parece una dramatización posterior, y por tanto no histórica, es la previsión del hecho con toda exactitud (Mc 14, 30 y par. + Jn 13, 38) por parte de un Jesús omnisciente, y el que las negaciones fueran tres y no una, más el modo como las dibujan. Se ha argumentado que la fuente es aquí el propio Pedro: nadie mejor que él para contarlo. A pesar de todo, es razonable esta postura escéptica ante unos textos teatralizados y redactados años después de la muerte de Pedro y con una creencia firme en la omnisciencia divina de Jesús.

## 14. EL EPISODIO DE GETSEMANÍ

El episodio de Getsemaní (Mc 14, 32-42 y par.) parece auténtico en lo esencial tal como hemos expuesto en la nota 79. El núcleo de la escena, la angustia de Jesús, parece totalmente histórico (a pesar de que falta el testimonio de la escena como tal en el Evangelio de Juan[152]; pero, en compensación, la angustia de Jesús se ve reflejada en un pasaje de la Epístola a los Hebreos 5, 7-10[153]), por el criterio de «dificultad»: es improbable que la Iglesia posterior inventara una escena que aparentemente dejaba en mal lugar a Jesús[154].

Pero la dramatización de la escena, sobre todo la oración de Jesús, lleva el sello de la mano del evangelista, el cual utiliza el recurso literario de la triple repetición (véase antes, p. 163). Es plausible que Marcos redactara por su cuenta lo que se imaginaba que podría ser el contenido de la plegaria de Jesús a partir de otras oraciones pronunciadas por este durante su vida, como el «Padre nuestro», puesto que los motivos coinciden: «Hágase tu voluntad» / No caer en la tentación / Todo es posible al Padre. Es muy difícil que fuera Jesús mismo quien la compusiera, ya que no hubo testigos según la narración.

---

[152] Hemos señalado anteriormente que los temas del episodio de Getsemaní aparecen colocados por el Evangelio de Juan en otros lugares. Así, la angustia de Jesús aparece en Jn 12, 27; la mala disposición de los discípulos, hasta la huida, en Jn 16, 32; el motivo de «la copa que Jesús ha de beber» en Jn 18, 11.

[153] «Habiendo ofrecido en los días de su vida mortal oraciones y súplicas con poderosos clamores y lágrimas al que era poderoso para salvarlo de la muerte, fue escuchado por su reverencial temor. Y aunque era Hijo, aprendió por sus padecimientos la obediencia, y por ser consumado (= morir) vino a ser para todos los que le obedecen causa de salud eterna».

[154] Brown, *Death*, pág. 234: el núcleo histórico se reduce a lo siguiente: en los últimos días de su vida en Jerusalén, y en medio de la hostilidad de los líderes judíos, Jesús tuvo el presentimiento de que iba a morir. No llegaba a comprender cómo encajaba su muerte con el plan divino de traer el Reino de Dios y oró quizá para que Dios no lo obligara a morir. Pero aceptó esta posibilidad. Nótense dos cosas: Jesús no contaba en principio con su muerte; no estaba, al parecer, tampoco en sus ideas cualquier concepto de «muerte vicaria/expiatoria» tal como antes la hemos definido.

## 15. Entrega de Jesús a Pilato

No es plausible desde el punto de vista histórico un doble proceso judío de Jesús tal como han interpretado algunos comentaristas el pasaje de Marcos 15, 1: «Por la mañana los sumos sacerdotes, con los ancianos, los letrados y todo el Sanedrín hicieron una reunión (o prepararon su plan) y, enseguida, atando a Jesús, lo llevaron y lo entregaron a Pilato». El problema radica en interpretar «hicieron una reunión/prepararon su plan» que son dos posibles traducciones del griego *symboúlion hetoimásantes*. Nos inclinamos por la segunda, y pensamos que no hubo más que un solo «proceso» judío contra Jesús, con las salvedades expresadas anteriormente. Parece, pues, que tras la condena «interna» judía, las autoridades condujeron a Jesús ante Pilato y jugaron la baza del orden público —olvidándose de todo motivo religioso— para eliminar a un sujeto peligroso de la escena jerusalemita.

## 16. Proceso romano contra Jesús

La realidad e historicidad del «proceso romano» (Mt 27, 11-14/ Mc 15, 2-5/Lc 23, 2-5/Jn 18, 29-38) ante Pilato es en sus líneas esenciales perfectamente verosímil (acusación-condena-maltratos), aunque no se repitan ante el prefecto las acusaciones judías contra Jesús (¿de blasfemia?: Mc 14, 64 + Mt 26, 65; la blasfemia no aparece en los pasajes paralelos de Lucas y Juan), sino que se esgrimen otros cargos políticos = Lc 23, 2: pervertir o engañar al pueblo; prohibir el pago del tributo (véase p. 194) y proclamarse mesías/rey.

Tal como lo cuentan los evangelistas, parece que ese proceso romano fue más bien una vista rápida (latín *cognitio*), que un juicio en toda regla (latín *ordo* o *quaestio*), que hubiera exigido una acusación formal y una defensa, más una sentencia, lo que requeriría tiempo y esfuerzo psicológico. Parece probable que Pilato debió de pensar que Jesús podía ser un personaje peligroso, sí, pero no tanto como para organizar una cacería sangrienta de sus discípulos..., con las consiguientes protestas que tarde o temprano llegarían hasta

Roma. Probablemente pensó que bastaba con descabezar el movimiento subversivo para que este desapareciese.

El trasfondo histórico de la acusación y condena de Jesús por parte de Pilato y por motivos no religiosos, sino de índole política, ha sido muy bien resumido por Fernando Bermejo:

> Jesús fue arrestado —y decidida su ejecución— por motivos de índole sociopolítica. Una vez descartadas como razones suficientes de la ejecución causas morales y religiosas —que evidencian claros propósitos apologéticos, polémicos y hagiográficos—, la razón verosímil es otra: la acción en el Templo en el delicado periodo de Pascua hizo temer peligros mayores a las autoridades de Jerusalén *a fortiori* en cuanto que el responsable del alboroto predicaba el establecimiento inminente del Reino, contaba con un grupo de seguidores (al menos algunos de los cuales estaban armados) y pretendía para sí y para algunos de los suyos un papel especial en ese Reino. Esta explicación es consistente con la conexión establecida por Marcos 11, 15 y ss. entre la acción del Templo y el destino de Jesús, con la tradición conservada en Juan 11, 47-53, con las diversas tradiciones relativas a la presencia judía y romana en su arresto, con el modo de ejecución, con el *titulus crucis* y con la ejecución junto a «ladrones» (griego *listaí*; término que tiene claras connotaciones políticas, parecidas a las que hoy se asocian con el término «terrorista»). Lo que motivó la detención y ejecución de Jesús como «rey de los judíos» fue el peligro que para el orden público supusieron su acción en el Templo y las implicaciones políticas de su mensaje[155].

De hecho, nada de estos motivos y de los pasos dados por Pilato aparece en el relato breve de Marcos. Quizá la brevedad indique que el primer evangelista apenas tenía información sobre el caso. A Lucas le ocurre otro tanto, salvo que muestra a los jefes de los judíos presentando cargos contra Jesús = Lucas 23, 2. El evangelista, tras insinuar a sus

---

[155] «Historiografía, exégesis e ideología. La ficción contemporánea de las "Tres búsquedas" del Jesús histórico», *Revista Catalana de Teología*, XXX/1 (2006), pág. 63.

lectores que hubo un cierto paralelismo entre el proceso de Jesús y el de Pablo —Jesús es conducido ante Herodes Antipas y Pilato, y Pablo ante el procurador Festo y el rey Herodes Agripa II (cf. Hch 25-26)—, ofrece luego muy pocos detalles sobre el proceso de Jesús. Lucas parece seguir simplemente a Marcos, mientras que sí da bastantes detalles del proceso de Pablo, que debía de conocer mucho mejor.

Otra fuente de sospecha para el lector moderno respecto a la historicidad de los detalles de este proceso romano es la distinta actitud de Jesús ante Pilato en los Evangelios sinópticos y la que muestra en el Evangelio de Juan. En los primeros encontramos un Jesús casi totalmente silencioso. En el cuarto Evangelio, por el contrario, Jesús mantiene un diálogo relativamente amplio con el prefecto. Las dudas se fortalecen cuando se observa que el Jesús del Evangelio de Juan habla de acuerdo con la teología propia del evangelista. Es probable que en el interrogatorio (*cognitio*) Pilato preguntara a Jesús si se consideraba el mesías o rey de los judíos, pero la famosa frase de Jesús «Mi reino no es de este mundo» (Jn 18, 36) no la pronunció el Nazareno probablemente nunca, pues se trata de una espiritualización del reino de Dios propia de la teología joánica y en general de la teología posterior a Jesús. Tampoco parece ser histórica, y por la misma razón, la continuación del pasaje: «Le preguntó entonces Pilato: "Luego ¿tú eres rey?". Contestó Jesús: "Tú lo estás diciendo, yo soy rey. Yo para esto he nacido y para esto he venido al mundo, para dar testimonio en favor de la verdad. Todo el que pertenece a la verdad escucha mi voz". Le dice Pilato: "¿Qué es la verdad?"» (Jn 18, 37-38). Resulta evidente que el lenguaje y las ideas son del evangelista que hace hablar a Jesús como el Revelador[156].

---

[156] Señala Brown, *Death*, cómo el proceso de Jesús ante Pilato está perfectamente organizado por el evangelista Juan desde el punto de vista literario: son seis episodios dispuestos en forma de quiasmo. Así, A *en el exterior* (18, 28-38): los judíos exigen la pena de muerte/B *en el interior* (18, 33-38a): Pilato y Jesús hablan sobre la realeza/C *en el exterior* (18, 38b-40): Pilato no encuentra culpabilidad alguna en Jesús; elección de Barrabás/C' *en el*

También parece muy inverosímil la actitud de Pilato declarando inocente a un Jesús que había actuado de modo peligroso para el Imperio. Aunque el prefecto no hubiese sido ese sujeto de actitudes irracionales y ebrio de crueldad como lo pinta una parte de la tradición[157], Jesús no debía de importarle absolutamente nada: un galileo pobre, un individuo semidesconocido pero del que debían de llegarle informes sobre sus discípulos alborotadores, sobre los incidentes protagonizados por Jesús contra el funcionamiento del Templo —cuyo orden correspondía a los romanos— y sobre ciertas alteraciones del orden público parecidas a las que Pilato ya debía de conocer a propósito de Juan el Bautista. Las repetidas declaraciones de inocencia por parte de Pilato son tres en Lucas (23, 4, 14-22 = Jn 19, 4-6) frente a las continuas y vagas acusaciones contra Jesús de los jefes de los judíos (Jn 18, 30; Mc 15, 3 par.). En la difícil provincia de Judea había poco espacio para la ingenua clemencia.

Por este motivo, los episodios del lavatorio de manos (Mt 27, 24)[158] y del sueño de su mujer avisándole de que Jesús era inocente (Mt 27, 19) parecen dramatizaciones por parte del evangelista Mateo a partir de leyendas populares[159]. Lo mismo nos

---

*exterior* (19, 4-8): Pilato no encuentra culpabilidad alguna en Jesús; Ecce Homo/B' *en el interior* (19, 9-11): Pilato y Jesús hablan sobre el poder/A' *en el exterior* (19, 12-16a): los judíos obtienen la condena de Jesús (pág. 758).

[157] Esta se basa sobre todo en la pintura de Filón de Alejandría en su obra *Legación a Gayo (Calígula)*.

[158] Muchos comentaristas, al no encontrar paralelos a este hecho en el mundo grecorromano, piensan que ha sido inventado por la tradición cristiana a partir de una reflexión sobre textos de la Escritura, como Salmos 26, 6 («Yo lavaré mis manos en la inocencia y andaré en derredor de tu altar») y 73, 13 («He lavado mis manos en la inocencia»), o Deuteronomio 21, 7-8: «No han derramado nuestras manos esta sangre... no imputes la sangre inocente a tu pueblo Israel. Y la sangre le será perdonada».

[159] Brown, *Death*, pág. 832: la muerte de Judas y el sueño de la mujer de Pilato son tradiciones legendarias —que Mateo acepta como verdaderas—, que nacen de los mismos grupos que generaron las historias de los magos y las matanzas de los inocentes.

parece, a pesar del bello efectismo dramático, el episodio del *Ecce Homo* (Jn 19, 5). Lo mismo cabe decir de otro diálogo entre Pilato y Jesús (Jn 19, 9-10) de resultas del cual el prefecto busca *liberar* a Jesús (¡!). La plebe adivina sus intenciones y grita: «Si liberas a ese, no eres amigo del César. Todo el que se hace a sí mismo rey se enfrenta al César» (v. 12). Todo ello parece de todo punto inverosímil en las circunstancias de Israel en los años 30 del siglo I.

## 17. Jesús ante Herodes Antipas

El episodio de Jesús ante Herodes Antipas (Lc 23, 6-12) es propio solo de Lucas y queda como aislado. Carece, pues, de atestiguación múltiple, por lo que es casi automáticamente dudoso. Muchos comentaristas han pensado que Lucas ha compuesto la narración por completo reflexionando sobre el Salmo 2, 1-2[160], que aparece también mencionado en Hechos 4, 24-28. Sin embargo, tienen razón otros cuando argumentan que no se ve claramente cómo Lucas pudo aplicar este salmo a Antipas e inventarse la historia por completo si antes no tenía determinado indicio a propósito de algún encuentro de Jesús con el etnarca de Galilea durante su pasión. En sí la escena podría ser verosímil, aunque se nota demasiado la mano de Lucas y su teología, a saber, el deseo de introducir en la historia de la Pasión personajes favorables a Jesús. En este caso sería Herodes Antipas, un enconado enemigo de Juan Bautista y por tanto de Jesús mismo, el que, sin embargo, habría de ser lo suficientemente honrado como para proclamar que el Nazareno era inocente. Ya hemos afirmado que cuando coincide la posible verosimilitud histórica con el propósito teológico de un evangelista aislado es muy difícil decidir la cuestión de la historicidad.

---

[160] «¿Por qué se amotinaron las naciones y los pueblos traman planes vanos? Se reúnen los reyes de la tierra y los príncipes se aliaron con un propósito común contra el Señor y contra su mesías».

## 18. Barrabás y las burlas y ultrajes contra Jesús

Del incidente con Barrabás hemos dicho anteriormente lo esencial (véase p. 164 y nota 89).

El problema histórico en las burlas romanas a Jesús (Mc 15, 16-20a y par.) no reside en su plausibilidad, que la tienen, sino en el aspecto literario, pues los estudiosos ven en las afrentas romanas una especie de repetición literaria de las burlas judías. También ocurre al revés: otros consideran que estas últimas pueden ser una retroproyección de los más que posibles malos tratos por parte de los romanos. También es discutida la posible cantidad y clase de estas, ya que el Evangelio de Juan (18, 22/19, 2-3) solo habla de bofetadas: una en el caso judío; indiscriminadas, en el romano.

En síntesis: la dramatización y la intención de los evangelistas en estos dos episodios y en el del número 16 consisten en dejar a Pilato en la sombra como un mero ejecutor de los designios judíos.

Mateo es el que insiste con más rotundidad en la culpabilidad de los judíos, a quienes pinta gritando desaforadamente y pidiendo la crucifixión, mientras Pilato declara que Jesús no hizo mal alguno (Mt 27, 23). El colmo de este dibujo que tanto ha contribuido al antisemitismo cristiano a lo largo de la historia llega cuando el pueblo judío afirma que «caiga su sangre sobre nosotros y nuestros hijos». Al leer esta frase el lector de Mateo caía en la cuenta de que la destrucción del Templo y de la ciudad de Jerusalén en general en el año 70 por las tropas romanas había sido un castigo de Dios al pueblo judío por la muerte de Jesús: su sangre hubo de ser vengada por la divinidad utilizando la mano romana[161].

---

[161] El trasfondo teológico se halla también en Levítico 20, 9-11: la propia sangre cae sobre el que maldiga a su padre o a su madre; y Ezequiel 18, 13: el que comete todas las abominaciones posibles que piense que su sangre caerá sobre él. La idea es: el pueblo judío fue tan injusto como sus dirigentes al condenar a Jesús; pagará con su sangre, como dice la Escritura.

La intención teológica del Evangelio de Lucas parece ser la de presentar la muerte cruel e injusta de un varón justo (así proclamado por Herodes y Pilato), un modelo de paciencia —como después Pablo en su proceso— que luego deben imitar los cristianos.

Finalmente, el Evangelio de Juan plantea un proceso de Jesús con ribetes intelectuales, donde destaca ante todo la dignidad de Jesús frente a la indignidad de los judíos, el poder divino de Jesús enfrentado a un poder humano, la lucha entre la verdad y la mentira, y el desigual enfrentamiento entre el poder de arriba y el de abajo[162]. A pesar de las apariencias, el de arriba es el que vence.

## 19. EL CAMINO HACIA EL GÓLGOTA (Mc 15, 20b-21 + Lc 23, 26-32)

En este episodio nos centramos en la versión de Lucas, que es más amplia. Tanto este como Marcos coinciden en describir la actuación en la Pasión de una figura hasta el momento desconocida por el lector, Simón de Cirene, que ayuda a un Jesús debilitado a llevar su cruz hasta el lugar de la crucifixión.

Algunos estudiosos han supuesto que el Cireneo es una figura inventada por los evangelistas con rasgos simbólicos, la imagen de un buen cristiano que porta su propia «cruz» a imitación del Salvador, ya que el Cireneo está ausente del Evangelio de Juan[163]. Sin embargo, no aparecen razones convincentes para pensar que la tradición se inventó sin más a este personaje, cuya intervención, sobre todo ante los ojos de presuntos lectores paganos, presenta a un Jesús

---

162 Brown, *Death,* págs. 826-30: el carácter del Evangelio de Juan es tan claramente pospascual en su teología que en realidad el Evangelio invierte los papeles: el lector sabe que en verdad es Pilato el que está siendo juzgado por Jesús sobre la Verdad, y que queda en evidencia ante las magníficas palabras de aquel.

163 La ausencia de Simón de Cirene en el cuarto Evangelio se explica por la teología propia del evangelista: Juan está solo interesado en presentar a Jesús como un héroe sin fisuras.

débil, lejos de la figura de un héroe ante su muerte. Por tanto, por el criterio de dificultad, suponemos que la escena en su núcleo es histórica sin más, sin que podamos precisar cómo y cuánto ayudó Simón a Jesús.

El añadido de Lucas, las mujeres de Jerusalén que lloran al paso de Jesús, es sospechoso en cuanto que es un testimonio único y aislado, y se corresponde con la teología de Lucas que intenta presentar a grupos judíos favorables a Jesús durante su pasión[164]. La mayoría de los comentaristas lo considera, pues, no histórico, incluidas las palabras de Jesús (Lc 23, 28-31), que tienen un sabor litúrgico y de profecía *ex eventu,* es decir, después de sucedido el evento.

## 20. La crucifixión de Jesús (Mc 15, 22-26 y par.)

No conozco comentarista serio alguno que niegue la historicidad de la crucifixión de Jesús, puesto que fue algo terrible para los seguidores de Jesús, a los que planteó innúmeras dificultades teológicas…, tantas que tuvieron que pensar, y fundamentar teológicamente con nuevas exégesis de las Escrituras, que Dios había dado a entender con ella que cualquier noción triunfante del mesianismo había sido un error por parte del pueblo elegido: a los ojos de los judíos este fracaso invalidaba por completo las pretensiones mesiánicas de Jesús. En contra, la teología judeocristiana pospascual se esforzará y se centrará de hecho en dar un sentido —según el esquema típico del sacrificio expiatorio y de acuerdo con una misteriosa voluntad divina previa— a este hecho en apariencia inexplicable. Parece, pues, imposible un invento puro de la crucifixión de Jesús por parte de la tradición cristiana.

---

[164] Recordemos: dos tríadas de personajes favorables: Simón de Cirene —el pueblo y las mujeres de Jerusalén—, uno de los dos malhechores crucificados con Jesús/un centurión que declara justo a Jesús tras su muerte —la plebe que se golpea el pecho—, las mujeres del grupo de Jesús que lo observan a distancia.

Sin embargo, son muchos los investigadores que opinan que el acto en sí —más el enterramiento— presenta en los Evangelios, sobre todo en el de Juan, una fuerte dramatización literaria. El cuarto evangelista presenta los hechos en seis episodios estructurados quiásticamente[165], más una introducción. Ello eleva a un grado máximo la teatralización de elementos tradicionales que puede observarse ya en Marcos (la historia de la Pasión premarcana, según nuestra hipótesis, p. 162) y en sus seguidores inmediatos Mateo y Lucas.

Existen algunas dudas sobre detalles concretos de la crucifixión, sobre todo porque en la pintura de ella son omnipresentes las alusiones y citas al Salmo 22, lo que vuelve a plantear en qué grado la Escritura tenía fuerza formativa para moldear los hechos desnudos. Entre ellos, sin embargo, el *titulus crucis*, la tablilla fijada a la cruz que indica la causa de la crucifixión, tiene los mayores visos de ser auténtico. Pilato lo mandó poner probablemente para escarmiento de otros personajes presuntamente rebeldes al Imperio, quienes podían sufrir la misma suerte de «muerte agravada». El inquieto pueblo judío debía saber que los delitos de «lesa majestad» —es decir, contra la constitución del Imperio o contra el poder y la figura del emperador[166]— no iban a quedar impunes. Y aquí puede observarse cómo el Evangelio de Juan dramatiza y exagera el episodio: el texto era trilingüe y Pilato discute con los sumos sacerdotes acerca de la exactitud del título «Rey de los judíos». Es Jesús quien lo dice, arguyen los ancianos, pero no es verdad. El prefecto escéptico, que no sabe qué es la verdad (Jn 18, 38), impone su voluntad sobre los judíos. Aquí es importante observar cómo todos los evangelistas coinciden en lo

---

[165] Brown, *Death*, 908: A (19, 16b-18) introducción; B (19, 19-22); C (19, 23-24); D (19, 25-27); C' (19, 28-30); B' (19, 31-37); A' (19, 38-42). El mismo autor recuerda que desde el episodio de Simón de Cirene hasta el de la compra de especias por parte de las mujeres para embalsamar el cadáver de Jesús el Evangelio de Juan presenta no menos de veinte omisiones respecto a los sinópticos o a alguno de ellos.

[166] Denominada técnicamente *Lex Julia lesae maiestatis* (literalmente: «Ley Julia acerca de la majestad ofendida»), promulgada en tiempos de Augusto.

sustancial: el cargo contra Jesús es haberse proclamado «rey de los judíos», lo que alude a las pretensiones mesiánico-davídicas de Jesús, al menos según su entrada en Jerusalén.

Dado que la «muerte agravada en cruz» no era cosa de todos los días, incluso en la díscola Judea, y que era costumbre de Pilato informar al emperador de las incidencias de su gobierno, es de suponer que el prefecto informó a Roma de este hecho, donde se recibió y archivó la información[167]. Ello explicaría el texto de Tácito en sus *Anales,* XV, 44, 3: «Este nombre [de cristianos] viene de Cristo, que fue ejecutado bajo Tiberio por el gobernador Poncio Pilato». Ahora bien, de estas presuntas actas no ha quedado ni rastro, por mucho que en la tradición posterior hayan aparecido algunas, todas ellas falsificadas[168].

La crucifixión de dos «bandidos» al lado de Jesús tiene también visos de ser histórica, a pesar de sus concomitancias con el texto de Isaías 43, 12, es decir, la duda a una posible invención del acontecimiento a partir de este texto: «Fue contado entre los malhechores». Y la razón es de nuevo la inverosimilitud de que fuera simplemente inventado por parte de los cristianos para que se cumpliera el texto profético. La interpretación más plausible del hecho es que esos crucificados fueran discípulos de Jesús, sin nombre concreto, quizá por olvido voluntario de la tradición, que fueron aprehendidos con él y castigados con él, por el mismo motivo político: sedición y alteración del orden. Pero dicho esto a propósito del episodio, no conozco ningún comentarista serio que atribuya historicidad a la palabra de

---

[167] Así, J. Montserrat, *El desafío cristiano,* Anaya & Mario Muchnik, Madrid, 1992, 141.

[168] La primera mención en Justino Mártir, I, *Apología* 35, 48. Esas presuntas actas acaban recogidas, desde el siglo XI aproximadamente, en el llamado Evangelio de Nicodemo: *Actas de Pilato o Evangelio de Nicodemo.* Esta obra se compone de dos partes, o de dos escritos, muy bien diferenciadas. La primera tiene dieciséis capítulos y es propiamente la que puede llamarse *Actas de Pilato.* La segunda, algo más breve, no lleva título y se suele denominar *Descenso de Cristo a los infiernos.*

Jesús «al buen ladrón»: «En verdad te digo: "Hoy estarás conmigo en el Paraíso"» (Lc 23, 43). Esta frase parece una añadido teológico de la tradición del tercer evangelista.

La presencia de mujeres *al lado de* la cruz de Jesús, recogida en Juan 19, 24b-27, es más que dudosa históricamente. No parece en absoluto plausible que los romanos permitieran a los familiares y amigos de los sediciosos estar «junto a la cruz» (griego: *parà tôi staurôi*: Jn 19, 25), y menos en una provincia tan peligrosa como Judea y cerca de la Pascua. Por tanto, la tradición recogida sobre todo por Juan no parece histórica. El significado e interpretación de la escena varía entre los comentaristas, aunque alguna de las exégesis (María Magdalena, esposa de Jesús, y el discípulo amado, hijo de ambos) es absolutamente fantasiosa y carente de base. Es de señalar de cualquier modo cómo el Evangelio de Juan destaca la presencia de María Magdalena, que para su comunidad debía de representar algo importante. Por ejemplo, un símbolo más de la buena discípula que pasa de la fe imperfecta a la perfecta, tanto que se convierte —como la mujer samaritana del capítulo 4 del Evangelio de Juan respecto a sus conciudadanos— en «apóstola» de los apóstoles[169].

Esta escena de las mujeres junto a la cruz con el discípulo amado, personaje que jamás es presentado con su nombre en este Evangelio, parece más bien simbólica[170] y debe interpretarse según el pensamiento teológico global del autor evangélico: la madre de Jesús que pertenece a la familia *carnal* del Salvador, pero por su fidelidad a este —estar al pie de la cruz y prestar atención a sus palabras— pasa

---

[169] Juan 20, 1-18. Creo que María Magdalena tiene más importancia en aquellos grupos y escritos que representan un cristianismo gnóstico, espiritual o místico, es decir, menos «institucional». Entre ellos hay que contar el Evangelio de Juan y los «evangelios» gnósticos, *Evangelio de María*, de *Felipe*, *Sabiduría de Jesucristo*, o *Pistis Sofía*.

[170] La tradición de amigos junto a la cruz a distancia puede estar basada en Salmo 38, 11-12 («Mi corazón palpita, me abandonan mis fuerzas... mis amigos y mis compañeros se sitúan lejos de mis llagas, mis allegados se mantienen lejos»); el Evangelio de Juan acerca sin más a los personajes.

a formar parte de la familia *espiritual,* o discipulado, del Salvador. Esta «familia» es la Iglesia. En realidad, según la teología del cuarto Evangelio, la Iglesia se funda en el evento de la cruz, no antes como asegura Mateo en 16, 16.

Las burlas sobre Jesús mientras este se halla en la cruz entran dentro de lo plausible y verosímil. Por la coincidencia entre Marcos y Juan podemos sospechar que son históricas y que pertenecían a la tradición premarcana de la historia de la Pasión. Pero este hecho no significa automáticamente un marchamo de historicidad. El uso del esquema «tres», tres grupos de gentes que se burlan —los que pasan por delante, los sumos sacerdotes y uno de los ladrones—, y la inverosimilitud de que estos dirigentes de los sacerdotes se entretuvieran en torno a la cruz, una vez conseguidos sus objetivos, siendo el día de la Pascua (sinópticos), o su preparación (Juan), nos hacen sospechar una dramatización literaria del evento.

Tampoco es posible probar la historicidad de los insultos de los dos bandidos crucificados junto con Jesús, ya que Marcos/Mateo no les asignan palabra alguna, y Lucas utiliza temas que han salido antes, en las otras escenas de burlas, ya judías o romanas, por lo cual puede tratarse de una proyección de una escena a otra.

La famosa y bella frase de Jesús: «Padre, perdónalos porque no saben lo que hacen», transmitida solo por Lucas (23, 34), es poco segura históricamente. Aparte de la falta de atestiguación múltiple, la frase está ausente de los manuscritos más importantes del Nuevo Testamento. ¿Fue eliminada por algunos escribas molestos de que Jesús perdonara a los «malvados y deicidas» judíos? Es posible, puesto que los judíos no se habían arrepentido de lo hecho. Si fue así, la tradición podría ser antigua, pero no podemos alcanzar seguridad alguna.

## 21. La muerte de Jesús

No tienen base alguna en los textos que nos ha legado la Antigüedad las hipótesis fantasiosas sobre la no muerte de Jesús: que le dieron láudano o cualquier otro producto…, que de hecho no murió..., que fue bajado inconsciente de la cruz..., que escapó de la tumba —¡todos estaban de acuerdo para fingir su muerte!— y huyó a la India..., etc., teorías todas que me parecen innecesarias y absolutamente descabelladas. En mi opinión solo puede formular estas hipótesis quien desconozca la atmósfera y el ambiente del siglo I en Judea y cómo se las gastaban los romanos con aquellos que les suponían el menor impedimento. Tales teorías son impensables, pues, en aquellas circunstancias.

Pero, como ocurre otras veces, esto no significa que todo lo que los evangelistas afirman sobre la muerte de Jesús pase el filtro de los criterios para probar la historicidad. Así, por ejemplo, es muy inseguro afirmar cuáles fueron las palabras que Jesús dijo al morir, si es que dijo alguna. Parece cierta la mención de un grito del Nazareno antes de expirar, grito que debe entenderse quizá literalmente. El criterio de dificultad nos lleva a pensar que no había motivos para que lo hubieran inventado los cristianos, ya que el grito final podría malentenderse como de desesperación. Las razones en contra de algunos estudiosos no son convincentes[171].

Pero ¿pronunció Jesús algunas palabras, además del grito? El que estas pertenezcan al Salmo 22, 2: «¡Dios mío, Dios mío! ¿Por qué me has abandonado?» tiene un matiz sospechoso (= traídas para «probar» la veracidad de un salmo ya considerado profético), pero tiene más fuerza aún, argumento contra su historicidad el que el Evangelio de Juan no recoja palabra alguna de Jesús al morir y Lucas presente otras: «Padre, en tus manos encomiendo mi espíritu» = Salmo 31, 6, que Lucas pone también en boca del mártir Esteban (Hch 7, 59-60).

De todos modos, las palabras del Salmo 22, 2 (Marcos/Mateo), sean históricas o no, encajan muy bien con una imagen del Jesús de la historia que esperaba la pronta venida del Reino de Dios, pero que

---

[171] Por ejemplo, que el grito es un invento literario de los evangelistas a partir del Salmo 22, 2, ya que contradice el tenor de Juan 16, 32-33, que afirma que el Padre no deja a Jesús nunca solo.

se podía sentir traicionado y fracasado al no llegar este en realidad durante su vida, y que pudo experimentar en algún momento el desgarro del abandono, al menos aparente, de Dios.

Igualmente es dudosa la noticia de Marcos 15, 36 y Juan 19, 28-29 de la sed de Jesús (¡como cumplimiento de la Escritura!, expresamente afirmado por el Evangelio de Juan en 19, 28) y la oferta de vinagre. El hecho es plausible en sí, pero imposible de garantizar como histórico por los criterios usuales.

En conjunto, pues, sobre este tema: es muy posible que solo se pueda defender como estrictamente histórico Marcos 15, 37: «Y Jesús, lanzando un gran grito, expiró». El resto parece relleno o dramatización de Marcos —o su fuente— o de los otros evangelistas, pues la influencia formativa de la Escritura parece estar presente por doquier (Sal 22, 2-16; Sal 69, 22, y el motivo de Elías: Mc 15, 2-35).

La confesión del centurión (Mc 15, 39) que proclama a Jesús «hijo de Dios» corresponde a la teología cristiana pospascual, por lo que tampoco parece histórico.

El lanzazo dado a Jesús es verosímil en sí (Jn 19, 31-37), pero el evangelista lo relaciona con el cumplimiento de la Escritura (Dt 21, 22-23[172] y Sal 34, 21, y sobre todo Zac 12, 10: «Verán al que traspasaron»). De nuevo planea la duda de la posible creatividad de eventos a partir de la reflexión sobre textos sagrados/proféticos.

A pesar de la indudable historicidad del hecho desnudo de la crucifixión y muerte de Jesús, en los relatos de cada uno de los evangelistas se nota claramente una intención teológica, que intenta dar sentido a un hecho tan terrible como la muerte en cruz del Salvador.

Según Marcos, las críticas calumniosas vertidas contra Jesús en el proceso judío —se jactaba de que iba a aniquilar el Templo, él era el mesías e Hijo de Dios, etc.— son refutadas en la cruz y después: el velo del Templo se rasga, simbolizando su futura destrucción, y nada

---

[172] «Cuando uno que cometió un crimen digno de muerte sea muerto colgado de un madero, su cadáver no quedará en el madero durante la noche, no dejarás de enterrarlo el día mismo…».

menos que un centurión pagano ha de confesar: «Verdaderamente este hombre era Hijo de Dios» (Mc 15, 39).

El Evangelio de Lucas insiste menos en las burlas y el odio contra Jesús que en la actitud de este como justo sufriente y modelo a imitar por los cristianos, así como en la misericordia de Dios hacia los pecadores plasmada en la sentencia de Jesús: «Padre, perdónalos...». Lucas propende menos que Mateo a favorecer un juicio negativo sobre los judíos (futuro antisemitismo), ya que recalca la diferencia entre los malvados dirigentes de los judíos y el pueblo en sí (simbolizado en las «hijas de Jerusalén» de 23, 28), mucho más favorable a Jesús.

El Evangelio de Juan presenta a un Jesús victorioso en la cruz: es el momento en el que —en la tierra— el Revelador es en verdad «exaltado» (véase, simbólicamente, Jn 3, 14 y ss.) y, aunque los ojos carnales no lo perciban, es el vencedor de sus enemigos —los dirigentes de los judíos, los soldados romanos, el malhechor crucificado con él que lo insulta—, el que funda la Iglesia por un acto de amor en la cruz. Este es el momento en el que al ser «elevado» puede retornar de este mundo de tinieblas al Padre, mientras que sus discípulos, que quedan en la tierra, vencen al mundo y son declarados uno con Jesús y el Padre («oración sacerdotal» del capítulo 17) y por tanto salvados.

## 22. Sucesos tras la muerte de Jesús (Mt 27, 51-53)

Mateo cuenta al respecto: «Entonces el velo del Templo se rasgó en dos, de arriba abajo; la tierra tembló, las rocas se rajaron, las tumbas se abrieron y muchos cuerpos de santos que habían muerto resucitaron; después que él resucitó, salieron de las tumbas, entraron en la Ciudad Santa y se aparecieron a muchos. El centurión y los soldados que con él custodiaban a Jesús, viendo el terremoto y todo lo que pasaba, dijeron aterrados: "Verdaderamente este era Hijo de Dios"».

Hemos dicho anteriormente que es muy poco probable que tales sucesos sean históricos. Falta la atestiguación múltiple (salvo para lo del velo del Templo = Mc 15, 38 + Lc 23, 45: en este último Evangelio el velo del Templo se rasga *antes* de la muerte de Jesús, lo que tiene una elevada significación simbólica y teológica, considerada después de la destrucción del Santuario en el 70 d. de C.). Si en algún sitio, es aquí —en estos eventos— donde parece más palpable la creatividad a partir de la Escritura: detrás de Mateo 27, 51b-52b puede estar Ezequiel 37, 12-23: «Por eso profetiza y diles: Yo abriré vuestros sepulcros y os sacaré de vuestras sepulturas, pueblo mío», y tras Mateo 27, 53 se hace presente Isaías 26, 19: «Resucitarán los muertos y se levantarán de sus tumbas y se alegrarán los que están en la tierra…».

Era típico de la época, el siglo i d. de C., la creencia de que la divinidad hacía patente la muerte de los hombres ilustres por medio de signos telúricos[173], portentosos. Por comparación, puede surgir la duda de si lo relatado por Mateo no es más que un fenómeno parecido: resaltar teológicamente el valor de la muerte de Jesús por medio de sucesos escatológicos predichos por los profetas. Un ejemplo: el evento de Pentecostés es interpretado por Pedro en su primer discurso por medio de un texto del profeta Joel: Hechos 2, 16-20[174].

## 23. La fecha de la muerte de Jesús

Es esta una cuestión muy antigua en la que existe una palmaria contradicción entre lo que *se supone* a partir de la lectura del relato de los sinópticos y lo que dice el Evangelio de Juan.

Como ya sabemos, según los tres primeros evangelistas, todos los sucesos que acontecen desde la Última Cena hasta la muerte y

---

[173] Se han señalado: Flavio Josefo: el eclipse de Luna cuando el impío rey Herodes el Grande asesinó al fariseo Matías y a sus jóvenes seguidores (*Antigüedades,* XVII, 6, 4); erupción del Etna, terremotos en los Alpes, sudor de las estatuas, etc., a la muerte de Julio César (Virgilio, *Geórgica,* I, 472-490), o el cometa que se vio a la muerte de Claudio (Dion Casio, *Historia,* LX, 35, 1), etc.

[174] «Haré prodigios arriba en el cielo y señales abajo en la tierra: sangre, fuego, nubes de humo; el Sol se convertirá en tinieblas y la Luna se teñirá de sangre, antes de que llegue el día del Señor, grande y esplendoroso. Sucederá que cuantos invoquen el nombre del Señor se salvarán» (Joel 3, 3-5).

descenso de la cruz acontecen en la gran fiesta de la Pascua, puesto que como hemos visto la Cena es, según la redacción definitiva de Marcos y sus seguidores Mateo y Lucas, una *comida pascual*, que se ingiere en la tarde-noche de la Pascua una vez que ha comenzado el día de la gran fiesta al atardecer. Así pues, la Última Cena, «pascual», tuvo lugar en la noche del jueves al viernes, primer día de la fiesta de los Ázimos o de la Pascua.

1. Por tanto, el calendario sinóptico es el siguiente:
   - *Domingo*: entrada triunfal en Jerusalén.
   - *Lunes,* al día siguiente (Mc 11, 12): «purificación del Templo».
   - De *martes a jueves por la mañana*, según Marcos 11, 20-14, 1: episodios de la higuera seca; la cuestión de los poderes de Jesús; parábola de los viñadores; la cuestión del tributo al César; polémica con los saduceos sobre la resurrección; diálogo sobre el precepto más importante de la Ley; cuestión sobre el origen del mesías; el óbolo de la viuda; discurso apocalíptico de Jesús.
   - *Martes*: «Dos días antes de los Ázimos» (Mc 14, 1): reunión de príncipes de los sacerdotes y escribas para apoderarse de Jesús con engaño.
   - *Martes o miércoles* (?): Unción en Betania (Mc 14, 3-10) y traición de Judas.
   - *Jueves* por la mañana (Mc 14, 12: «el primer día de los Ázimos, cuando se sacrificaban (los corderos) para la Pascua»: Jesús ordena la preparación de la Pascua y, además, anuncio de la traición de Judas[175].
   - *Tarde-noche del jueves al viernes* (es decir, *viernes,* desde el punto de vista judío; a partir de las 18 horas más o menos, a la caída del sol, comienza un nuevo día según el cómputo judío de la época): Cena (pascual). Episodio de Getsemaní.

---

[175] Recuerde el lector lo dicho en pág. 205 sobre la opinión de Brown, *Death*, págs. 1367 y 1370.

- *Noche del jueves al viernes* (es decir, *viernes* según el cómputo judío): Prendimiento, etc., 14/15 (¿?) de Nisán. Este viernes es el día de Pascua.
- *Viernes*: la crucifixión tiene lugar a la hora tercia (= 12 del mediodía, empezando a contar las horas desde las seis de la mañana), y la muerte hacia la hora sexta (= hacia las tres de la tarde).

  Que la muerte de Jesús ocurre en viernes (coincidiendo con Jn 19, 41) aparece en Marcos 15, 42, donde se dice: «Llegada ya la tarde, porque era la *parasceve* (= «preparación»), es decir, la víspera de sábado...».

  Enterramiento (¿hacia la hora nona? = seis de la tarde: «Llegada ya la tarde...»: Mc 15, 42).
- *Sábado*: 15/16 de Nisán (¿?): Jesús en la sepultura. Los sinópticos solo dicen que es *sábado* (naturalmente, no hay mención de la Pascua).

2. Calendario o cronología del Evangelio de Juan. Nos fijamos sobre todo en las diferencias:
   - *Al comienzo de la vida pública* de Jesús (después del milagro de las bodas de Caná): «Purificación del Templo»: Juan 2, 13-22. El hecho ocurre «estando próxima la Pascua de los judíos» (2, 13). Esta datación es muy improbable históricamente, pues la acción del Templo debe relacionarse con los últimos tiempos de la vida de Jesús, como detonante definitivo de su prisión, juicio y condena a muerte.
   - *Semanas antes de la Pasión*: después de la muerte y resurrección de Lázaro, hermano de Marta y María, tiene lugar el inicio (¿?) del «proceso» judío a Jesús con la ausencia del reo. Decisión de todo el Consejo de darle muerte: Juan 11, 47-53. El Evangelio de Juan no cuenta ningún otro proceso, sino dos simples interrogatorios de Jesús, ya preso, por parte de Anás (Jn 18, 12. El ex sumo sacerdote solo le pregunta a Jesús «por su doctrina y por sus discípulos»: v. 19), y luego de Caifás. Este, que es el sumo sacerdote en ese momento,

interroga también a Jesús aunque Juan 19, 24 nada dice sobre el contenido de ese presunto interrogatorio.

- «Seis días antes de la Pascua» (Jn 12, 1): Unción en Betania: pero ocurre no en casa de Simón el fariseo, sino en la de Marta y María. Probablemente no en sábado, sino en el primer día de la semana, domingo.

- «Al día siguiente» (Jn 12, 12), es decir, el segundo día de la semana, lunes, entra en Jerusalén. Pero, de acuerdo con los sinópticos, esta entrada habría tenido lugar el domingo.

- «Antes de la fiesta de la Pascua» (Jn 13, 1) sin precisar más: Última Cena con el lavatorio de los pies, y el anuncio de la traición de Judas más las negaciones de Pedro. No hay institución alguna de la Eucaristía, y no es una cena pascual. Sigue luego un doble, largo y repetitivo discurso de Jesús (capítulos 14-17) ausente por completo en los sinópticos.

- Después de la Última Cena, sin precisar más, y hasta el viernes, Juan cuenta el resto de la historia de la Pasión, empezando por el episodio de Getsemaní, traición de Judas, etc. Pero este relato tiene muchas variantes y omisiones, como ya hemos indicado, hasta la muerte y enterramiento de Jesús, que ocurren también en viernes.
  La diferencia con los sinópticos estriba en que ese *viernes 14 de Nisán no es la Pascua, sino la preparación de esa fiesta.*

- Sábado: 15 de Nisán: gran día de la Pascua: Jesús está en la sepultura. Por tanto, según Juan, los apretados acontecimientos que preceden a la muerte del Salvador no tienen lugar en el día de la gran fiesta, sino en el anterior, el día de la preparación o «parasceve».

Las diferencias son sustanciales. ¿A qué carta, pues, quedarse? ¿Cuál de las dos cronologías es más fiable? En nuestra opinión, y según la hipótesis explicativa que hemos expuesto desde el principio, *ninguna de las dos.* Sin embargo, no hemos echado en saco roto algunas indicaciones cronológicas de los dos grupos de evangelistas, pues nos dan pistas para establecer nuestra propia cronología, que comienza —como ya sabemos— en septiembre del año anterior a la muerte de Jesús y finaliza muy cerca de la Pascua del año siguiente. En total —como hemos sostenido repetidas veces—, toda la historia de la Pasión debió de durar unos seis meses. Sí podemos decir también, por el criterio de múltiple atestiguación, que es posible que Jesús muriera *un viernes 14 de Nisán*, abril según nuestro calendario, *víspera* de un sábado más solemne que otros, pues en él coincidía la luna llena con la gran fiesta de la Pascua de ese año.

Pero ¿de qué año según nuestro cómputo?

## 24. EL AÑO DE LA MUERTE DE JESÚS

Según cálculos astronómicos fiables[176], y de acuerdo con la fecha probable del nacimiento de Jesús (antes de la muerte de Herodes el Grande: Lc 2, 1-7 y Mt 2, 1), por tanto, entre el 6-5 a. de C., y con la estimación aproximada del tercer evangelista de la edad que Jesús tendría al comenzar su vida pública («unos treinta años»: Lc 3, 23), hay dos fechas —7 de abril del año 30; 3 de abril del año 33— en las que pudo coincidir la Pascua con un sábado, 15 de Nisán.

En esos momentos Jesús tendría entre 36-39 años. El Evangelio de Juan da a entender que quizá Jesús tuviera algún año más que los que, benévolamente, supone Lucas. Según Juan, le dice a Jesús un adversario dialéctico: «Aún no tienes *cincuenta* años...» (Jn 8, 57). Por tanto, podemos elegir la última fecha, año 33. Pero entonces Jesús no tendría 33 años, como opina la mayoría de la gente, sino 39. Y, de acuerdo con el cómputo del Evangelio de Juan (que cuenta como mínimo tres Pascuas durante la vida pública de Jesús), el ministerio público de este habría durado no un año, como dan a entender los sinópticos (Jesús solo fue a una Pascua en Jerusalén, en la que murió), sino como mínimo dos años y medio, y probablemente más bien tres y pico.

---

[176] Recogidos por Brown, *Death*, págs. 1373-1376.

## 25. El enterramiento de Jesús

En el descenso de la cruz aparece un personaje, desconocido hasta el momento en la historia de la Pasión, José de Arimatea, al que Marcos presenta como un miembro ilustre del Sanedrín y personaje piadoso, «que esperaba el Reino de Dios» (según Mateo y Juan, quizá exageradamente, era ya «discípulo [secreto] de Jesús»: 27, 57/19, 38, respectivamente). José pide, y obtiene de Pilato, enterrar a Jesús.

Aquí los evangelistas presentan dos versiones muy distintas del descenso de la cruz y del enterramiento. Según los sinópticos (Mc 15, 42-47 y par.), José de Arimatea actúa solo, envuelve a Jesús en una simple sábana y lo coloca en un sepulcro de su propiedad, cerca del Gólgota. El enterramiento es sencillo, rápido y sin pompa alguna.

Probablemente es la tradición posterior a la versión premarcana la que embellece este simple relato: la tumba no era vulgar, sino tallada en la roca, nueva, donde nadie había sido depositado hasta el momento. Probablemente también es esta tradición la que hace estar presentes en el acto del descenso de la cruz y enterramiento a María Magdalena y a otra María, mujer de José (¿la madre de Jesús? Pero la designación sería muy extraña), de modo que su presencia sirva de enlace literario para la función que desempeñarán las mujeres en la historia de la «tumba vacía» y la resurrección (Lc 23, 55). Por tanto, esta presencia de mujeres no sería histórica, o al menos muy dudosa.

La versión del descenso y enterramiento por parte del evangelista Juan es muy distinta: José de Arimatea está acompañado de Nicodemo, el fariseo que visitó a Jesús de noche según Juan 3, 1-21, pero un personaje desconocido por los otros evangelistas. Entre los dos bajan el cuerpo de Jesús y le otorgan un enterramiento más solemne y costoso: lo fajan con bandas y aromas (lo que es en verdad un embalsamamiento) utilizando unos 50 kilos de ungüento de mirra y áloe, «según es costumbre sepultar entre los judíos» (Jn 19, 40), y lo depositan de prisa en una tumba cerca del Gólgota —para no quebrantar el precepto del sábado, en un huerto (¿propiedad de uno de los dos?)—, tumba de la que se indica también que era nueva.

Me parece que el núcleo histórico de esta doble historia podría ser probablemente el siguiente: o bien José de Arimatea (figura no inventada, un personaje que en estos momentos aún no es judeocristiano [en contra del Evangelio de Juan 19, 38]) baja a Jesús de la cruz en representación de los intereses del Sanedrín, que no deseaba que el cuerpo del Nazareno permaneciese en el madero por la noche, y en medio de una gran fiesta, la Pascua, en contra de lo prescrito por la Ley = Deuteronomio 21, 22-23.

O bien bajaron el cadáver de Jesús los romanos mismos, también para no provocar los sentimientos religiosos de los judíos; luego se envuelve el cadáver en una mera sábana y se entierra, rápidamente y sin honores, en una fosa común, junto con los otros dos condenados (Hch 13,27-29). Nicodemo nos parece una inverosímil figura en esta escena. Da la impresión de que el evangelista Juan presenta un evento simbólico: Nicodemo, temeroso durante la vida de Jesús, que lo visita de noche por miedo a los judíos (Jn 3, 2), se convierte en un valiente tras la muerte de Jesús (esta muerte le hace pasar de una fe imperfecta a otra perfecta) y en público contribuye al enterramiento de Jesús. De este modo, en el Evangelio de Juan, el enterramiento rápido y sencillo se convierte en un honor triunfal para Jesús, y rompe el modelo de la sepultura según los otros evangelistas: casi oculto.

En conjunto nos parece más verosímil el núcleo de la versión de los sinópticos: un descenso de la cruz y enterramiento rápido, sencillo, casi oculto, en un tumba cercana, pero probablemente común.

Aquí termina propiamente la historia de la Pasión. Las narraciones que vienen a continuación en los cuatro Evangelios, sobre la tumba vacía y las apariciones, se inscriben de lleno ya en el tema de la resurrección de Jesús, del que no tratamos aquí, puesto que tal «evento» no pertenece al ámbito de la historia. La historia solo trata de hechos repetibles y comprobables, y la tumba vacía, la resurrección y las apariciones consecuentes no lo son.

En síntesis: ¿qué consideramos históricamente posible de los relatos acerca de la Pasión de Jesús?

En primer lugar que tanto las acciones y los dichos recogidos por los evangelistas como sucedidos en una semana debieron de durar mucho más tiempo. Hemos señalado como marco posible un comienzo unas semanas antes como escena idónea para la llamada fiesta de los Tabernáculos o las tiendas en septiembre como escena idónea para la llamada entrada triunfal en Jerusalén. Entre esa fiesta y la de Pascua —un poco antes de la cual muere Jesús—, a principios de abril (mes de Nisán), hay espacio temporal suficiente para todas las acciones y sucesos, predicaciones, enseñanzas y disputas, prendimiento, procesos y condena que tan apretadamente cuentan los evangelistas sintetizándolas y dramatizándolas en apenas una semana.

Más allá de este marco temporal amplio es difícil de precisar un espacio o tiempo absolutamente concreto para cada hecho. Podemos decir que la unción en Betania —su núcleo histórico— pudo suceder más bien al principio en este extendido lapso de tiempo, y la acción sobre el Templo, más bien hacia el final, pero dejando amplio espacio temporal para una cena de despedida, y para lo que sucede después desde Getsemaní, sin agobios temporales. Desde luego, no estimamos en absoluto verosímil la cronología sinóptica —y en gran parte también la joánica— que hace coincidir acciones legales, burlas y maltrato contra Jesús tanto por parte de los judíos como de los romanos, más la crucifixión con todo lo que llevaba consigo, en un día solemne de gran fiesta, la Pascua.

Es posible que el núcleo del proceso judío pueda dividirse en dos partes. Una reunión del Sanedrín, poco después de la entrada en Jerusalén, en la que se cae en la cuenta de que Jesús, como discípulo de Juan Bautista que había sido, era un verdadero problema de orden público, que algunos de sus seguidores podían ir armados y que sus partidarios galileos lo consideraban el mesías hijo de David. Un movimiento de ese estilo —religioso ciertamente, pero con claras implicaciones políticas aun en la hipótesis de que no se desearan— habría acarreado de inmediato la intervención de los romanos, con derramamiento cierto de sangre. En ese «concilio» se tomó la decisión de actuar duro contra el Galileo, sin estar él presente, pues no se trataba de un juicio como tal.

Pensamos como posible que el episodio del pago del tributo al César pudo ser anterior cronológicamente a la acción contra el Templo. La respuesta de Jesús fue un «no» claro, un rechazo del pago del tributo.

Las disputas entre Jesús y los saduceos, fariseos o «doctores de la Ley» pudieron ocurrir en el entorno del Templo en cualquier tiempo dentro de esos meses de septiembre a marzo. Igualmente, las enseñanzas de Jesús con el cúmulo de parábolas que recogen los evangelistas deben enmarcarse aquí. Tampoco podemos precisar cuándo y cómo —pues las visitas al entorno del Templo debían de ser frecuentes entre septiembre y marzo— pudo Jesús pronunciar los dichos escatológicos/apocalípticos recogidos en el denominado «apocalipsis sinóptico» de Marcos 13 y paralelos, más los ayes y lamentos varios contra fariseos, Jerusalén, etc. Desde luego, lo que se consigna en los Evangelios de estos dichos y polémicas de Jesús no es más que una reunión literaria y dramatizada —al estilo de la de Mateo en el Sermón de la Montaña— de dichos y disputas de Jesús transmitidas por la tradición sin un marco cronológico y geográfico preciso.

La tradición sobre la Última Cena solo parece fiable en cuanto comida no pascual, de despedida de algún modo, ciertamente escatológica, en la que se aludía sin duda a la pronta venida del Reino de Dios. Sobre este estrato narrativo se impuso más tarde, por influencia de Pablo y sus comunidades, la tradición de la Eucaristía. La interpretación de la Última Cena como *comida pascual* puede ser ciertamente anterior a la teología paulina (Jesús como el Cordero de Dios), pero su interpretación como institución de la Eucaristía procede en verdad de Pablo y de su mundo visionario y de revelaciones divinas, en el que se fundamenta y apoya todo su «evangelio».

Lo que la tradición transmite como el núcleo de la Pasión, desde las angustias de Getsemaní, más el prendimiento hasta la crucifixión, debió de ocurrir cuando faltaban no demasiados días para la Pascua. ¿Cuántos? Imposible de saber; aunque quizá quince días o tres semanas, o quizá más (¿?). Hay que dejar espacio para la preparación y ejecución de una cena de despedida, para los preparativos y ejecución del prendimiento, la traición de uno de los doce puede ser histórica en su núcleo, pero requiere tiempo de preparación, pues intervinieron al parecer algunas tropas romanas y hubo de darse cierta repetición de hechos usuales por parte de Jesús en torno al escenario general del monte de los Olivos (¡escenario escatológico, según los profetas!), de modo que fuera posible dar con él fácilmente de noche. La situación agónica de Getsemaní puede ser histórica en su núcleo como muestra de las dudas y de la ignorancia de Jesús acerca de su final, que desde luego no deseaba. La dramatización toda es obra de los evangelistas o de su fuente, según nuestra hipótesis.

La huida de los discípulos y la(s) negación(es) por parte de Pedro son perfectamente posibles y su núcleo parece histórico.

El «proceso» judío propiamente tal —que solo fue uno— ha de situarse no por la noche, sino durante el día, tal como lo presenta el Evangelio de Lucas. Debió de ser breve e inmediatamente después del prendimiento, y con tiempo suficiente. Llama la atención que no coincidan los cargos contra Jesús con lo que luego se dirá ante Pilato, pero pudo ser así. Sin embargo, todo el proceso está tan dramatizado y teologizado que no podemos dar como histórica o segura cualquiera de sus preguntas. El famoso cargo de «blasfemia» contra Jesús no parece tener fundamento histórico alguno.

El proceso ante Pilato —la breve «visita» a Herodes era posible pero no tiene visos de ser histórica— ha de pensarse también como sucedido de día; por tanto, quizá a la mañana, o en los días siguientes. El «proceso» fue breve: una mera *cognitio*, no una *quaestio* en toda regla. Nada de lo ocurrido en él puede considerarse como probado históricamente. Solo puede afirmarse con seguridad que acabó con una pena capital contra tres acusados, entre los que sospechamos que pudo haber una relación más que casual (Jesús y dos de sus innominados discípulos, que portaban armas en el episodio de Getsemaní).

El motivo de la condena por parte de Pilato fue político: crimen contra la majestad del emperador y del Imperio, herida por la acción sediciosa de los acusados.

El episodio de Barrabás y la actuación del pueblo tal como la dibuja Mateo no pueden certificarse como históricos, al menos como una costumbre de liberación de un preso durante la Pascua. Por el contrario, no es improbable que existiera un bandido de nombre Barrabás.

Las burlas y el maltrato de Jesús, en ambos «procesos» judío y romano, son probables sin más. No parece inventado lo ocurrido con el Cireneo, aunque la conmiseración de las «mujeres de Jerusalén» que pinta Lucas es más que sospechosa.

El *titulus crucis* parece responder a una realidad histórica. Del evento de la crucifixión apenas se puede certificar como histórico más que el hecho en sí, pues la teologización, a base de citas de la Escritura, es máxima. Lo mismo puede decirse de la presencia de mujeres al pie de la cruz, que como tal no es posible en un contexto de ejecución romana.

Apenas puede dudarse históricamente de que Jesús muriera en la cruz y fuera enterrado. Pero a esto se reduce todo lo que se puede dar por certificado. Todos los eventos maravillosos que acompañaron la muerte de Jesús, incluidas sus últimas palabras, el reconocimiento de su divinidad, la intervención de los soldados ante la tumba, son producto de la dramatización de los evangelistas o de sus fuentes.

Igualmente no podemos estar seguros de los detalles del descenso y enterramiento; de nuevo, solo del hecho en sí.

Así pues, es poco lo que podemos certificar como histórico del relato de la Pasión de Jesús. Pero los hechos nucleares de los que podemos estar razonablemente seguros desde el punto de vista de la historia más rigurosa son, a la vez, suficientes para añadir trazos sustanciales a la caracterización del Jesús de la historia como un profeta escatológico, anunciador del Reino de Dios que habría de venir de inmediato sobre el suelo de Israel, un profeta que al menos al final de su vida, y movido por sus seguidores, se proclamó el mesías de Israel en un sentido que todos podían entender. El motivo de su condena a muerte fueron las implicaciones políticas de un mensaje profunda y casi exclusivamente religioso, la llegada de un reinado divino teocrático. Este implicaba un escenario de cumplimiento en el que no cabían los romanos, ni los herodianos, ni los griegos..., ni siquiera los judíos que no se apartaran de su mala vida y se prepararan en serio por la penitencia para el advenimiento de ese Reino. En ese reinado divino no todo serían bienaventuranzas, sino también condenación estricta para quien no cumpliera sus reglas.

Los Evangelios dan constancia —y ello parece ser histórico— de que Jesús se mantuvo fiel a su ideal teocrático y a su misión de predicar la venida del Reino hasta el final de su vida. No es en absoluto seguro que pueda retroproyectarse a Jesús lo que de él dijo la teología posterior pospascual referida a estos momentos: que Jesús fuera absolutamente consciente, por su poder de profecía, de cómo iba a ser su final y lo aceptara como un plan divino, que instituyera la Eucaristía como memorial suyo en el que había una ingestión, al menos simbólica de su cuerpo y de su sangre, que interpretara su muerte como vicaria y expiatoria por los pecados del mundo, que se pensara a sí mismo como Hijo del hombre, como figura mesiánica que tuviera entre sus atribuciones volver en el inmediato futuro como juez final de todos los hombres en un juicio escatológico, que se creyera Hijo de Dios en sentido propio, ontológico, y que «al tercer día» resucitara.

El Jesús de la historia nos parece que fue un personaje más modesto que las altas predicaciones que de él hicieron sus fervorosos seguidores, una vez que estuvieron firmemente convencidos de su resurrección.

¿Qué podemos atribuir como propio al misterioso autor del que dijimos al principio que —antes de cualquier evangelista— había tenido la idea de concentrar y dramatizar en una semana acontecimientos que debieron de ocurrir durante unos seis meses? Creemos que el método empleado para adscribir a su escrito diferentes episodios de la Pasión ha sido correcto: aquello en lo que coinciden las dos grandes líneas, semiindependientes al menos, representadas por Marcos y Juan, una vez despojado de lo que podemos creer razonablemente como literarización y embellecimiento posterior de esos dos evangelistas. Podría ser lo siguiente, a saber, el *núcleo* de:

- La entrada triunfal en Jerusalén.
- La dramatización del propósito de los dirigentes de los sacerdotes y de los escribas que conspiran contra Jesús.

- La unción en Betania.
- La traición de Judas con la indicación no precisa por parte de Jesús de la posibilidad de traición entre los de su entorno.
- La Última Cena no pascual, sin institución de la Eucaristía, pero sí como recuerdo de Jesús en la «fracción del pan».
- Angustia y perplejidad de Jesús al intuir que su oposición a los dirigentes del pueblo y a los romanos podría tener graves consecuencias: Getsemaní.
- Traición de Judas.
- Prendimiento de Jesús.
- Huida de los discípulos y negación de Pedro.
- Proceso judío.
- Proceso ante Pilato: cargos en contra de Jesús y presentación de la plebe enardecida contra Jesús movida por las autoridades judías.
- Episodio de Barrabás.
- Burlas y maltrato de Jesús por parte de judíos y romanos.
- Crucifixión con el *titulus crucis.*
- Algunos amigos, especialmente mujeres, apoyan a distancia a Jesús mientras está en la cruz.
- Muerte de Jesús.
- Burlas contra Jesús en la cruz.
- Enterramiento con la presencia e intervención de José de Arimatea.
- Unión, sin solución de continuidad, entre el relato de la Pasión y el episodio de la tumba vacía como indicio de la resurrección.

A este personaje desconocido pero genial se le ocurrió contar todo ello por medio de alusiones y citas de textos de las Escrituras de modo que sirviera de lectura en los oficios litúrgicos del grupo jerosolimitano de creyentes en Jesús…, y quizá —como hemos dicho muy hipotéticamente y con todas las reservas— como «guía» turístico-religiosa de los trágicos eventos ocurridos en Jerusalén, que para un judeocristiano eran en verdad el momento culminante de la historia: el momento en el que se consumó el sacrificio redentor del mesías.

El evangelista Marcos, cuando compuso su Evangelio, quizá veinte o treinta años más tarde, se encontró ya con una narración bien organizada, potente literaria y dramáticamente, que convirtió en base del dramático final de su propio «invento» literario: el intento de construir la primera «biografía» de su héroe Jesús.

## ANEXO

Episodios de la historia de la Pasión cuya historicidad es al menos dudosa:

- Predicciones exactas de Jesús de su Pasión y resurrección.
- Última Cena como pascual e institución de la Eucaristía y presentación de la Cena como lugar literario de predicciones de la traición de Pedro y de Judas.
- Cronología sinóptica que sitúa en el día de la fiesta de la Pascua los episodios centrales de la Pasión.
- Parte de la cronología joánica que sitúa demasiados eventos durante la semana escasa anterior a la «parasceve» o preparación de la Pascua.
- Desarrollos en torno a Judas: el episodio de las 30 monedas.
- Palabras de la oración de Jesús, y el sueño de los discípulos, en el huerto de Getsemaní.
- Arresto de Jesús por una cohorte romana.
- El joven que huye envuelto en una sábana.
- El desarrollo del proceso judío: preguntas sobre el Hijo del hombre, Hijo de Dios, interpretación del mesianismo de Jesús como blasfemia.
- El desarrollo del proceso romano: protestas de inocencia de Jesús por parte de Pilato; el sueño de la mujer de Pilato; el lavatorio de manos.
- La muerte de Judas y sus diferentes versiones.
- Herodes y Jesús.
- Barrabás y la costumbre judía de liberar un preso por la Pascua.

- Burlas judías y romanas tal como aparecen en los textos evangélicos con motivos similares.
- Episodio de las mujeres piadosas en el camino a la cruz.
- Palabras de Jesús en la cruz: «Padre, perdónalos…». Promesa al «buen ladrón».
- Presencia de mujeres al lado de la cruz.
- Presencia de sacerdotes en torno a la cruz.
- Eventos en torno a la muerte de Jesús: velo del Templo, terremoto, resurrecciones.
- Confesión del centurión romano de que Jesús es Hijo de Dios.
- Lanzazo a Jesús.
- Arrepentimiento de las masas tras la crucifixión.
- Enterramiento de Jesús como un embalsamamiento. Presencia de mujeres en el enterramiento.
- Historias en torno a la guardia romana en el sepulcro.

## APÉNDICE

# La pasión de Jesús en el cine contemporáneo

## La reelaboración de los Evangelios en el cine

—Domingo Sola Antequera
Universidad de La Laguna

D ESDE que el cine es un medio de masas, los intereses narrativos del género bíblico han basculado siempre entre la gran superproducción y aquellas películas que rebosan un fuerte espíritu devoto. Incluso desde bien al principio, con los Lumière y Méliès, la figura de Jesús fue objeto de una fascinación que se desarrolló con naturalidad en el primitivo cine italiano y en las *passion plays* estadounidenses. Casi ninguno de estos proyectos del nacimiento del mudo es destacable por motivo alguno concreto, pero todos ellos fueron poniendo su granito de arena para lo que iba a venir después.

A pesar de que a la hora de estudiar el cine neotestamentario se establezcan una serie de etapas que se relacionan directamente con los modos de representación de la imagen de Jesús de Nazaret, nuestro análisis se va a centrar únicamente en el cine contemporáneo, puesto que es donde nos vamos a encontrar un número mayor de «transgresiones», o reelaboraciones, a la hora de poner en imágenes las diferentes historias que transitarán los protagonistas evangélicos, así como a la hora de plasmar sus diferentes iconografías.

Obviamente, antes de enfrentarse a cualquier análisis fílmico debemos tener en cuenta y partir de los códigos diferenciados que maneja el lenguaje audiovisual, modos de representación de la historia en imágenes en movimiento que se han denominado *historiofotía*. En este sentido, la representación mediática de la «realidad», bien sea esta añeja o cercana, siempre va a quedar condicionada por nuestro aprendizaje previo, por el bagaje cultural que un espectador posee tras horas de cine y/o televisión, es decir, la herencia que ha quedado en nuestro imaginario colectivo que nos condiciona a la hora de percibir, entender y transmitir los hechos que se nos cuentan. Por eso, una gran cantidad de creadores o espectadores poseen una férrea convicción en la continuidad de su sistema, de su modo de vida y de los emblemas representativos de su poder, que tendrá su consecuencia a la hora de plasmar en imágenes una determinada historia o bien a la hora de interpretarlas.

De esta forma, habría que plantearse si la realidad supera a la ficción, o bien al contrario, si la realidad se amolda a la ficción y, como consecuencia, si la imagen se puede convertir en la propia ideología del filme.

Si partimos de esta premisa, películas como las que se ocupan de la vida de Jesús de Nazaret necesitan buscar una imagen fuerte, directa, capaz de fusionar en sí misma significante y significado; dicho de otra manera, encontrar un repertorio visual e iconográfico de alta carga simbólica que pueda ser interpretado por el espectador. De esta forma, la imagen, junto con otros recursos audiovisuales (voz en *off* o bandas sonoras envolventes, muy poco extradiegéticas), potenciarían el efecto dramático y multiplicarían la impresión que las imágenes causarían de natural en el público.

Aun así, no debemos olvidar que existe una tendencia natural hacia la bipolarización tanto de los hechos —sucesos— como de las personas y sus personajes (héroes o villanos) en este tipo de películas; a la par que existe cierta habilidad para contraer las historias a partir de la eliminación de aquellos pasajes de la vida del protagonista que carecen de sustancia dramática o mítica. En este sentido no está de más recordar, cómo en este mismo libro se apunta —en el capítulo anterior—, que la historia de la Pasión pudo contraerse literariamente de varios meses a una sola semana para mantener, con casi toda probabilidad, la tensión dramática y equipararse a otros relatos similares del orbe helenizado; con más razón esta misma contracción nos la encontraremos en las pantallas de cine.

## Problemas de representación en el cine religioso y en la imagen fílmica de Jesús de Nazaret

Para la gran mayoría de los realizadores el cine bíblico y las películas religiosas en general garantizan, normalmente, unos elevados índices de audiencia que se transformarán en ingresos para las arcas de los productores, además de que, por otra parte, esta temática confiere a la película un aura de respetabilidad en el seno de la propia industria.

A nuestro entender, son cuatro fases clave en las que se ha ido articulando este género[177]:

- Durante los primeros años del siglo pasado existió una reticencia inicial a la hora de abordar estos temas, que vieron un modelo a seguir copiando las denominadas *toga plays*, primas hermanas de los exitosos *films d'art* franceses.
- Su primera etapa de esplendor coincidiría con el Hollywood clásico, años en los que se desarrollarían la mayoría de los *épicos* religiosos. Todo ello coincide con el nacimiento y esplendor del cinemascope.
- En los años 60 y 70, a la par del desarrollo del *peplum*, o «cine de romanos», nos encontraremos con unas películas que muestran en las pantallas las experiencias contraculturales que durante esos años iba a vivir la sociedad norteamericana principalmente.
- A partir de los años 80, y prácticamente hasta la actualidad, los retratos religiosos son mucho más plurales, con un sesgo claramente secular, y marchan a la par que una sociedad cada vez más globalizada que deja la religión para buscar espacios plenos de una fuerte carga metafísica.

A pesar de estas tradicionales divisiones genéricas, los años 60 van a constituirse en la década clave, sobre todo a raíz de la realización de *Rey de reyes,* película de Nicholas Ray en la que por primera vez se pasa de concentrarse en los aspectos divinos de la persona de Jesús de Nazaret (las películas de De Mille serían un buen ejemplo de ello) a los humanos —incluso inaugura las apariciones de su rostro en la pantalla—, como harán las obras de Martin Scorsese o Denys Arcand.

Tampoco debemos olvidar, en cualquier análisis con cierta perspectiva histórica, que desde los *épicos* de comienzos de los años 20, el grueso de los acercamientos a la figura del Nazareno ha estado destinado a unos espectadores que en su mayoría han bebido de una formación protestante que admitía con una total naturalidad que el espectáculo cinematográfico aunara la representación religiosa, el «sexo» y el sentimiento a partes iguales; si no, no se explicaría la fuerte carga erótica de los personajes femeninos

---

[177] Al respecto, es de gran interés la siguiente obra de Richard Walsh, *Reading the Gospels in the Dark*, especialmente el capítulo titulado «Telling Sacred Stories in Cathedral Cinemas», editada por Trinity Press International en el año 2003.

del cine estadounidense de esa década y las siguientes, especialmente los demillenianos[178].

También es cierto que gracias a las primitivas *passion plays*, que buscaron en la conocida *Biblia Tissot* su fuente de inspiración iconográfica, se multiplicó toda una serie de imágenes que ayudaron a los estadounidenses a generar un sentimiento religioso identitario basado en un concepto rayano a la superioridad moral que todavía podemos observar, sin mayor problema, en los que se han dado en denominar «wasp»: *white anglo saxon protestant*[179]. De hecho, estas imágenes, reelaboradas por Cecil B. de Mille, son las que consideró la audiencia como retratos reverenciales aceptables durante décadas; todos los que vinieron después tomaron a este director como referente para poner en pie sus recreaciones sobre Jesús.

En este sentido, una de las películas que mayor fidelidad ha guardado al espíritu del espectador norteamericano es, sin duda, *La historia más grande jamás contada*, realizado por George Stevens en 1965, ya que inteligentemente se presenta ante nuestros ojos como una especie de *western* evangélico que supo captar las peculiaridades de la religiosidad de la América profunda gracias al guion de Carl Sandburg. Nos referimos a la representación de una especie de fe personal incontaminada, ajena a todo y a todos, al resto del mundo, de tal forma que pareciera destinarse a una audiencia absolutamente restringida, la norteamericana.

De manera similar, cuando Zeffirelli aborda la historia de Jesús lo que pretende es crear un Jesús humano y una película ecuménica, en el espíritu del Vaticano II, o por lo menos es así como se publicita. Más adelante volveremos sobre ello, porque en realidad lo que consigue este realizador es el retrato de un Jesús divinizado, en la senda de lo que habían ofrecido todos los realizadores anteriores a él. Estamos en 1977 y esta obra muestra también cómo cine e investigación se dan la mano muy a menudo: nos referimos a que en esta película se muestran en la iconografía de la Pasión

---

[178] Valga este neologismo para referirnos a las obras de Cecil Blount de Mille.

[179] Blanco, anglosajón y protestante, como paradigma del ciudadano estadounidense, heredero político y religioso de los primeros colonos británicos en el Nuevo Mundo, que se cree moralmente por encima de cualquiera de las otras razas y etnias que pueblan el país. Esta superioridad, de matiz claramente religioso y con connotaciones obviamente racistas, se apoya y sustenta en la pujanza económica que poseen los miembros de esta comunidad, ya que ostentan los cargos gestores en todos los ámbitos de interés de la vida de la nación.

los primeros estudios que los investigadores de la *Síndone* habían sacado a la luz.

Frente a estos modelos que se imponen entre los años 60 y 70, a partir de la década siguiente, con las miradas de Scorsese *(La última tentación de Cristo)* o Arcand *(Jesús de Montreal),* damos un giro radical, diametralmente opuesto. El primero nos ofrece de manera iconoclasta a un Jesús atormentado, muy humano, tentado por el Diablo y apoyado por Judas. Incluso el director nos muestra continuamente su imagen en picado, queriendo disminuir nuestra percepción sobre su divinidad, contrariamente a la tradición cinematográfica anterior que siempre había usado las angulaciones en contrapicado, para agrandar y destacar al personaje. Esta elección, con un Cristo tan humano, se opone a su presentación como líder de masas; no es un héroe ni un antihéroe, nunca nos llega a fascinar, pues es sobre todo un individuo atormentado por el sentido de su vida y de su misión.

El segundo, Arcand, plantea su reflexión a partir de la imagen del doble, pues la película juega con la idea de presentar a un actor que hace de Jesús de Nazaret en una representación de la Pasión para una iglesia de Montreal. De esta manera, la puesta en escena de la película servirá para saldar cuentas con importantes instituciones —la Iglesia principalmente—, así como para ofrecer una imagen cuanto menos particular sobre la historia que trata, ya que intenta ponerla al día con resultados realmente brillantes: el mejor ejemplo lo tenemos en la representación evangélica de Jesús como taumaturgo, hacedor de milagros, dador de vida, que se transforma metafóricamente en la pantalla cuando el actor que lo interpreta recurre al transplante de órganos como acertado símil.

Lo que nos interesa subrayar con lo expuesto es cómo Hollywood ha proyectado su particular visión religiosa partiendo del hecho de que esta ha evolucionado en el propio seno de la sociedad norte-americana. Incluso las películas ajenas a esta tradición (las obras de Monty Python o Pasolini, por citar los dos ejemplos más evidentes) han reflejado también los flujos y las tensiones de la cultura hegemónica, aunque sin duda además hayan ayudado a desmitificar el género, sobre todo porque hasta los años setenta había sido absolutamente reverencial.

Los diferentes posicionamientos ideológicos de directores, productores y/o guionistas han hecho que en las pantallas aparecieran imágenes de Jesús muy diferentes de acuerdo con ello. Así, cuando se contempla *Intolerancia* de Griffith no se puede dejar de pensar que estamos a mitad de la Primera Guerra Mundial, y que a su director le interesa subrayar ciertos conceptos sobre el pacifismo; o que el Jesús campesino de Pasolini ataca directamente a la burguesía y a la aristocracia de su tiempo; o que Jewison, en su *Jesucristo*

*Superstar,* nos acercaba una imagen desde la contracultura, oponiéndose con claridad a la industria militar que había sacudido a todas las clases sociales de su país durante la guerra del Vietnam y había marcado a fuego a las generaciones más jóvenes de esa heterogénea sociedad. La sombra de esta película ha resultado ser muy alargada, pues *Godspell* sería otro buen ejemplo en este sentido, obra de 1973 dirigida por el estadounidense David Greene.

Si estos elementos de carácter ideológico son importantes a la hora de completar cualquier análisis fílmico, no lo es menos saber a quiénes iban dirigidas las obras. Parecería obvio que en un mundo cada vez más globalizado, donde las películas llegan prácticamente hasta los lugares más remotos, sea esta una pregunta baladí, pero deja de serlo desde el momento en que cada filme tiene su público natural al que va destinada la película desde la concepción del guion mismo. De esta manera, podemos entender que hasta los años sesenta, de De Mille a Ray, el público potencial fuera claramente protestante y a él se dirigieran las obras, mientras que a partir de Zeffirelli parece que el sector católico es el receptor fundamental de las obras; sea como fuere, a partir de ese momento los objetivos se distorsionan y se difuminan: el católico Scorsese hace una crítica de la moral pacata de Hollywood y abre una vía de representación fuertemente contestada desde el Vaticano y los sectores más ultraconservadores; Arcand hace una lectura a corazón abierto en la que se enfrenta al capitalismo más feroz; o hay quienes —es el caso de los Monty Python— se burlan tanto de la Iglesia, los estamentos eclesiásticos, como de los judíos y hasta de los mismos espectadores.

Aunque sea obvio constatarlo, una cosa es la intención de los autores y otra muy diferente será la recepción de sus mensajes por parte de los espectadores, lo que claramente dependerá de la formación ideológica de cada uno de ellos.

Es posible hoy que los católicos hayan quedado más contentos que los protestantes ante la imagen sagrada que las películas han proyectado de Jesús de Nazaret, quizá porque la iconografía heredera del Concilio de Trento ha jugado históricamente con este tipo de imágenes y situaciones, que han preparado a los espectadores a lo largo de los años para familiarizarse con la puesta en escena de la Pasión. No obstante, no debemos olvidar que la historia fílmica del Nazareno ha estado constantemente vigilada por el *lobby* judío estadounidense, dentro de su habitual cruzada contra todo aquello que huela a antisemitismo. Este hecho plantea uno de los dilemas por excelencia de la Pasión: sobre quién o quiénes recae la culpabilidad de la muerte de Jesús.

Que este subgénero cinematográfico es diferente para cada espectador no deja de ser una obviedad. Pero gracias a ello, y gracias a las lagunas de nuestro conocimiento histórico en general y del Nuevo Testamento en particular, así como a las en ocasiones notables incongruencias evangélicas, podemos crear significados más allá de lo que las imágenes supuestamente nos enseñan. Cuanto más fieles queramos ser en el análisis a los textos sagrados, muchos más supuestos «fallos» encontraremos. Por eso creemos que son mucho más interesantes y valiosas las películas que presentan múltiples historias (como las de Arcand o Griffith), las que la enriquecen con nuevas interpretaciones (Pasolini) y, por último, las que sugieren realidades también múltiples (Scorsese). Es más, la capacidad de deconstruir y desmitificar las historias hace que estas presenten de por sí las suficientes ambivalencias y contradicciones en su propia narración original. Por otro lado, podría decirse que también aquellos filmes monolíticos, lineales en su desarrollo, caso de los de Zeffirelli o De Mille, son valiosos por ser fieles a los textos originales que utilizan como fuentes y de los que parten. Pasolini también podría incluirse en ese subgrupo.

Uno de los mayores problemas que han encontrado guionistas y realizadores a la hora de acercarse a la vida de Jesús de Nazaret es la dificultad de poner en marcha un guion en el que solamente se usaran los diálogos y la información específica que nos ofrece el Nuevo Testamento. De este simple hecho surgen toda una serie de problemas de bastante difícil resolución[180]: ¿qué añadir y cómo escribir más diálogos para Jesús? ¿Qué tono deben tener estos? ¿Se debe dotar de motivaciones adicionales y concretas a determinados hechos, sobre todo a la luz de los últimos descubrimientos, caso, por ejemplo, de la tan traída y llevada traición de Judas? O más sencillamente: ¿cómo mostrar, con coherencia interna para el espectador y con respeto histórico, el mundo social, político y religioso en el que el Nazareno realizó su predicación, sobre todo en aras de que su exposición sea inteligible en cualquier sala y en cualquier lugar? Es esta cuestión bastante compleja que se ha solucionado tradicionalmente a través de dos vías de actuación: la más socorrida es incluir la historia de Cristo dentro de otras que la arropen, la enriquezcan y le den sentido; la otra posibilidad ha sido crear nuevas ficciones partiendo de hechos más o menos contrastados. En este sentido, cuanto más fiel es el filme a un Evangelio, o a varios, menos son las incorporaciones que deben llevarse a cabo.

Esta última posibilidad es crucial para que no siempre estemos viendo la misma película, aunque como es lógico todas ellas nos resultarán familiares.

---

[180] Problemas que ya hemos podido intuir al tratar los capítulos tres y cuatro de este libro.

Lo que cada filme nos ofrecerá no será otra cosa que nuevos incidentes, mejores efectos especiales, en algunos casos un exceso de crueldad —una de las «virtudes» de la película de Mel Gibson—, nuevos personajes tangenciales pero interesantes, localizaciones exóticas o de fuerte impacto visual —la obra de Pasolini es excepcional en este sentido—, pero todo ello dentro de una estructura narrativa familiar y reconocible popularmente, tanto a nivel de género como a nivel de desarrollo narrativo. De esta forma, podríamos decir también que muchas de estas películas no son estrictamente sobre Jesús, sino en realidad metáforas aplicables a hombres de muy diferentes épocas y lugares, metáforas sobre la indefensión y la incomprensión, sobre la rebeldía y el deber, o sobre la lucha para ser comprendidos y para comprender lo que en realidad se es, en este caso el Hijo de Dios, como claramente subraya Scorsese.

Quizá por eso debamos reducir la imagen que los filmes han proyectado sobre Jesús a unos cuantos temas a los que se ha recurrido con relativa frecuencia, puesto que constituyen la base icónica mediante la cual se ha difundido su persona en el mundo occidental, a saber: es Hijo de Dios, es una víctima inocente, rebelde y a la vez un maestro, es el que busca y se busca a sí mismo, es el que lucha contra el poder establecido —tanto romano como fariseo— y, en definitiva, contra la sociedad[181].

Es probable que solamente hayamos citado algunos temas a tener en cuenta y que conscientemente hayamos obviado una cuestión irresoluble que los filmes —algunos de ellos, caso del de Scorsese— han intentado llenar: apenas sabemos nada de su vida interior y, por ende, de su evolución personal. Lo que sabemos de él lo conocemos por cómo lo ven los otros protagonistas de la historia o por cómo nos lo han hecho ver los evangelistas, o, en último término, por lo que él mismo hace o dice. Si hacemos caso a la mayoría de los historiadores que se han planteado este tema, nos vamos a encontrar de hecho con tres claves interpretativas: primero, la historia siempre está dominada por su pasado; segundo, está refrenada por su significado cultural y, en último lugar, pero no por ello menos importante, aparece condicionada por su destino.

Evidentemente, todas estas cuestiones plantean en ocasiones demasiados condicionantes, lo cual no es óbice para que el Jesús cinematográfico y el de los Evangelios muestren algunos signos en común —lógico de otra parte—: en ningún caso estamos ante un hombre normal y corriente (para nuestra cultura, se sobrentiende); uno y otro son un icono; nunca muestran

---

181  Todo ello mucho más evidente en las obras filmadas a partir de los años 60.

una verdadera evolución interior (o por lo menos, los evidentes cambios no parecen tener una progresión dramática coherente); su historia no es nueva y su destino le acaba marcando muchísimo más que su carácter; y en ambos casos su personalidad está ausente, se carece de subjetividad en los dos relatos. Estos elementos consiguen que sea realmente difícil identificarse con nuestro protagonista —lo que de otra parte no es de extrañar siendo el Hijo de Dios—, por lo que realmente dan lugar a que su historia se vuelque en la de otro de los protagonistas, por ejemplo, en el Judas de *Jesucristo Superstar* o en la María Magdalena de *La última tentación de Cristo*.

El personaje de Judas en el filme citado es de lejos el mejor ejemplo en este sentido; recurso que no fue exclusivo de la película sino que ya había sido utilizado de la misma forma en la famosa ópera *rock* homónima. Allí el «traidor» es la voz que constantemente le da la réplica a Jesús insistiendo en una idea que sobrevuela al protagonista: que es solo un hombre; que su cuerpo solo esta compuesto por una única sustancia, la divina queda ausente; que se opone al mesianismo tradicional de la historia, pues esta considera a Cristo una amenaza real al precario orden social en el que vive Jerusalén. De hecho, la traición acaba convirtiéndose en deseo propio del protagonista, que resulta absolutamente desquiciado ante su propia falta de carácter y de resolución, pues Judas lleva a cabo su traición porque es Jesús quien traiciona el movimiento que él mismo ha iniciado.

De esta forma, el director propone un Jesús incómodo, movido inevitablemente por el destino, que acaba convertido en una víctima más de una tragedia global, en la que en la propia horca se culpa a Dios como verdugo; increíblemente, Judas acaba deconstruyendo uno de los mitos más sagrados e intocables de todo el cristianismo.

En contraste con ello, Scorsese, que revisa valientemente el pensamiento y la obra del cretense Kazantzakis, coloca a ambos personajes al mismo nivel, a la misma altura: ya no parecen maestro y discípulo, sino simplemente «colegas», convirtiendo a Judas en un motor en la vida de Jesús tanto o más importante de lo que sería su propio padre. De esta manera, a la postre, acabará siendo un interlocutor crucial en los planes de la divinidad, sobre todo desde que amenaza a Jesús por considerar que en realidad conspira a favor de los romanos, de tal forma que el propio Hijo de Dios llega a pensar que es Judas el que tiene una misión más dura y difícil.

Cualquiera de los realizadores se ha encontrado, de una forma u otra, con toda una serie de trabas artísticas, teológicas, literarias e históricas, que cada uno de ellos ha intentado subsanar a partir de diferentes posicionamientos ideológicos y dependiendo de la sociedad a la que se destinaron y el tiempo en que se rodaron sus películas. Aun con la mejor voluntad se presentan a su vez toda una serie de problemas específicos. Pongamos un ejemplo: imaginemos que los Evangelios son el referente principal para la elaboración de la historia. En este caso, el realizador y el guionista deberán enfrentarse a la siguiente cuestión: cómo coordinar los Evangelios de Marcos, Mateo y Lucas con el de Juan, tan diferentes en esencia, cuestión principal si queremos hacer coherente la caracterización de Jesús y de su historia.

Igualmente, otro problema principal sería el de la elección iconográfica y artística, de la cual dependerá en gran medida la veracidad de la película. Lo más frecuente es que los directores de arte hayan buscado referentes en modelos clave de la pintura historicista de los siglos pasados. Por ejemplo, De Mille bucea en la iconografía de los clásicos, mientras que a Pasolini le interesa para su filme la obra de Piero Della Francesca o el manierismo exacerbado de El Greco. Pero casi ninguno de los directores siguientes ha repetido su elección.

No menos complicado resulta intentar diferenciar lo que se nos dice de Jesús en los Evangelios frente a lo que pudo ser su figura histórica —no literaria— como habitante de la Palestina ocupada por los romanos en el primer tercio del siglo I; o, expresado de otra manera, qué deben hacer los realizadores cinematográficos para buscar y encontrar el punto justo, la relación correcta entre el Jesús histórico y el Cristo de la fe.

Llegados a este punto, debe resultar claro que la historia de Jesús de Nazaret es, de alguna manera, la historia de cada uno de los espectadores en el sentido de que, por encima de que la imagen pertenezca a una Iglesia determinada, cada creyente busca, ve y en cierta medida encuentra su propio Cristo *(«their own personal Jesus»)*. Y con ello el mensaje cala de tal manera que acaba convirtiendo al mesías en un ejemplo «viviente» al que seguir, no un dios al que adorar, lo que a la postre permite que unos cuantos vibren con los momentos más duros de la Pasión, en los cuales reconfortan y apuntalan sin vacilación su fe, mientras que otros muchos se encandilan con el Jesús más humano, el que tiene problemas cotidianos, el que se enfrenta de cara a su sexualidad.

## Los modelos reverenciales

En esta última parte del texto abordaremos directamente algunas de las películas que merecen ser analizadas. Establecemos al respecto dos subgrupos: A) el de aquellas películas que vamos a llamar reverenciales, que de una forma u otra han seguido postulados tridentinos o se han acercado de manera clara a las directrices del Vaticano II, y B) las que llamaremos obras de la contracultura, entendiendo este término de una manera absolutamente laxa y no únicamente circunscrito a los acontecimientos que sacudieron a gran parte de la sociedad occidental desde finales de los años sesenta y durante toda la década siguiente.

Con anterioridad a los años sesenta ya se habían rodado numerosas películas religiosas donde aparecía el tema de la Pasión, pero siempre de una manera tangencial, ya que el protagonismo lo tenía algún personaje secundario de la historia de Jesús sobre el cual giraba la trama. Sería el caso de *La túnica sagrada*, realizada por Koster en 1953 a mayor gloria del recién estrenado cinemascope. Torpe narrativamente hablando y llena de errores históricos, esta película se centra en la anecdótica historia de la túnica que presumiblemente había pertenecido a Jesús, en medio de un vivo conflicto entre miembros de la nobleza romana partidarios de la naciente religión. O de *El cáliz de plata*, dirigida por Victor Saville al año siguiente y donde la trama se centraba en el encargo que recibía un escultor griego para cincelar un relicario en el que contener el cuenco, el cáliz, usado por Jesús en la «Última Cena». En ninguna de ellas se intenta hacer una reconstrucción histórica de cierta envergadura; quizá la única película que en esta década se vendió como seguidora escrupulosa del Evangelio de Mateo fue *Gólgota*, rodada por Julien Duvivier y protagonizada por Jean Gabin en 1953. De hecho, fue de las pocas capaces de ilustrar las tensiones sociales causadas por la ocupación romana de Palestina, subrayando con claridad la acusación de Judas y el consiguiente proceso contra Jesús de Nazaret, su tortura y posterior crucifixión.

Unos años más tarde, con la reelaboración de *Rey de reyes*, dirigida por Nicholas Ray en 1961, se da un paso adelante al aparecer por primera vez en la pantalla el rostro de Jesús, que hasta ese momento únicamente había sido una presencia más o menos inquietante, una sombra, una mano y poco más. El *Ben Hur,* de William Wyler, en 1959 sería un buen ejemplo de todo ello, e incluso *Barrabás,* la famosa coproducción italonorteamericana rodada dos años más tarde por Richard Fleischer.

Para no perdernos en detalles minuciosos, vamos a centrarnos en las dos obras que consideramos fundamentales dentro de este apartado: *Jesús de Nazareth*, de Franco Zeffirelli, y *La Pasión de Cristo*, de Mel Gibson.

La primera de ellas, rodada en 1977 como una miniserie para televisión, siempre se ha considerado desde el Vaticano como la mejor película de su género, cuestión que uno podría admitir si solamente tuviéramos en cuenta los elementos religiosos y la linealidad de la historia, porque narrativamente hablando acumula demasiados tiempos muertos, dilataciones que acaban provocando el tedio en el espectador.

El director italiano propone un filme ecuménico, en la línea del espíritu del Vaticano II. Para ello, y para despegarse de la tópica imagen divinizada de Cristo, Zeffirelli optará por revelar su humanidad y cargará las tintas sobre las emociones, sobre el fuerte dramatismo que invade toda la película. La propuesta del director es usar tomas cortas, primeros planos con cruces de miradas que se convierten en la principal fuente de comunicación no solo entre los personajes sino también con el público. Este recurso sublima las imágenes y a la postre también a los personajes; es entonces cuando en medio de una fotografía densa y terrosa aparece un Jesús más divinizado que nunca, traicionando el espíritu que había decidido seguir.

Jugando con estos recursos es normal que, a diferencia del filme escatológico de Gibson, la violencia sea un elemento tangencial y se evite abusar de la sangre. Serán los rostros de los personajes los encargados de reflejar la tensión emocional a la que se ven sometidos los personajes a lo largo de las cuatro horas que dura la cinta, rostros que, además, tendrán la difícil misión de hacernos partícipes de sus muy particulares progresiones internas.

Obviamente, solo en muy escasas ocasiones aparece Jesús descargando su ira: será en la escena de la expulsión de los mercaderes del Templo cuando este alce su brazo amenazadoramente, recordando de manera evidente al Cristo del *Juicio Final* de Miguel Ángel para la Capilla Sixtina, gesto por el que el pintor y la pintura fueron duramente criticados, sobre todo tras finalizar el conflictivo Concilio de Trento.

Zeffirelli decidió acumular la mayor información posible para poder tener un amplio abanico de interpretaciones a la hora de utilizar los textos sagrados para su adaptación. Curiosamente, el camino recorrido por Gibson es el contrario, ya que aunque dice que usó los diferentes Evangelios, en realidad su libro de cabecera fue el de la visionaria monja alemana Ana Catalina Emmerick, titulado *La amarga pasión de Cristo*, texto que traspasa a la pantalla con una minuciosidad pasmosa.

Volviendo al director italiano, debemos reconocer —en aras de la fidelidad en el análisis— que introdujo en el guion algunas recreaciones personales que no desentonaban con el tono general y posiblemente sirvieran para intuir mejor algunas de las claves de la historia y para establecer una interrelación más personal entre los textos. A nadie se le escapa que la interpretación del Evangelio suele ser muy subjetiva y el director, consciente de ello, decidió liberarse de cualquier atadura, tanto en relación con los sinópticos (Mateo, Marcos, Lucas) como al de Juan, oscuro en muchas de sus narraciones. Quizá por ello esta película presenta varios puntos flacos a nivel histórico, probablemente por el desinterés de sus autores, guionista y director, que prefirieron centrarse en la persona y no en el territorio, haciendo una versión que, aun fiel, es libre y personal.

Paradójicamente, aunque en los Evangelios haya breves descripciones de Jesús, la mayoría de los realizadores —y Zeffirelli no es una excepción— han basado su imaginería visual no en el plausible habitante judío, seguramente seguidor de los fariseos, de la Palestina ocupada del siglo I o en los textos sagrados, sino en la imagen que sobre el Nazareno se ha ido construyendo popularmente a lo largo de los siglos, gracias sobre todo a la mano de los artistas y a la pluma de los místicos. En *Jesús de Nazareth* se había optado en un principio por Dustin Hoffman y más tarde por Al Pacino, para que recrearan al principal protagonista en la pantalla, pero el director no terminaba de verlos en el papel, lo cual es de agradecer. Es posible que en su búsqueda topara con imágenes esculpidas o pintadas del Barroco español, y es también posible que le impactara el Cristo del Patrocinio de Triana, una de las obras más realistas del Setecientos hispalense, conocida popularmente como *El Cachorro*. Esta afirmación se basa en la elección definitiva como actor principal de Robert Powell y su caracterización, que es un calco de la imagen citada: rostro delgado de nariz afilada, pómulos hundidos, labios finos y unos ojos absolutamente expresivos.

El filme es muy denso, pues abarca desde los preparativos para la boda de María y José hasta la Resurrección. Según los sectores católicos, encabezados por el propio Vaticano, el gran logro del filme estribó en su «reverente concepción del personaje, que consigue en todo momento afirmar y comunicar su divinidad». Es muy posible que se pueda estar de acuerdo con esta afirmación, pero de otra parte, y desde el punto de vista estrictamente cinematográfico, es una película absolutamente plana, nada crítica, que no propone ningún tipo de reflexión en torno al personaje central, sino que trata, sencillamente, de hacer un recorrido más o menos fiel, casi milimétrico, a una serie de historias contenidas en los Evangelios. Pero nada debe extrañarnos, porque precisamente esta es la marca de la casa de este director, su constante preciosismo visual, sus historias planas, los personajes sin doblez y la nula reflexión.

A pesar de todo ello, la película causó cierta controversia tras su estreno, puesto que si bien era alabada por la Iglesia católica italiana, en los Estados Unidos fue considerada por los sectores más reaccionarios y puritanos como una cinta absolutamente inadecuada por presentar a un Jesús demasiado humano, llegándose a decir que era una obra *kitsch*, un paradigma del mal gusto, estéticamente hablando. E incluso en la propia Italia el diario *La Repubblica* dijo de ella que era «una larga y coloreada lección de catecismo, de aquellas que se daban a los muchachos en las parroquias de hace treinta años, y lo peor es que nos habrá costado a los contribuyentes italianos millones de liras».

Centrémonos ahora en la película de Mel Gibson. A su favor hay que decir que es un cineasta infinitamente más dotado para la narración que el director italiano. Su concepción del «tempo» cinematográfico es sencillamente brillante, su puesta en escena efectiva, y es sobre todo un gran comunicador que sabe trascender el mundo de las pasiones y conseguir en la pantalla estallidos de emoción.

Como dijimos anteriormente, en las ruedas de prensa en las que presentó su película insistió en la idea de que su obra es fiel a los Evangelios, puesto que según el director contiene datos biográficos aparentemente sólidos como para permitir la construcción de una historia sobre Jesús. Pero estos textos no le ofrecían al realizador australiano la suficiente carga dramática —sinceramente nos cuesta creerlo— que necesitaba para su cinta y fue esta la razón por la que recurrió a las visiones de Ana Catalina Emmerick, que realmente presentaban a un Cristo de carne y hueso, llagado, sufriente hasta la extenuación, como el que había imaginado para su película.

En su intento por recrear lo sucedido en las últimas doce horas de vida del sedicioso nazareno, recurre a todo tipo de efectos en aras de conseguir un realismo brutal, una auténtica empatía con el espectador. De hecho, la espina dorsal, el sostén de la cinta, es la tortura que se le inflige a Jesús durante la flagelación, castigo que acaba convirtiendo esta obra en un paradigma del cine escatológico, muy cercano a algunas expresiones del *gore*, por tanta sangre derramada de manera gratuita, por tanto sadismo brutal; es más, sin esta escena, la película acabaría convertida en poco más que un vulgar mediometraje. Pero Gibson sabía muy bien qué cartas jugaba y el poder de atracción de este tipo de escenas que algunos periodistas dieron en llamar ejemplos de «sadismo creyente».

De otra parte, en el filme se advierten algunas escenas contradictorias; pondremos algunos ejemplos: el «tiempo vivido» parece mínimo, sobre todo si lo comparamos con la citada escena de la flagelación, un auténtico martirio desde el punto de vista contemplativo; se nos muestra también un plano de Jesús resucitado donde se observan casi en primer plano las llagas que habían dejado los clavos en las palmas de las manos, confirmándose una continuidad discontinua entre crucifixión y resurrección. Por otro lado, las mujeres, que según los evangelistas acudieron aquel día al sepulcro y el encuentro que Jesús tendría, según también los textos, con sus seguidores más cercanos, han sido eliminadas; por tanto, falta el clímax final que debería haber mostrado en tensión dialéctica la tumba vacía frente a los «testigos» de la resurrección. Así pues, no es tan cierto, como afirmaba, que siguiera de manera escrupulosa los Evangelios.

También se observan contradicciones en los diferentes *flashbacks* que Gibson introduce como contrapunto dramático a lo largo de la película. Así, en una de las escenas de predicación a las masas, Jesús exhorta al amor a los enemigos, pues lo contrario no tendría ningún mérito. Sin embargo, parece contradecirse más adelante, después de que las burlas a las que lo somete el «mal ladrón» estén en la misma línea que las que salen de boca de los romanos que, colocados a los pies de la cruz, lo increpan en el momento del escarnio. En efecto, de repente y sin ninguna justificación dramática, en medio de una nueva dosis de violencia gratuita, un cuervo se posa en el travesaño de la cruz sobre el «mal ladrón», arrancándole los ojos en una nueva muestra de cómo el guion sigue al milímetro el texto de la visionaria y se despega de la lectura evangélica. Es más, debemos entender este hecho como un castigo a Gestas, incluso más allá de la propia crucifixión y de la propia muerte.

Pues bien, todo ello iría en contra de las palabras del propio Sermón de la Montaña, donde Jesús habla del amor incondicional a todos los hombres y no de una venganza selectiva. Como dijo Jamie Bernal en el *Daily News*, la película simplemente acaba convertida en «un compendio de torturas que horrorizaría a los miembros de un club sadomasoquista, un brutal y obsceno filme que demoniza a los judíos».

Sea como fuere, si algo destaca, por encima de la violencia, es la filiación claramente tridentina del director y de su obra. Más allá de que este sea fiel seguidor de los postulados de ese crucial Concilio para la cristiandad, celebrado en 1563, y de que antes de comenzar a rodar asistiera diariamente a una misa como las de entonces —y también ahora—, en latín y de espaldas a los fieles, nos interesa cómo supo acercar inteligentemente a los espectadores a su película para hacerles sentir una experiencia similar a la de estar viviendo una procesión callejera, en medio de antorchas, humo y cánticos, como las de hasta hoy día en algunos lugares.

La cercanía al arte barroco, a su realismo y al mundo de lo que fueron y de lo que transmitían esas procesiones públicas es notorio. Para ello rápidamente Gibson pondrá en juego los cinco sentidos creando una ambientación perfecta, por lo menos así lo reconocería el director cuando hablaba de haber escogido con exquisito cuidado la música, las imágenes, cada uno de los objetos que compondrían la escena… Así, de alguna manera, y al igual que en el Setecientos, la vista, el oído, el gusto, el olfato y el tacto se convertirían en parte esencial de los recursos expresivos de la función. Recrear la Pasión, dice la profesora Clementina Calero, «será una de las premisas de los pasos procesionales barrocos, que por las calles y acompañados de sus penitentes y disciplinantes, iluminados por hachas y teas encendidas, al son de lúgubres tambores y gritos de plañideras, actuarán como médiums para los fieles. La complejidad de sentimientos que experimentarán los devotos/espectadores al paso de la procesión por las calles será la misma que presienta el público cuando entre en una sala de cine, se apaguen las luces, se ponga en situación y se sienta atrapado por las imágenes de la pantalla». El único «pero» lo pondríamos con el tacto y el olfato, que en las salas debió sustituirse por otras sensaciones realmente vívidas y que claramente pudieron ser una extensión de las que el equipo percibió durante el rodaje de la película, cuando el propio James Caviezel, el actor encargado de interpretar a Jesús, llegó a decir que había experimentado «la sensación de estar muriendo en la cruz»[182].

Después de estas palabras, no nos extrañan las simpatías que la obra causó en los sectores católicos más intransigentes, ni tampoco el apoyo público que recibió por parte del papado y de toda la curia vaticana.

Estas imágenes del dolor, que es lo que en definitiva nos muestra la Pasión, intentaron transmitir y canalizar todo un teatro de emociones llevado a unos límites como nunca antes se habían visto en una sala oscura. Incluso la elección de Caravaggio como modelo estético es absolutamente acertada, puesto que subraya el realismo del filme y porque el increíble uso del claroscuro de su pintura se plasma con inteligencia en los contrastes de luces y sombras que sabiamente sobrevuelan el metraje de la obra, acercándonos a una resolución cuasi hiperrealista.

En definitiva, la habilidad de esta película absolutamente reverencial ha sido su capacidad para hacer que los espectadores vivieran una experiencia casi en su propia carne, universalizando los sentimientos y traspasando todo tipo de fronteras, culturales, temporales, físicas e incluso religiosas.

## Los modelos de la contracultura

De forma especular, hay una serie de películas que han visto la Pasión con unos presupuestos radicalmente opuestos, incluso llegando a confundir la forma y el fondo, el mensaje y el medio. Entre este número limitado de películas hemos optado por detenernos en tres. Las razones pueden ser varias, pero quizá las de mayor peso fueron las siguientes: su amplia difusión y conocimiento, su adscripción a tres décadas diferentes y, por último, la fuerte personalidad de sus directores. Las obras son: *El Evangelio según Mateo*, estrenada por Pier Paolo Pasolini en 1964; *Jesucristo Superstar*, rodada por Norman Jewison en 1973, y, finalmente, *La última tentación de Cristo*, obra de Martin Scorsese y vista en medio mundo en 1988.

Pasolini había decidido con su película alejarse de los postulados del neorrealismo, uniendo su fijación por el mundo del subproletariado —su

---

[182] Sobre todo ello profundiza Clementina Calero en «El teatro de las emociones. Trento, Mel Gibson y su *Pasión* de Cristo», *Latente. Revista de Historia y Estética del Audiovisual*, n.º 3, SPULL, Universidad de La Laguna, 2003.

condición de marxista está latente en toda su obra— con un cine intimista cargado de un fuerte lirismo. Para ello usa como base de su trabajo el Evangelio de Mateo, el llamado Evangelio de la palabra, que le va a servir para poner en imágenes los discursos que pronunció Jesús en los diferentes momentos en los que llevó a cabo su predicación pública. Estos serían los siguientes: Bienaventuranzas, Misión de los Apóstoles, Parábolas del Reino, Discurso sobre la Iglesia y Discurso de los *Ayes*.

La elección de Pasolini queda muy clara cuando elige un evangelio en el que se presenta al Nazareno como un revolucionario que ha venido al mundo a turbar las conciencias del pueblo judío; por ello son tan importantes las parábolas, cargadas de un fuerte valor simbólico, por su carácter didáctico. Al respecto, opinaba el director, «Mateo es el más revolucionario de los evangelistas porque es el más realista, el más próximo a la realidad terrestre del mundo donde Cristo apareció»[183].

Un Evangelio que es el primero que habla de la Iglesia como institución y que incluye el Padrenuestro, testimonio de la Palabra Divina, pero que además sirve a Pasolini para establecer en él el enfrentamiento de Jesús a las estructuras de poder como parte del intento de crear un nuevo orden social. De esta forma, el autor italiano acaba identificando la figura evangélica con la de un mártir, lo que evidentemente le servirá para abogar por la diferencia, en un claro acercamiento autobiográfico[184].

A pesar de que nunca ve a Cristo como Hijo de Dios, sino como un ser excepcional, contó para llevar a cabo su película con el apoyo de la organización Pro Civitate Cristiana D'Assisi, que le iba a asesorar en la fidelidad al texto sagrado, que pretendía seguir punto por punto, aunque acabó adaptándolo a las necesidades de la dramatización y narración fílmicas, con la única excepción del pasaje correspondiente a la Pasión, lo cual no deja de ser bastante lógico para un Evangelio con estructura en *quiasmo*, tan alejada de los modos narrativos tradicionales.

---

[183] Recogido por María Vaquero Argeles en «El Evangelio según Pasolini: una aproximación al texto», en *Latente. Revista de Historia y Estética del Audiovisual*, n.º 4, SPULL, Universidad de La Laguna, 2006. Texto interesante al reflexionar sobre todos los recursos y referentes que utiliza Pasolini en su filme.

[184] De todos son conocidos su homosexualidad y su trágico asesinato en 1975. Un autor que hizo de su obra un trasunto de su vida y un espejo de sus ideas, polemizando tanto con el marxismo como con la Iglesia, a los que culpaba de dar la espalda al proletariado, la base social que los sustentaba.

Pasión y crucifixión también serán paradójicas, puesto que el autor despolitiza la muerte de Cristo, que tiene lugar al ser acusado de blasfemia por las autoridades judías apoyadas por la multitud, en un final muy trágico y violento, casi rodado con una técnica cercana al docudrama.

Y esta es otra de las claves que enriquecen esta obra, la fijación por el *cinéma vérité*, por el documental, que permite que el espectador adopte el punto de vista de alguno de los protagonistas de la historia, penetrando dentro de la misma para vivir los momentos más dramáticos en primera persona. Para ello recurre con frecuencia a la cámara al hombro, como en la escena del *Vía Crucis*, en la que creemos seguir a Jesús de una manera convulsa, casi asfixiados por el gentío que intentamos sortear. Al final lo que se consigue es, por un lado, cargar al filme de emoción y de emotividad y, por otro, dar una sensación de objetividad imposible de obtener de ninguna otra forma. Cierto es que ayudan sobremanera las localizaciones que eligió meticulosamente para que se convirtieran en su propia Palestina: Matera, Basile, Massafra…, zonas del sur de Italia de una belleza extrema sublimada por la pobreza de sus gentes y de su arquitectura popular y natural —una multitud de cuevas diseminadas aleatoriamente por la escarpada ladera de un árido monte—; y también la elección de actores desconocidos y no profesionales, como los campesinos del sur de su país, o de Enrique Irazoqui, el periodista español finalmente encargado de interpretar a Jesús de Nazaret, del que dijo que ofrecía una imagen «terrenal, más humana y creíble en el aspecto físico», aunque de ninguna manera diera el tipo racial semita.

De alguna forma, esta controvertida elección, la de los referentes plásticos —ya comentados en las páginas precedentes—, la de la música —cortes extradiegéticos en los que se oye la Misa Luba, espirituales afroamericanos o la pieza homónima de J. S. Bach— y la de los filmes cuya concepción plástica fue un modelo claro —*Francisco, juglar de Dios*, la obra de Roberto Rossellini estrenada en 1951, será clave—, hacen de esta cinta un filme único, una propuesta que marca la buscada universalidad del proyecto y del sentimiento religioso que acaba expandiéndose a otras latitudes mostrando cómo la historia no tiene tiempo ni lugar, ya que pertenece a todo los pueblos.

Aún hoy nos parece una película seminal, mucho más interesante y muy por encima de cualquiera de los épicos que se realizaron en aquella década, de ahí su sorprendente éxito y su franca aceptación por los estamentos religiosos, que vieron en la obra un válido instrumento para el diálogo entre dos concepciones en principio antagónicas, o así lo han creído siempre, el cristianismo y el marxismo.

En la década posterior, Norman Jewison se propone adaptar una ópera *rock* que había conectado con la juventud de su tiempo y que armonizaría de alguna manera con los movimientos por los derechos humanos y en general con la contracultura norteamericana, que había renacido con fuerza durante los conflictos generados en la sociedad de ese país debido a la guerra del Vietnam. Es probable que *Jesucristo Superstar* se planteara como un reflejo de todo ello.

La película comenzó a rodarse en el verano de 1972 en Israel —no debemos olvidar que Jewison es judío—, procurando filmar en los emplazamientos originales en los cuales había transcurrido la historia evangélica, uniendo de esta manera pasado y presente, o como dijeron algunos críticos, el pasado histórico con el mundo actual, pues, por ejemplo, a la vez que contemplamos las ruinas clásicas en la pantalla, esta es sobrevolada por un caza, o bien los protagonistas aparecen vestidos sorprendentemente con indumentarias propias de los años setenta.

Si nos fiamos de sus autores, el guion pretendía servirse ecuánimemente de los cuatro Evangelios, aunque en realidad lo que estamos viendo en la sala del cine sea una representación teatral dentro de una película, concretamente un grupo de jóvenes que van a representar la Pasión; y en ella se centra la obra, en la última semana de la vida del protagonista. Respecto al guion, queda claro que la estructura dramática está sacada del de Juan, mientras que los textos y las canciones se reparten entre todos. La historia termina con la crucifixión y las famosas últimas siete palabras. Jesús muere en la cruz, pero no hay tumba, ni llena ni vacía, ni resurrección, ni, claro está, apariciones.

De hecho, es probable que Jewison pusiera en juego la propuesta que Rudolf Bultmann había planteado a la sociedad occidental unas décadas antes, a comienzos de los años cuarenta. Esta consistía en lo siguiente: la resurrección nunca había existido realmente sino de manera simbólica, como si esta tuviese lugar en la vida de otras personas, generación tras generación, según se acercaban a la verdadera fe.

Al igual que en otras cintas, Jesucristo comparte protagonismo con Judas y con María Magdalena, y por tanto no solo se nos cuenta el sufrimiento del Nazareno, sino la particular «Pasión» de los tres. Este recurso va a servir para perfilar de manera mucho más clara la personalidad de Jesús, que se nos termina presentando como un hombre que tiene una misión hasta su muerte, mal llevada entre las expectativas de sus coetáneos y las demandas de su padre.

En su final, las palabras de Pilato parecen una premonición, porque sugieren que Jesús es una marioneta en manos de Dios, de la obediencia que le debe. Por eso constantemente pregunta a su padre a voz en grito: «¿Por qué he de morir?». A partir de esta idea, Jesús queda retratado como un hombre cuyo entendimiento es limitado y que deja todo en manos de su titubeante fe y del destino, lo cual confunde en muchas ocasiones al espectador, que espera un hombre de carácter. La escena final en el teatro de Cesarea resume perfectamente esta idea, cuando rodeado por un coro de bailarines, especulares de los de una tragedia griega, sigue sin comprender qué es lo que le ha llevado hasta ese punto.

Esta representación tan humana de nuestro protagonista se vuelve más interesante si la contemplamos desde otra perspectiva, si la comparamos con una «estrella» —como indica el título del filme—, con un músico de *rock*. Es en este nivel donde el personaje encuentra su sentido, su razón de ser, un hombre lleno de dudas y de contradicciones, pero convencido de ser una «superestrella». Así, Jewison triunfaba al construir la imagen de Jesucristo como la de un hombre de su tiempo (uno más de los héroes de la contracultura), que habría sido elevado al estrellato por su fama, por sus apariciones públicas y por el apoyo de sus incondicionales y numerosos seguidores.

Al igual que en otra película coetánea, *Godspell*, el éxito de este planteamiento había conseguido poner muy por encima la manera de contar la historia que la propia historia en sí; lo que nos hace recordar que a comienzos de los 60 apareció un texto seminal, *Understanding Media*, escrito por Marshall MacLuhan, donde se afirmaba un eslogan hoy de todos conocido, «el medio es el mensaje». Este es uno de los casos donde podemos constatarlo con absoluta claridad. Así, lo que ambos filmes consiguieron proponer fue la imagen de un Jesús espejo de los jóvenes de su tiempo.

En su contra, y como a tantas otras películas de este género, se le acusó de antisemitismo, aunque nunca debemos olvidar que su fuente, los propios Evangelios, ya lo son en cierta medida. Pero no fue esta la única crítica vertida sobre esta obra con libreto de Tim Rice y Andrew Lloyd Webber; así, en el *Christianity Today* se decía de ella que era una auténtico desastre teológico, argumentándolo de la siguiente manera: «Ted Nelly — Jesús— parece y actúa como un incompetente, inseguro y petulante. Pero el filme es un triunfo ecuménico, porque diversos grupos religiosos se han puesto de acuerdo en condenar la obra: protestantes, católicos, judíos…»[185].

Sea como fuere, Jewison consiguió proyectar en la pantalla imágenes de Jesús como nunca antes habían sido vistas en ninguna sala cinematográfica.

Martín Scorsese, cuando propone su película sobre Jesús, busca como referente la obra de Nikos Kazantzakis, intelectual griego que había bebido de personalidades tan dispares como Buda, Nietzsche e incluso Lenin.

---

[185] Recogido por W. Barnes Tatum en *Jesus at the Movies. A Guide to the First Hundred Years,* Polebridge Press, Santa Rosa, 2004, pág. 131.

El cretense estaba interesado en la historia de Jesús como espacio donde plantear la constante lucha entre el espíritu y la carne, algo que le obsesionaría a lo largo de su vida; el realizador traspasa a la película este planteamiento fijándolo en un texto sobreimpreso al principio de la misma. En este sentido, la obra plantea qué hubiera sido del mesías si no hubiera muerto en la cruz, si hubiera abrazado la vida conyugal, el hogar, el sexo y la familia, abandonando su llamada espiritual, su sacrificio. Como dice el propio Kazantzakis, «si la carne hubiera trascendido al espíritu».

Este hecho acaba convirtiendo al filme en uno de los más polémicos de la historia, de los que más protestas han generado, incluso previamente a su estreno. Así fue como la Federación Nacional para la Decencia de EE. UU. presionó a la Paramount, que iba a producir la propuesta, hasta conseguir que Scorsese abandonara el proyecto. Finalmente, en 1987 la Universal Pictures se haría cargo del mismo, pero con bastantes cambios en el *casting* original y en las localizaciones —de Israel se pasó a rodar en Marruecos—, lo que conseguiría abaratar la producción hasta casi la mitad de su presupuesto inicial, unos seis millones de dólares, y convertiría en más llevaderos los riesgos económicos de la producción.

Antes del estreno, al año siguiente, la presión popular arreciaría de nuevo, sobre todo de mano de esa plaga contemporánea que son los teleevangelistas, que lanzaron amenazas a distintos círculos para evitar que la película pudiera llegar a las pantallas. La campaña se basó en difundir que la cinta era blasfema ya que se resistía a mostrar a Jesús como el mesías, incluyendo además varias escenas de sexo. Por si fuera poco, Jerry Falwell, fundador de Moral Majority, propuso boicots para todas las salas que estrenaran el filme, expandiéndolo además a todos los productos de la MCA, empresa asociada de la Universal; incluso se llegaron a ofrecer diez millones de dólares a la productora si destruía todas las copias de la película de Scorsese.

Al igual que el libro en el que se basa, la cinta comienza con la historia de Jesús de manera directa, desafiando la imagen tradicional que de nuestro protagonista se tiene. El director se cura en salud dejando claro desde ese momento que la obra no está basada en los Evangelios sino que es una ficción sobre «los eternos conflictos del espíritu».

A pesar de ello, evidentemente, la película está basada claramente en los cuatro textos sagrados, sobre todo en la parte central de las tres que componen la película. La primera y la última son las más imaginativas, la inicial porque lo presenta como un carpintero colaborador de los romanos, para los que hace cruces de madera destinadas a las crucifixiones de los sediciosos. Judas es su amigo y confidente más cercano, un zelote que se enfrenta constantemente a él por colaboracionista. Por si esto fuera poco, María Magdalena aparece como una prostituta frente a Jesús, que espera su turno en medio de escenas de sexo explícito. La parte central es la que es más o menos fiel a su historia, para muchos en exceso, mientras que la final es la más controvertida, puesto que es la que plantea esa «última tentación», que a la postre resulta ser simplemente un sueño, un lapso, para que Jesús termine crucificado y muerto. La película acaba aquí, sin resurrección.

Parece ser que el director, y su guionista, Paul Schraeder, decidieron apoyar la antigua hipótesis expuesta en el siglo XVIII por H. S. Reimarus, en la cual mantenía que la resurrección nunca había existido y que habían sido los apóstoles quienes habrían robado el cuerpo de Cristo de la tumba, además de haber difundido y fraguado una gran mentira. Para ello utilizan en el filme a la figura de Pablo, al que enfrentan a Jesús durante una escena de la «tentación», en la que este le echa en cara que no es ni ha sido el mesías, y que nunca ha sido crucificado; a lo que Pablo le espeta: «Yo te he creado, he creado la verdad que la gente necesita creer. Y si te tengo que crucificar para salvarlos, lo haré; y si te tengo que resucitar, lo haré también».

*La última tentación...* opta también por agrandar las historias de los personajes que rodean a Jesús. María Magdalena representará de esta forma la carne, la tentación doméstica y sexual, mientras que Judas representará la tentación de la lucha armada en nombre de Yahvé contra la ocupación romana. Obviamente, la gran tensión entre ellos deviene cuando aquel informa al incrédulo Judas, en el momento en el que parece que la revuelta está a punto de estallar, que él ha venido a este mundo a morir sacrificado en la cruz para ser guía de todos los hombres y no para terminar con el dominio romano de Palestina.

Scorsese se atreve a hacer lo que ningún otro realizador había afrontado con anterioridad, entrar, con todo el vértigo que ello supone, en la cabeza de Jesús de Nazaret. Por primera vez el espectador no solo lo escucha, sino que también sabe lo que piensa. Y para ello utiliza la *voz en off*, que nos abrirá el mundo interior del protagonista. De esta forma su lucha interna se hace presente a lo largo de todo el metraje, así como sus cuestionamientos, su ansiedad, sus equivocaciones..., pero del otro lado también sus convicciones. Por fin, a diferencia del Jesús de Jewison, este sí sabe por qué ha de morir.

De manera inteligente, el director italoamericano evitó dar carnaza a los voceros del antisemitismo al no mostrar, tras la captura del *Ungido* en Getsemaní, otro juicio que no fuera el que tuvo lugar ante Pilato; los judíos quedan al margen, no se ve a la multitud pidiendo su ajusticiamiento, ni a Barrabás, Caifás o cualquier otro de los importantes fariseos. A pesar de ello, las protestas no dejaron de arreciar, ni siquiera al año siguiente cuando la película salió a la venta en vídeo, que de nuevo se vio boicoteado.

Scorsese intentó salir al paso concediendo multitud de entrevistas donde explicaba cuáles habían sido sus intenciones a la hora de realizar la película, evitando zaherir a ninguna de las partes afectadas. Es el momento en el que se retrata como creyente, avalando la obra como una expresión más de la fe. Nosotros creemos que en realidad nunca intentó hablar de un Jesús histórico sino de uno meramente simbólico, que le sirve como espacio de exposición de sus cuestionamientos. Por ello no llegó a entender críticas como la de Richard Blake, columnista del magazine *America*, que cuestionaba de manera integral su acercamiento a la figura de Jesús con las siguientes palabras: «El filme tiene dos graves problemas de carácter cristológico, por un lado presentar a Jesús en la pantalla como un ser sexual y la segunda mostrarlo temeroso y dubitativo ante su sagrada misión. Pero también cuando se ocupa de los Evangelios lo hace de manera fundamentalista».

Entre la herejía y la aceptación navegó este valiente acercamiento opuesto a las visiones más tradicionales del Cristo cinematográfico y con un único precedente, el casi desconocido filme *Jesús*, obra de 1979, donde Peter Sykes y John Kirsh muestran una supuesta vida auténtica del personaje, no sin cierta irreverencia. Esta película, junto a la citada *Jesús de Montreal*, de Denys Arcand, y a *El Mesías*, de Roberto Rossellini, cierran un triángulo equilátero donde la humanidad del Nazareno brilla muy por encima de su supuesta divinidad. Irreverencia y valentía que en el cine y en la vida siempre han sido de agradecer.

En resumen, como cierre a este trabajo queremos insistir en una idea fundamental que lo ha sobrevolado desde el principio: si cada uno de los Evangelios responde a la idea que el autor tenía sobre Jesús, incluso por encima de intentar retratar y ser fiel a su historia, del mismo carácter serán las diferencias entre las visiones que cada uno de los directores quiso plasmar a la hora de poner en imágenes la vida del Nazareno: ya fuera por verse imbuidos de una fe *particular*, o por ser hijos del tiempo que les tocó vivir o por poseer unas fuertes convicciones —da igual del tipo que estas fueran—, sus películas son parte de sus historias, pero ninguna de ellas es la historia de Jesús de Nazaret.

## Tabla
### Escenas de la Pasión en los filmes analizados

| | Intolerancia | El Evangelio según ... | Jesucristo Superstar | Jesús de Nazareth | La última tentación | Jesús de Montreal | La Pasión |
|---|---|---|---|---|---|---|---|
| Entrada en asno | | x | x | x | x | | x |
| Contra mercaderes en el Templo | | x | x | x | x | | x |
| Traición de Judas | | x | x | x | x | | x |
| Última Cena | | x | x | x | x | | x |
| Pan y vino | | x | x | x | x | | x |
| Lavatorio de pies | | | | | | | x |
| Oración en Getsemaní | | x | x | x | x | | x |
| Negaciones de Pedro | | x | x | x | | | x |
| Suicidio de Judas | | x | x | x | | | x |
| Ante Caifás | | x | x | x | | x | x |
| Ante Poncio Pilato | x | x | x | x | x | x | x |
| Ante Herodes Antipas | | | x | x | | | x |
| Liberación de Barrabás | | x | | x | | | x |
| Camino a la cruz | x | x | x | x | x | x | x |
| Crucifixión | x | x | x | x | x | x | x |
| Últimas palabras | | x | x | x | x | x | x |
| Muerte | x | x | x | x | x | x | x |
| Traslado del cuerpo | | x | | x | | | x |
| Entierro | | x | | x | | | |
| Tumba vacía | | x | | x | | | |
| Resurrección | | | | | | | |
| Apariciones | | x | | x | | x | |

# Epílogo

DECÍAMOS en el Prólogo que el presente libro es, por un lado, un producto de la alta divulgación científica, mas, por otro, una obra de tesis, es decir, un escrito que, a partir de un enfoque inclusivo, ofrece una interpretación concreta de los hechos y del modo en que se creó el relato que los presenta. Espero que el lector esté convencido de este aserto, independientemente de que lo convenzan o no los argumentos expuestos en cada capítulo.

En mi opinión creo que resulta claro, al menos, la *razonable posibilidad* de que el contexto remoto egipcio —con sus concepciones de una cierta inmortalidad en el reino de los muertos y la ingestión del dios como uno de los medios para conseguirla— y ante todo el griego —la idealización de los personajes famosos que conduce casi hasta una divinización de ellos, y sobre todo el trasfondo de las religiones órficas y de misterio— hayan podido ayudar a los cristianos a interpretar lo que ellos mismos calificaron de «escándalo» de la cruz, a saber, cómo un mesías salvador, enviado por Dios, sufre un final tan aparentemente horrible. Esta interpretación fue transformada prontamente en un mensaje, una proclamación, que adoptó la forma mental de los lectores u oyentes del Imperio romano que la recibieron. Y, según el axioma de que «el medio es el mensaje», también en este caso la adopción de unas estructuras mentales concretas implicó el cambio del mensaje mismo, tanto de los hechos como de la interpretación. Es decir, solo un enfoque que englobe el conjunto de creencias y rituales de aquellos años dará cuenta de la enorme y trascendental transformación del originario relato sobre la muerte de un judío.

Y, una vez abierta la duda de lo que oyeron e interpretaron los primeros cristianos, se hace imprescindible el análisis de lo que escribieron. En este sentido, espero que haya resultado claro también cómo debe comprenderse que el trasfondo judío de la Pascua haya coadyuvado a la interpretación teológica de la muerte de Jesús como el sacrificio del auténtico cordero de Dios. Años más tarde —sobre todo en la Epístola a los Hebreos— se deducirán las consecuencias de esta interpretación: son innecesarios ulteriores sacrificios; basta con uno, el perfecto, el de Cristo; el Templo de Jerusalén ha perdido su sentido y debe ser sustituido por un santuario celeste y espiritual. Aquí se percibe claramente uno de los puntos de partida que fundamentaron el alejamiento del cristianismo de su religión madre, el judaísmo helenístico.

Por lo que respecta al relato de la Pasión del primer Evangelio, este se basa en una narración previa, que fue remodelada literaria y teológicamente por su autor, a quien llamamos convencionalmente Marcos, cuando ya no había prácticamente testigos vivos de los hechos que pudieran contradecirlo. Y pocas dudas caben de que el genial y desconocido autor del primer relato de la Pasión, previo al Evangelio de Marcos, comprimió unos hechos que duraron meses en una pieza dramática —que transcurre en solo una semana— con unidad de lugar, tiempo y acción. Los hechos básicos de lo acontecido gozan de la presunción de historicidad, es decir, nadie debe dudar que lo sustancial del relato —Jesús fue aprehendido, fue juzgado por motivos políticos, sufrió tortura y muerte— es indudablemente histórico. Pero la compresión y dramatización del relato de la Pasión, sobre todo mediante alusiones y citas de elementos de las Escrituras, hace que en casi todas las escenas surjan recelos razonables sobre si lo que se narra sucedió así o fue adornado por motivos litúrgicos o apologéticos. En cada perícopa de la Pasión hay algún motivo suficiente que impulse la discusión científica acerca de su historicidad.

Es posible también que el lector haya quedado convencido, sobre todo tras el análisis de lo ocurrido en la Última Cena, de que la narración del Evangelio de Marcos sigue fundamentalmente pautas del mensaje paulino. Tras el análisis, parece que la interpretación de la Última Cena es más obra de Pablo que de Jesús. Marcos es más discípulo de Pablo que de Jesús.

Un cierto poso de sano relativismo histórico debe suscitarse en el ánimo del lector cuando cae en la cuenta de que ni siquiera en cuestiones básicas de cronología de la Pasión tenemos una certeza absoluta, pues los testimonios de los Evangelios difieren profundamente entre sí. Parece claro que la modestia y la circunspección en la afirmación de resultados deben imperar cuando se emiten juicios y conclusiones sobre la historicidad del relato de la Pasión en cada uno de sus detalles.

Sí debe quedar claro, empero, que el motivo principal de la condena y ejecución de Jesús no fue religioso —acusación de blasfemia, de un mesianismo no aceptado, etc.— sino de índole sociopolítica, tal como evidencia el título de la cruz.

Finalmente, el lector habrá quedado convencido de que las modernas reinterpretaciones de la Pasión de Jesús en el cine dejan al descubierto más la mentalidad de sus autores, conformadas por las circunstancias del tiempo en el que viven, que lo que pudo ser la verdad histórica, exactamente como se ha apuntado para los evangelistas.

En resumen, este libro no es más que un inicio y un impulso que desea suscitar en el lector una mentalidad sanamente crítica respecto a los textos que nos ha legado nuestro pasado, textos que no solo afectan a la historia externa, sino también —y en esta caso de modo principal— a los principios que fundamentan una tradición religiosa para algunos inamovible, pero que quizá convenga contemplar con ojos un tanto más escépticos, más conocedores de cuanto rodeó los primeros años de predicación.

—Antonio Piñero

# Bibliografía utilizada

AA.VV. (1999): *Saviour on the Silver Screen*, Paulist Press.

BAUGH, Ll. (1997): *Imaging the Divine Jesus and Christ-Figures in Film*, Sheed & Ward.

BARNES TATUM, W. (2004): *Jesus at the Movies. A Guide to the First Hundred Years*, Polebridge Press, Santa Rosa.

CALERO RUIZ, C. (2005): «El teatro de las emociones. Trento, Mel Gibson y su Pasión de Cristo», en *Latente. Revista de Historia y Estética del Audiovisual*, n.º 3, Servicio de Publicaciones, Universidad de La Laguna.

CARMONA, L. M. (2006): *Los 100 grandes personajes históricos en el cine*, Capitel, Madrid.

EMMERICK, A. C. (2004): *La amarga pasión de Cristo*, Planeta, Barcelona.

DE ESPAÑA, R. (1997): *El peplum. La Antigüedad en el cine*, Glénar, Barcelona.

GIL DE MURO, E. (2006): *Diccionario de Jesús en el cine*, Monte Carmelo.

PÉREZ, J. M. (1990): «La génesis del gran cine histórico italiano: Italia, 1910-1923», en *Nosferatu*, n.º 4.

PIÑERO, A. (2006): *Guía para entender el Nuevo Testamento*, Trotta, Madrid.

REINHARDT, A., (2006): *Jesus of Hollywood*, Oxford University Press.

SOLOMON, J. (2002): *Peplum. El mundo antiguo en el cine*, Alianza, Madrid.

VAQUERO ARGELES, M. (2006): «El Evangelio según Pasolini: una aproximación al texto», en *Latente. Revista de Historia y Estética del Audiovisual*, n.º 4, Servicio de Publicaciones, Universidad de La Laguna.

WALSH, R. (2003): *Reading the Gospels in the Dark. Portrayals of Jesus in Films*, Trinity Press International, Harrisburg.

ZEFFIRELLI, F. (1980): *Todo sobre mi película Jesús de Nazaret*, Noguer, Barcelona.

# Sobre los autores

JOSÉ RAMÓN PÉREZ-ACCINO es egiptólogo y profesor de las Universidades de Londres (Birkbeck College) y Complutense de Madrid. Ha realizado trabajos de arqueología de campo en Egipto y en Israel y es autor de varias publicaciones especializadas sobre la mentalidad de los antiguos egipcios a partir del estudio de sus textos y de su lenguaje. En la actualidad es el representante español en el Consejo de la International Association of Egyptologists.

EUGENIO GÓMEZ SEGURA es licenciado en Filología Clásica. Ha participado en las excavaciones de Tell-Hazor, en Israel, dentro del equipo técnico. Ha publicado artículos sobre religión griega y publicado, entre otros, el libro *Pablo de Tarso, el segundo hijo de Dios*. En la actualidad colabora con Antonio Piñero en una nueva traducción de los Evangelios canónicos, la fuente Q y los Hechos de los Apóstoles.

JAVIER ALONSO LÓPEZ es licenciado en Filología Semítica. Compagina su trabajo como traductor y conferenciante con el estudio de la historia judía antigua. Ha participado en varias campañas de excavaciones arqueológicas en Israel y es autor de varios libros y artículos especializados sobre temas bíblicos, entre ellos *Herodes; Salomón, entre el mito y la historia* y *La última semana de Jesús de Nazaret*.

DOMINGO SOLA ANTEQUERA. Profesor colaborador del Departamento de Historia del Arte de la Universidad de La Laguna, profesor titular de la asignatura «Historia del cine español» y de las materias relacionadas con el arte en la Antigüedad. Trabaja en el «Área de historia del cine, fotografía y medios audiovisuales» del departamento. Director de *Latente. Revista de Historia y Estética del Audiovisual,* publicada por el SPULL. Ha participado como coordinador y corredactor en las siguientes obras: *Arte y sociedad del Egipto antiguo* e *Imágenes de la muerte. Estudios sobre arte, iconografía y religión*. Dirigió la XIII Edición del Festival de Cine Ecológico y de la Naturaleza de Canarias y es miembro del consejo de redacción de la *Revista de Historia Canaria* y de la AEHC.

ANTONIO PIÑERO (Chipiona, 1941) es catedrático de Filología Griega de la Universidad Complutense de Madrid y especialista de prestigio internacional en lengua y literatura del cristianismo primitivo. Sus trabajos en este ámbito como autor y editor son numerosos. Asimismo, ha publicado diversos artículos científicos en revistas nacionales e internacionales y ha traducido varias obras tanto de lenguas muertas como el griego y el arameo, y vivas como inglés, francés, alemán e italiano.

Entre sus obras como autor podemos destacar: *Guía para entender el Nuevo Testamento; Vida de Jesús según los evangelios apócrifos*. Es editor y coautor de la serie *Apócrifos del Antiguo Testamento; Textos gnósticos; Biblioteca de Nag Hammadi y Hechos apócrifos de los Apóstoles.*